中国社会科学院创新工程学术出版资助项目

THE EFFECTS AND ADJUSTMENT
OF CHINA'S MACROECONOMIC POLICY COMBATTING
FINANCIAL
CRISIS

应对金融危机的
宏观政策：
效应计量与退出机制
econometric analysis and mechanism design

李文军 等 著

社会科学文献出版社
SOCIAL SCIENCES ACADEMIC PRESS (CHINA)

内容摘要

2007 年肇始于美国的次贷危机，2008 年演化为堪称百年一遇的全球性金融危机，对全球经济系统运行造成了严重冲击。各国为应对危机不利影响分别采取了力度不同而方向一致的政策，但也存在着利益冲突和对策错位。各国有关积极政策是否该退出或何时退出的声音相当嘈杂纷乱，实际进程也表现各异。由于经济形势短期的急速变化，对此次积极财政政策和宽松货币政策的联动效应的深入研究和分析大都停留在一般理论分析和感性层面，用模型方法进行定量分析和评价的较为少见。为中国经济的长期可持续发展计，对中国为应对此次全球金融危机的不利影响推出的积极政策的短期效应和长期影响进行全面的审视和深入的数量分析，为政策的适时退出或调整提出科学建议，具有重要的理论意义、学术价值和政策意义。故此，中国社会科学院于 2010 年设立重大课题"我国应对金融危机的政策效应分析及退出机制设计——基于经济计量模型的定量分析和情景模拟"。课题由中国社会科学院数量经济与技术经济研究所原所长、中国社会科学院学部委员汪同三研究员主持，李文军研究员执行负责。本著作是在课题结项成果的基础上完善而成。

著作分八个部分，包含总述和七个分章内容，分别对应课题总报告和七个分报告。总述和各章主要内容如下所述。

总述全面概括了课题研究背景和内容，归纳了研究结论，提出了相关对策建议。课题研究结论认为，我国应对金融危机的宏观经济政策和一揽子措施对于确保 2009 年实现"保八"的增长目标，且在 2010 年及其后使我国经济继续保持快速增长的势头，使我国在世界上率先摆脱全球金融危机的影响，发挥了重要作用，具有重要意义，但同时也带来了通货膨胀压力增大、资产结构泡沫、投资与消费结构和三次产业结构恶化等负面效应。因此，需要全面评判政策效应，把握扩张性政策退出的有利时机，完善政策退出机制。未来中国经济发展要增强抵御金融危机能力，实现平稳健康较快的合意增长，避免经济大起大落，宏观政策制定和调整要遵循相机抉择原则，需要更具科学性、前瞻性和灵活性，根据经济形势的变化适时适当应对；需要将长期政策和短期政策有机结合，既要关注短期面临的风险，及时采取有效应对措施，防止经济系统受到过大冲击而崩溃，更要关注长期发展要求，把握长期发展主线，着眼于经济结构调整和发展方式的转变，合理搭配财政政策与货币政策，疏解制约长期发展的掣肘与障碍。

第一章"课题研究的历史与现实背景"，主要回顾20世纪90年代以来世界主要金融危机，总结这些危机的经验教训；分析1997年亚洲金融危机对我国经济的影响和我国采取的应对措施及其政策效应；分析本轮全球金融危机对我国经济的冲击及我国采取的应对策略。上述回顾与分析展现了本课题研究的基本历史和现实背景。

第二章"积极财政政策的效应分析"，通过联立方程模型和面板数据模型两种模型方法，分别模拟分析中国应对金融危机增加4万亿元政府投资这一积极财政政策的经济效应。

第三章"货币政策效应的理论与实证分析"，首先对有关货币政策效应的国内外研究文献加以综述，对货币政策的效用和传导机制的相关理论进行简要梳理。然后回顾近年特别是此轮金融危机以来我国货币政策的主要措施和执行情况，进一步对我国货币政策的效应进行计量分析，运用协整检验、Granger因果关系检验、脉冲响应函数分析和方差分解等计量工具，对我国货币政策效应进行检验，并具体评价国际金融危机以来我国货币政策的执行效果。还通过构建DSGE模型检验货币政策调整对主要经济变量的影响。

第四章"产业振兴规划的实施及投资效应分析"，阐述国务院2009年提出的产业振兴规划的思路与措施，分析产业振兴规划的实施效应，以及未来我国发展战略性新兴产业的思路及可能产生的带动效应与集聚效应。

第五章"中国通货膨胀动态调整的实证研究",尝试在传统菲利普斯曲线的基础上做出修正,解释隐藏在初始模型背后那些导致菲利普斯曲线发生所谓"不稳定"移动的可能原因,刻画出影响因素的参数动态变化轨迹,以便更加准确理解通货膨胀变动调整的机理,揭示我国通货膨胀的主要影响因素及其变化轨迹,为宏观政策调整提供可靠依据。

第六章"基于 GVAR 模型的中国与世界经济互动影响分析",基于全球宏观经济计量模型(Global VAR Model,GVAR),从全球经济相互影响的角度量化分析中国应对金融危机的财政刺激计划的效果,包括对中国以及世界经济的影响,美国需求和货币政策变动对中国经济增长和价格的影响及其程度、持续的时间、危机传导的途径,以及全球经济减速对中国经济造成的影响,以期把握中国与世界经济的互动影响,为中国积极财政政策和宽松货币政策的适时退出和稳健运行提供依据。

第七章"扩张性政策退出的时机、机制及其政策选择",基于前述各章研究结论和提供的依据,对我国应对金融危机的扩张性政策退出的时机、机制及政策选择等有关问题加以研究,提出相关对策建议。

本课题研究的创新主要体现在:一是突出定量化方法对宏观政策效应的分析与模拟,包括基于联立方程模型和面板数据模型的积极财政政策效应模拟分析;基于经济计量模型的货币政策效应分析和通货膨胀动态调整研究;基于动态随机一般均衡(DSGE)模型的货币政策效应分析;采用状态空间模型,刻画影响我国通货膨胀因素的参数动态变化轨迹;基于全球向量自回归(GVAR)模型的全球经济联动分析。二是基于统计分析方法对产业振兴规划和战略性产业发展的可能效应进行了分析。三是基于国际视角进行政策效应的定量分析,如面板数据模型模拟分析采用了 22 个国家的数据,中国与世界经济的互动影响分析采用了 33 个国家(和地区)的数据。四是提出了扩张性政策退出的时机选择依据和机制,以及促进经济平稳较快增长的长短期政策搭配与相机抉择等相关对策建议。

本课题研究也存在较大不足:一是未能将财政政策和货币政策纳入统一的一般均衡分析框架进行分析,从而也无法判断两类政策的联动效应。二是关于政策效应的方向,基于不同模型方法的研究得出的结论较为一致,但效应大小却不相一致,甚至存在较大差异。三是对相关政策的经济效应主要利用公开统计数据进行分析，囿于时间和经费未能实施充分调研，从而使研究结论缺乏实际基础。四是由于各分报告由不同研究人员分工负责，因而利用的数据区间和研究结论未能协调一致，有些成文较早，对新的信息和证据利用不足，特别是对 2012 年以来我国经济形势的变化及其背后的原因未能密切跟踪和把握。这些也为今后同类课题的研究提供了重要方向。

本书撰写人员如下：

总述：汪同三研究员、李文军研究员

第一章：赵京兴研究员、胡洁副研究员、李文军研究员

第二章：沈利生研究员、刘生龙副研究员、卫梦星博士

第三章：李文军研究员、王诚晟硕士、王秀丽博士

第四章：李金华研究员

第五章：娄峰副研究员

第六章：张延群研究员

第七章：李雪松研究员、李文军研究员

附录：娄峰副研究员

本著作的出版得到中国社会科学院资助，著者对相关人员的辛劳与付出深表谢忱。同时，对中国社会科学院数量经济与技术经济研究所科研处张杰副处长为本著作出版提供的支持，对社会科学文献出版社姚冬梅编辑的辛勤编审校勘表示衷心感谢！

目　录

总述　选题背景与研究内容、结论和对策建议

一　课题研究背景

2008年11月以来，为了应对国际金融危机、世界经济下滑以及国内需求不足等困难，我国财政政策和金融政策采取了"双松"搭配，通过减少税收和扩大政府支出规模等扩张性财政政策，以及初期降低利率，继而扩大信贷支出规模、增加货币供给等扩张性货币政策，增加社会需求，促进经济和就业的增长。同时逐步制定并细化十大产业振兴规划，使积极政策落到实处。积极财政政策和宽松货币政策对中国迅速走出危机阴影、止住经济下滑态势，起到了立竿见影的积极作用。但与此同时，困扰中国经济长期可持续发展的结构性矛盾不仅没有得到有效缓解，反而有恶化趋势，通货膨胀预期也渐成现实。全面审视和定量测度我国应对金融危机的宏观政策效应，为适时进行政策调整提供科学依据，为应急政策退出设计规范化机制，具有重要的理论价值和实际意义。

（一）国内相关研究评述

为应对1998年亚洲金融危机对我国的不利影响，我国曾实施积极的财政政策。相应地，在学术界，关于积极财政政策效果的讨论一度也非常热烈。中国社会科学院财经战略研究院课题组的研究表明，积极财政政策的实施对投资、消费和出口等方面都有明显的拉动效应（刘溶沧、马拴友，2001）。另一些学者的研究表明，积极财政政策对经济增长不仅没有发生

挤出效应，而且有挤入效应。还有一些学者从债务的可持续性以及财政的稳定性出发，指出过度积极财政政策的实施会对经济的长期稳定和增长构成威胁。汪同三等（2001）承接国务院财经办公室交办的关于积极财政政策淡出问题研究，就积极财政政策的效应和退出时机进行了研究，建立了确定合适退出时机的定量分析工具。关于货币政策和金融发展与经济增长的相互影响的研究，以及不同背景下财政政策和货币政策有效性问题的研究等，也是见仁见智，难以达成一致认识。

本轮金融危机以来，大量学者基于理论分析和感性思考，对金融危机对我国宏观经济的影响进行了思考和分析。袁志刚主编的《全球金融风暴与中国经济》集中展示了一些学者的研究成果。其中，袁志刚的《中国宏观经济的困境与发展潜力》、韦森的《全球金融动荡下中国宏观经济走势及合宜的政策选择》较贴近本课题研究主题。朱民等（2009）对各国政府在本次危机中出台的各种政策进行了一般理论分析，总结了相关经验和教训。本课题组主要成员参与中央财经办公室交办的经济增长的波动与风险课题研究（2009），以全球化背景下对中国经济增长与波动轨迹的描述和评判为基础，以总供给与总需求、经济中长期增长潜力作为切入点，分析探究投资、基础设施建设、新农村建设、居民消费影响因素、产业结构升级、技术进步、区域协调发展等多个因素对经济增长的影响作用，并分析物价、金融体制、货币政策、结构失衡以及技术进步不足给经济增长带来的风险，提出相应对策建议。Mingchun Sun（2009）对中国为应对危机实施积极政策引发的信贷扩张、消费高涨和资产价格膨胀等"涟漪效应"进行了分析，指出积极政策对带动消费扩张、推高资产价格具有明显的效应。

一些学者对4万亿元投资刺激方案的效应作出了各种事前分析预测，如郭菊娥等（2009）、岳国强（2009）、王曦和陆荣（2009）、张亚雄等（2011）。国务院发展研究中心与世界自然基金会（2011）对4万亿元投资对中国经济以及近期和长期节能减排的影响进行了分析。He 等（2009）分析了财政刺激政策对中国国内经济增长和就业的影响。Liu（2009）应用结构向量自回归模型量化分析了全球金融危机对中国的影响。Cosa（2010）定性分析刺激政策的宏观效应，通过模拟多国动态一般均衡模型，分析刺激政策的国内影响和国际溢出效应。宋文飞和韩先锋（2010）、潘敏和缪海斌（2010）、曹协和等（2010）研究了宽松货币政策的可能效应。

随着政策的实施和效应发挥，一些学者对应对危机的扩张性政策退出问题进行了研究，对退出机制的含义、退出的时机、路径选择等提出了自己的看法，如黄卫平和丁凯（2009）、卢锋（2010）、孙文军和黄倩（2010）、陈华（2010）、潘再见（2010）、王铭利（2010）、马永波（2010）、杜飞轮（2011）等。一些学者对美国的刺激政策问题进行了探讨，以期对中国的政策调整有所借鉴，如伍戈（2010）、文善恩（2010）。

由于经济形势急速变化，大多数研究和分析还停留在一般理论分析和感性层面，用模型方法进行定量分析和评价的较为少见。有关政策退出的研究也缺乏定量分析依据。为中国经济的长期可持续发展计，需要对中国为应对此次全球金融危机的不利影响推出的积极政策的短期及时效应和长期滞后影响进行全面的审视和深入的数量分析，设计积极政策退出机制，为政策的适时退出或调整提出科学建议。这正是本课题研究需要着力解决的问题和实现的目标。

（二）国外相关研究评述

财政政策效应和货币政策效应一直是宏观经济学研究的主要内容，乘数效应、挤出效应、货币数量论、金融加速器原理等分别刻画了财政政策效应和货币政策效应的机理和传导路径。

基于欧文·费雪的"债务－通货紧缩－大萧条机制"，美联储主席伯南克（Bernanke）等人将金融市场摩擦纳入经济周期波动的一般分析框架，阐述了最初的微小冲击通过信贷状态的改变被传递和加剧的原理，提出了"金融加速器"概念。金融加速器理论对于理解金融政策对经济的作用机制及金融经济周期的诸多现象和特征具有重要意义。Bernanke，Gertler & Gilchrist（1999）设计了一个包含金融加速器的随机动态一般均衡模型（DSGE），并通过该模型定量地展示了金融加速器在经济周期中的作用。此后，一些学者在 DSGE 框架下进行了实证研究，以揭示经济衰退中企业投资和金融状况的关系，以及投资、产出的波动、信贷增长与金融不稳定之间的关系、金融系统顺周期行为对经济体的冲击等。

美国次贷危机爆发并演进为金融危机以来，国外大量经济学者就危机爆发的原因、影响、危害、应对等进行了研究。各国为应对危机不利影响都分别采取了力度不同而方向一致的政策，但也存在着利益冲突和对策错位。一些学者对要不要积极政策、政策应有的力度大小、政策的可能正负效应等提出自己的见解。随着经济形势的发展变化，各国有关积极政策是否该退出或何时退出的声音相当嘈杂纷乱。

当下关于金融危机研究成果中，保罗·克鲁格曼（2009）回顾了世界金融危机的历史，指出面临此轮金融危机的现实影响和巨大阴影，需要回归现实的济世之学。罗伯特·希勒（2008）指出金融危机对美国经济和世界经济造成了巨大威胁，提出了应对危机的短期和长期措施，勾画了抑制泡沫危机的可行解决方案。Bebchuk，Lucian A.（2008）汇总了经济学者对金融危机的各种见解和思考；Martin Feldstein（2009）在《华尔街杂志》、《华盛顿邮报》上撰文，就美国需要怎样的救市政策、救市政策的力度、救市政策的时机等发表自己的见解。

总而言之，国外有关应对此轮金融危机的积极救市政策的效应和政策的持续或退出等的研究和讨论，大多停留在理论分析和定性描述阶段，而基于模型方法综合地、数量化地评价相关宏观政策效果的研究还难得一见。其原因也可能在于学术研究相对现实演进存在一定的滞后期，需要假以时日，依赖充分数据支持，才会有更全面深入的研究。

二　历史与现实背景

（一）20世纪90年代全球主要金融危机的启示

20世纪90年代，全球发生了多次各种形式的金融危机，对世界经济以及国际金融的正常运行与发展都起到了不同程度的破坏作用。其中，有5次危机较为突出，分别是1992年的欧洲货币体系危机、1994年的墨西哥金融危机、1997年的亚洲金融危机、1998年的俄罗斯金融危机和1999年的巴西金融动荡。分析总结这些危机的经验教训，不仅对中国建设自己的现代金融体系，而且对中国应对金融危机影响、保持经济平稳健康发展，有着重要的借鉴意义。

本课题研究分析了墨西哥金融危机、亚洲金融危机、俄罗斯金融危机三次大规模金融危机产生的国内根源和国际原因、传导机制和经济金融影响以及各国的应对措施，指出这些危机不仅严重影响本国或本地区经济，而且效应波及全球，代价惨重，教训深刻。这为中国保持经济平稳快速增长、防范金融危机发生提供了重要启示。

第一，经常账户的赤字不容忽视。

发展中国家在经济起飞过程中利用外资是正常的。利用外资意味着资本账户的盈余，在国际收支平衡格局下也就意味着经常账户要有赤字。墨西哥和泰国在危机爆发之前都存在着长期的经常账户赤字。外国资本流入意味着将来要还本付息，因此，弥补经常账户赤字的外国资本必须形成有利于将来出口创汇的新生产能力，有利于将来的产业结构升级，否则，将不利于弥补经常账户赤字，将导致更大的经济失衡，影响经济健康发展，甚至会酿成经济危机。

第二，资本市场的开放要循序渐进。

运用现代资本市场上的金融工具（股票、债券、期货、衍生物等）可以大大提高经济运行的效率，但前提是需要健全金融市场基础设施和制度体系，如执行系统、清算系统、金融服务、信用评级、金融法规、金融监管部门等。在完备这些前提要素的过程中，一国的资本市场开放一定要循序渐进，否则，只会适得其反。

各国经验也表明，逐步开放资本市场成功的可能性大。日本、韩国等国家和中国台湾地区的金融开放相对其经济发展都是滞后的（尽管当时美国给它们施加的压力很大），总的来说它们都是成功的。墨西哥、泰国和东南亚国家的金融开放尽管速度很快，但它们却为此付出了沉重的代价。从中国的实践来看，适宜的顺序最先是政府借款为主，接着是大量的外国直接投资，然后是外国金融机构来华设立机构，逐步提供各种金融服务，再是有限度地允许证券组合投资，最后是一个有较高监管水平的高效资本市场的全面形成。

第三，金融监管一定要加强。

金融开放与金融监管是一个相辅相成的过程。如果金融监管滞后，问题与危机的发生是迟早的事。金融开放要渐进的一个重要理由是我们无法在一夜之间建立好金融监管体系，包括中国在内的发展中国家对金融业的管理水平、对金融机构的操作水平、内部监控水平普遍较低，有待提高。

第四，实行有弹性的汇率政策。

中国是一个大国，实行有弹性的汇率政策有利于相对独立地实施本国的货币政策，从而不断化解不平衡因素，防止问题的积累和不良预期所可能产生的剧烈振动。

（二）我国应对亚洲金融危机的政策措施及其评价

1997 年亚洲金融危机和前期宏观调控过猛导致中国经济陷入通货紧缩局面。针对 1998 年经济偏冷的形势，从 1998 年下半年开始，中国宏观调控政策由 "适度从紧的财政政策和货币政策" 调整为 "积极的财政政策与稳健的货币政策" 的新组合。积极财政政策方面，一是增发长期建设国债，适当扩大财政赤字规模；二是调节税率、减轻税负、鼓励投资。货币政策方面，一是降低存贷款利率，利率自 1996 年 8 月至 1998 年 7 月连续四次下调；二是取消对四大国有商业银行贷款限额的控制，逐步实行自求平衡的资产负债比例管理和风险管理，借以扩大商业银行的信贷规模；三是下调再贷款、再贴现利率和存款准备金率。

积极财政政策对亚洲金融危机后的中国经济发挥了重要作用，不仅使中国经济在 1998～2002 年保持了较快增长，而且极大地改变了中国基础设施的面貌，为未来经济社会发展打下了坚实的基础。仅以国债投资为例，据测算，其平均每年对 GDP 增长的拉动作用大约在 1.5 个百分点。也就是说，如果没有积极财政政策，1998～2002 年期间我国经济增长率都将低于 7%，有些年份甚至低于 6%。当然，由于认识的历史局限性，积极财政政策未能为改变投资与消费比例失衡做出贡献，反而在一定程度上助长了这一失衡的趋势，成为直到今天仍在困扰我国经济的顽疾。同时，可能由于应对危机的积极财政政策淡出过早，中国并未形成以内需拉动为主的经济增长方式，中国的过剩生产能力转向为外需服务，致使对外贸易迅猛增长，外需成为拉动中国经济高速增长的主要动力，内外失衡严重。

在当今现实背景下，重新检视上次积极财政政策的内外效应和正负影响，可为应对本轮金融危机的宏观政策的恰当调整提供重要历史镜鉴。

（三）　本轮金融危机对我国的冲击及应对措施

2007 年肇始于美国的次贷危机在 2008 年年中以后已逐步演化为一场不折不扣的全球性金融危机，给我国经济发展造成了巨大的冲击。具体表现在六个方面。第一，改变经济运行轨迹，恶化经济运行状况，导致我国经济增速回落。2008 年第 4 季度经济增速回落到 6.8%，创造了近 7 年来的新低。第二，工业生产增长放缓，企业利润增速回落。2008 年 10 月全国规模以上工业企业增加值同比增长 8.2%，增幅比 9 月回落 3.2 个百分点，比上年同期回落 9.7 个百分点，创下 7 年来新低。第三，贸易增速明显回落，利用外资形势趋紧。对外依赖过高的中国出口加工业受到直接打击，大量外向型企业经营困难或破产。2009 年 1 月我国进出口总值同比下降 29%，其中出口下降 17.5%，创下 1996 年 3 月下降 19.3% 之后的最大跌幅。2008 年 10～12 月实际使用外资同比下降 0.88%、36.52% 和 5.73%。2009 年 1 月，同比下降 32.67%，连续 4 个月出现负增长。第四，在经济增速减缓和出口受阻情况下，我国原本就存在的就业压力更趋恶化，失业人数增加，并对社会稳定造成更大压力。第五，中国遭受了严重的海外投资损失、外汇储备贬值和外资欠账愈演愈烈的巨大痛苦。第六，股票市场陷入深幅调整，投资者信心不振，房地产市场也进入萎缩状态，居民资产贬值，财富效应无法显现，影响最终消费需求。

面对金融危机的严重冲击，我国政府果断决策，采取了一揽子应对措施，包括实施积极的财政政策和适度宽松的货币政策，启动 4 万亿元政府投资计划，实施十大产业振兴规划等。体现了“出手快、出拳重、措施准、工作实”的总体方针，在关键的时刻、关键的领域和关键的环节，在使经济摆脱突发性和短期性因素影响，快速实现企稳回暖、回归正常发展轨道的过程中发挥了极其重要的作用。

积极财政政策主要包括：第一，提出 4 万亿元的经济刺激计划，扩大政府公共投资，增加政府支出。第二，实行结构性减税和推进税费改革，包括调整出口退税率，取消和降低出口关税，降低住房交易税，调整车辆购置税，降低证券交易印花税并单边征收，暂免征收储蓄存款和证券交易结算资金利息所得税，启动增值税转型改革，提出推进税费改革措施。第三，加大财政补贴和转移支付力度，扩内需、促消费、保民生。货币政策方面，第一，下调金融机构人民币存贷款基准利率。2008 年 9 月 16 日中央银行首降利率后的 3 个月内连续 5 次下调金融机构人民币贷款基准利率。第二，下调金融机构存款准备金率。2008 年下半年，中央银行连续 4 次下调存款准备金率。第三，加大对中小企业的信贷支持力度。在上述措施作用下，总体信贷投放大幅增长，政策效果显现。2008 年 12 月信贷投放较上月大幅增长，M2 增长率由上月的 14.80% 提高到 17.82%。2009 年金融部门新增贷款 9.6 万亿元。12 月末，M2 同比增长 27.7%，增幅加快 9.9 个百分点。

三　积极财政政策的效应分析

通过联立方程模型和面板数据模型两种模型方法，分别模拟分析中国应对金融危机增加 4 万亿元政府投资这一积极财政政策的经济效应。

（一）基于联立方程模型的模拟分析

利用中国宏观经济年度计量模型，对 2009 年、2010 年我国增加 4 万亿元投资的拉动效果进行模拟测算。模拟分析的指导思想和出发点是：如果 2008 年底国家没有出台 4 万亿元投资的刺激方案，2009 年和 2010 年，国民经济的运行将大致按照先前的路径发展，无论是固定资产投资的增长还是贷款余额的增长（或贷款余额增量）都不会有那么高，经济增长速度也将有所降低。定量计算出的在没有刺激方案时经济增长受到的影响，就是扩大 4 万亿元投资的效果。

联立方程经济计量模型的模拟分析得出以下几点结论。

第一，模拟结果表明，扩大 4 万亿元投资的刺激方案使得 2009 年我国的经济增长率增加了 1.0 个百分点，实现了"保八"的增长目标。该刺激方案使得 2010 年我国的经济增长率增加了 0.7 个百分点，经济继续保持快速增长势头，从而使得我国在世界上率先摆脱了全球金融危机的影响。其后续影响使 2011 年我国经济仍以较快速度增长。

第二，模拟计算结果同时给出了扩大 4 万亿元投资对若干其他经济变量的影响，包括居民收入、财政收入、社会消费品零售等都是正向影响。这是利用经济计量模型进行模拟计算得到的副产品，有助于评估扩大 4 万亿元投资对经济系统的全面影响。

第三，毋庸讳言，扩大 4 万亿元投资结合极度宽松的货币政策带来了相应的负面效应。2010 年的居民消费价格上涨率从 2009 年的 -0.7% 快速上升为 3.3%，突破了 3% 的控制目标，并且对 2011 年继续造成了较大的通货膨胀压力。负面效应还体现在 4 万亿元投资主要加快了第二产业的增长，对第三产业的拉动较小，使得第二产业增加值在 GDP 中的比重不但没有下降，还有所上升，因而不利于三次产业结构的调整。

简而言之，扩大投资的政策效应在于确保了 2009 年实现"保八"的增长目标，且在 2010 年及其后使我国经济继续保持了快速增长的势头，使得我国在世界上率先摆脱了全球金融危机的影响。但扩大投资的负面影响是增大了通货膨胀压力，以及不利于三次产业结构的调整。

（二）基于面板数据模型的模拟分析

在对包括传统的计量经济学方法、新的计量经济学方法、双重差分模型、匹配方法和面板数据方法等在内的国内外社会公共政策评价的主要方法加以梳理的基础上，通过横截面相关原理选择样本数据和构造反事实面板数据方法，利用中国等 22 个国家 2000Q1 ~ 2010Q4 的季度面板数据，测算我国 4 万亿元投资刺激计划对 2009 年和 2010 年的经济增长的促进作用。结果表明，4 万亿元投资显著地促进了 2008 年第 3 季度以来中国的经济增长速度，其中对 2009 年和 2010 年 GDP 实际增长的贡献分别是 0.89 个百分点和（AIC 和 BIC 测算结果的平均值）0.72 个百分点，对 2008 年第 3 季度以来经济实际增长的贡献约为 0.8 个百分点。总体而言，4 万亿元投资刺激计划为阻止中国经济在全球金融海啸中衰退起到了一定的作用。

四　货币政策效应的实证分析

在对有关货币政策效应的国内外研究文献加以综述，对货币政策的效用和传导机制的相关理论进行简要梳理，对近年特别是此轮金融危机以来我国货币政策的主要措施和执行情况加以检验回顾的基础上，进一步对我国货币政策的效应进行计量分析，运用协整检验、Granger 因果关系检验以及脉冲响应函数分析和方差分解等计量工具，对我国 1992 年第 1 季度至 2010 年第 1 季度的货币政策效应进行检验，并具体评价国际金融危机以来我国货币政策的执行效果。通过构建 DSGE 模型检验货币政策调整对主要经济变量的影响。

（一）经济计量模型分析

根据我国 1992 年第 1 季度至 2010 年第 1 季度的季度数据，利用 SVAR 模型对实际 GDP、实际 M2、一年期贷款实际利率（R）3 个变量之间的关系进行实证研究，对我国货币政策的效应加以检验。变量之间的协整关系检验表明，我国货币政策效应主要体现为促进经济增长，但对货币需求和物价上涨缺乏显著的抑制作用。SVAR 模型计量分析结果表明我国货币政策虽有效，但时滞较长，限制了政策效果。增加货币供应量的政策效果时滞期大约 7 个月，作用效果持续 4 个季度（12 个月）左右。利率政策的作用效果时滞期较长，大约有 4 个季度的时间，作用效果持续期较短，仅为 3 个季度（9 个月）左右的时间，并且 GDP 对利率 R 结构性冲击的反应较小。产出的主要影响因素是其自身的滞后变量，产出的变化具有相当大的惯性。货币供应量（M2）是产出的影响因素之一，但贡献度较小且有时滞效应；利率（R）对产出变化的贡献度更小，且时滞效应较长。同时，SVAR 模型中添加的虚拟变量 D 是显著的，这表明自国际金融危机以来，我国实行的较为宽松的货币政策应对本轮危机的效用逐步增强。

为进一步分析国际金融危机后我国货币政策的效应，我们运用 2006 年 1 月至 2010 年 5 月的月度数据，通过计量统计工具和数据挖掘分析，探讨货币供应量（M2）与产出、CPI、PPI、房价和股价之间的关系。分析表明，本轮金融危机以来，我国实行一系列宽松的货币政策，一方面，推动了 GDP 的止跌回升，并使得 GDP 在 2010 年出现了较快的增长速度；另一方面，2009 年的房市和股市在实体经济下滑的困境下出现了"量价齐升"的盛况，这与剧增的货币发行量和信贷不谋而合，表明由于货币量的扩张，部分贷款流入股市和房市，刺激了房地产市场和股票市场的投资投机。另外，货币政策作用于产出有 7～9 个月的时滞期，对物价的冲击也有一定的时滞性，时滞期为一年左右。由于货币政策对价格指数传导上的时滞，使得 CPI 和 PPI 在 2008 年下半年和 2009 年上半年出现持续下滑的状态，但伴随时滞期的结束，从 2009 年下半年开始 CPI 和 PPI 止跌回升，出现较快上升的趋势，因此也产生了很强的通货膨胀预期压力。

（二）DSGE 模型模拟分析

通过构建 DSGE 模型，实证模拟分析我国法定存款准备金率和货币供应量的变动（主要反映的是从紧的货币政策）对经济的影响，得到以下几点结论。

第一，货币政策对实体经济有着显著的影响。DSGE 模型的模拟结果显示，短期内，适度从紧的货币政策对于有效平抑经济过热现象有着明显的效果，尤其是对投资、消费和产出而言，不管是通过提高存款准备金率直接压缩实体经济中的货币存量，还是通过直接减少货币供应量的增加。当货币政策目标为抑制经济的过热现象时，效果明显。

第二，价格型货币政策和数量型货币政策对经济波动影响的强度和持续期限存在显著差异。价格型货币政策的效应较强但持续期较短，而数量型货币政策效应较为温和但影响相对持久，这与前述经济计量模型的分析结果一致。其原因在于，提高利率和减少货币供应量对经济的作用机制不同。提高利率是通过提高生产成本直接抑制投资者的积极性来影响投资，而减少货币供应量是通过影响消费者的交易成本来影响投资。由于消费者的消费具有跨期平滑的特征，波动性较小，而利率的提高直接影响到投资的多少，故而变动较为强烈。无论是投资还是消费都是总需求的一部分，需求的变动必然导致价格的联动，从而无论是从实体经济来看还是从价格变动来看，价格型货币政策都会呈现持续期短而作用效果强的特点。货币政策效应的持续性长会影响中央银行对现实经济中其他非货币政策冲击的判断，因此较之于价格型货币政策，数量型货币政策效应的持续性会加大中央银行政策制定的难度。

第三，对于抑制通货膨胀来说，适度从紧的货币政策不是速效的手段，但效应会随着时间推移而显现。在短期内，适度从紧的货币政策不但没有有效抑制通货膨胀上升趋势，反而会加强前期的波动，随后 2～3 个月内货币政策的效果才开始显现。

五 产业振兴规划的实施及投资效应分析

在对十大产业振兴规划的思路与措施系统阐述的基础上，分析产业振兴规划的实施效应；在对战略性新兴产业发展思路细致阐述的基础上，分析发展战略性新兴产业的带动效应与集聚效应。

（一）十大产业振兴规划的影响

2009 年初，我国出台了钢铁、汽车、船舶、装备制造、石油化工、有色金属、纺织、轻工、电子信息和物流 10 个重点产业调整振兴规划。这 10 个产业包括了我国制造业乃至整个经济命脉当中的一些重点产业，10 个产业加起来占全国工业增加值的 80%，占 GDP 的 40%。在金融危机的情况下，出台这些产业振兴规划不仅对拉动内需、促进经济尽快走向复苏意义重大，而且对国家调整经济结构、改变经济发展方式、促进经济持续发展也具有重要的意义。产业振兴规划提出了包括推动行业整合、淘汰落后产能、推动产业自主创新等在内的一系列措施，这对提高我国制造业整体创新能力和竞争能力非常重要。

十大产业振兴规划的实施，对促进相关产业的发展发挥了较明显的作用，对遏制金融危机对中国经济的冲击也产生了积极的影响。运用方差分析进行产业振兴规划实施的整体效应分析，结果显示，2009 年各行业总产值波动形状和幅度与前几年相同，除个别行业的总产值下降外，多数行业的总产值仍然保持了增长。这表明，产业振兴规划的实施至少实现了 2009 年经济状况的基本稳定。

（二）发展战略性新兴产业的影响

在实施产业振兴规划和 4 万亿元投资刺激计划的同时，2010 年国家又审时度势出台了《关于加快培育和发展战略性新兴产业的决定》，以期在日趋激烈的国际竞争中保持领先优势。该决定确定的战略性新兴产业是节能环保产业、新一代信息技术、生物、高端装备制造、新能源、新材料、新能源汽车七大产业。发展战略性新兴产业的主要措施是：加强产业关键核心技术和前沿技术研究，落实人才强国战略和知识产权战略，实施重大产业创新发展工程，实施重大应用示范工程，创新市场拓展和商业模式。要实现的战略目标是：协调推进战略性新兴产业健康发展，实现经济社会可持续发展。

由于尚缺乏战略性新兴产业明确分类和统计数据，我们根据包含战略性新兴产业部门（称之为战略性新兴产业的依托部门）在内的各产业相关数据，分析中国战略性新兴产业发展的带动效应，得出以下两个结论。

第一，中国 7 个战略性新兴产业的依托部门都有较大的影响力，对与之关联的产业部门都有较强带动效应。所有这些部门，特别是电子计算机制造业、通信设备制造业、汽车制造业的影响力系数都大于 1，这表明这些行业的生产对其他部门生产的影响程度高于全行业生产部门的平均水平，具备作为战略性产业的潜质。另外，电子元器件制造业、汽车制造业和专用化学产品制造业的感应度系数分别为 3.371、2.109 和 1.978，在全行业生产部门的感应度系数排序中分别列第 5 位、第 15 位和第 18 位。可见，当国民经济各部门均增加一个最终使用时，这些行业都受到较高的需求影响。

投入产出表的数据进一步显示，中国出口产品主要集中于电子计算机设备、电子产品、纺织服装、钢铁和金属制品等，其中电子计算机制造业出口率约为 65.8%，居出口行业的第 2 位；通信设备制造业的出口率约为 59.0%，居第 3 位。同时，除废品废料业、合成材料制造业的中间使用率分别为 96.18% 和 96.05% 外，其他依托行业的中间使用率均低于 90%，这表明其他行业对前两个依托行业产出的依赖性相当高。

第二，整体上看，几个依托性行业产出对与公众生活密切相关行业的产品的消耗量都不太大。我们选择农业、电力热力生产和供应业、燃气生产与供应业、水生产和供应业、建筑业、电信和其他信息传输业、卫生业等与百姓生活息息相关的行业，考察战略性行业的发展对人民生活水平的影响。完全消耗系数显示，医药制造业的产出用于卫生部门消耗的比重较大；合成材料、有色金属冶炼、通用设备制造、电线电缆制造的产出用于建筑业消耗的比重较大。此外，其他战略性新兴产业的依托部门的产出与所列的7个行业部门之间的完全消耗量系数均没有特别之处，说明这些行业与农业部门、电力、水、燃气生产部门间的技术经济联系相对较弱，对居民生活生产影响不大。

通过产业集中度指数和从业人数聚类分析判断战略性新兴产业的集聚效应，结果表明，中国战略性新兴产业的7个依托产业以规模最大的4个省区行业总产值占全国的份额衡量的产业集中度指数（CR4）均大于40%，说明这些行业属于高度集中的行业，易于形成战略性新兴产业集聚区。综合聚类分析的结果，我们认为，以山东、江苏为依托可以建立高端装备制造业集聚区，以广东、吉林、山东、上海、湖北为依托可以建立新能源汽车制造业集聚区，以山东、江苏、河南、广东为依托可以建立生物医药制造业集聚区，以广东、江苏、北京、上海为依托可以建立新一代计算机和通信技术制造业集聚区，以广东、江苏、浙江、天津为依托可以建立节能环保产业集聚区。

六　中国通货膨胀动态调整的实证研究

通货膨胀问题既是经济理论研究的核心问题之一，也是各国中央银行宏观金融管理面临的现实问题。美国次贷金融危机以来，美联储及欧洲、日本等各国央行都实施了大规模的货币扩张方针，采取量化宽松货币政策，以达到刺激信贷供给、化解金融危机的目的。我国也实施了4万亿元财政刺激计划和宽松的货币政策。这些措施虽然暂时缓解了经济危机的恶化和蔓延，但也为新一轮通货膨胀埋下了伏笔。我们尝试在传统菲利普斯曲线的基础上做出修正，解释隐藏在初始模型背后那些导致菲利普斯曲线发生所谓"不稳定"移动的可能原因，进一步探寻那些能够解释中国通胀现象的控制变量，并采用状态空间模型，刻画出影响因素的参数动态变化轨迹，以便更加准确理解通货膨胀变动调整的机理，对我国有效管理通货膨胀预期提供有价值的信息和依据，并提出有针对性的政策调整建议。

研究表明，产出缺口、实际劳动生产率与价格之差、滞后一期货币缺口是影响我国通货膨胀的显著因素。这些影响因素也说明我国的通货膨胀受到财政政策和货币政策的双重综合影响。本轮通胀预期本质上是在产出缺口逐渐扩大和实际劳动生产率有所下降背景下超额货币供给引致实际货币购买力下降的结果，这也表明近年来中国持续高货币增长并非简单用"货币迷失"所能解释。尽管 2011 年央行对货币供应量和信贷规模的扩张有所控制，我国面临的通货膨胀压力自 8 月份以来也开始逐渐减弱，但由于我国财政政策尚未转型，积极财政政策背后财政赤字与支出的增长对货币增发、需求扩张和成本提升引起的当期及未来潜在通货膨胀压力影响仍然较大。

为有效实施通胀预期管理，控制宏观经济运行和金融体系风险，有必要进一步对我国的货币供给机制进行完善，稳定经济主体的通胀预期。相应的政策建议包括以下几点。

第一，适度收缩信贷规模，推动货币信贷供给回归"正常化"。在实体经济规模一定的前提下，货币过量供给和超额信贷扩张有助于资产价格上涨，同时也隐含着产出缺口扩大和通胀预期信息。因此，在后金融危机时期，随着国际经济形势的不断好转，央行应适时启动宽松货币政策的退出机制，控制信贷规模，缩小货币缺口。

第二，改善实体经济运营环境，适当减少实体企业的各种税收，出台有效措施鼓励和引导资金流向实体经济，增强我国实体经济的产出能力，缩小产出缺口，同时实施产业结构升级，切实提升我国产品质量和国际竞争力。

第三，加大采取前瞻性货币政策导向力度，加强流动性调节和控制。针对全球金融危机释放的超额货币和超额信贷所形成的"货币供应－银行信贷－资产泡沫"内在链条，央行应加大对国际跨境资本流入的监管力度，加强对国际热钱的流动性控制能力和资本管制能力，有效防范资产泡沫进一步扩大，同时调节好人民币升值节奏，使之与我国实体经济的发展相一致。

七　基于 GVAR 模型的中国与世界经济互动影响分析

在经济全球化的背景下，国际商品市场和金融市场联系日益紧密，美国等发达经济大国的经济波动会对中国经济产生直接的影响，还将通过对其他国家的金融市场和实体经济的影响而对中国经济增长产生间接的影响。基于全球宏观经济计量模型（Global VAR Model，GVAR），在统一的计量经济模型分析框架下，从全球经济相互影响的角度量化分析中国应对金融危机的财政刺激计划的效果，包括对中国以及世界经济的影响，美国的需求和货币政策变动对中国经济增长和价格的影响及其程度、持续的时间、危机传导的途径，以及全球经济减速对中国经济造成的影响，以期把握中国与世界经济的互动影响，为中国积极财政政策和宽松货币政策的适时退出和稳健运行提供依据。

模型包含 8 个欧元区经济体和其他 25 个国家样本，数据区间为 1979Q1～2009Q4，数据是经过季节调整的季度数据。通过 GVAR 模型分别对中国实际 GDP、美国实际 GDP、美国证券价格等冲击对中国、美国、欧元区、日本和亚洲其他国家的实际 GDP 和通货膨胀的影响进行了模拟。实证分析结果显示，中国实际 GDP 的增长对其他国家的经济增长有显著的影响，但对通货膨胀的影响不显著，对中国自身的通胀影响较显著，累积的影响在第二年达到峰值，对日本和亚洲其他国家的影响相对于美国和欧元区较大。中国 4 万亿元财政刺激政策使得中国 2009 年和 2010 年经济增长分别提高 3.4 个和 3.7 个百分点，对美国、欧元区、日本等主要工业化国家的经济增长也有显著的正面影响，表明中国对世界经济增长的影响和贡献已不容忽视。同时，对美国和世界经济变动对中国经济的影响也进行了分析。相对于实体经济的变化，美国证券市场价格的变动会对中国以及欧元区和日本等主要经济体产生较快速和强烈的影响。因此，在分析外部经济对中国经济的影响时，不仅要考虑实体经济的变动，更要关注美国金融市场的剧烈波动所带来的负面影响。此外，随着财政刺激计划的逐步退出，其对 2011 年中国 GDP 增长的正面影响已经显著减少。

八　扩张性政策退出的时机、机制及政策选择

扩张性政策是为应对金融危机而推出，显然具有很强的时效性，不宜长期实施，因而其退出问题也应适时引起关注。基于前述研究，进一步对我国为应对金融危机而实施的扩张性政策退出的时机、机制及政策选择等有关问题加以研究，提出相关对策建议。

（一）扩张性政策退出的时机选择

判断扩张性政策是否应该退出的经济指标包括反映经济增长情况的 GDP 增速、反映物价变动趋势的通货膨胀率、反映就业状况的登记失业率、反映消费变化的社会消费品零售额增速和反映民间投资变化的非国有投资增速等。这些指标变化方向各异，如果不能抓住主要指标，并与其他指标兼顾，则容易判断不清、举棋不定，延误扩张性政策退出的有利时机。

首先，修复受损的实体经济成为中国选择扩张性政策特别是宽松货币政策退出时机的首要考量因素。GDP 增速变化是反映实体经济增长趋势的综合性指标。如果 GDP 增速由下滑出现反转，并连续 3 个月以上表现恢复性增长趋势，则表明扩张性政策已发挥实际效应。一旦 GDP 增速接近或达到潜在经济增长水平，表明经济已进入良性增长轨道。相应地，扩张性政策有选择地逐步退出应成为决策者考虑的重要政策选择。

其次，反映物价变动趋势的通货膨胀率不仅是反映经济运行冷热的重要指标之一，也是关乎民生的重要指标之一。稳定物价水平还是货币政策的重要目标之一。通货膨胀率连续 3 个月超过警戒水平，这提醒决策当局不宜再强化宽松货币政策，而一旦达到甚至超过 5% ~ 6% 的水平，则预示需要不失时机地调整宽松货币政策了。

最后，实体经济不再裁减雇员，甚至增加雇员，并因此而提高居民的收入预期，提振消费信心，同时从中国投资结构考虑，只有民间投资真正启动，经济才能实现健康良性发展，相应的，金融系统的扩张窗口才会被

真正打开。因此，登记失业率开始下降，而消费增长率和非国有部门投资增速开始提高，表明实体经济恢复性增长的趋势已经形成。一旦这一趋势维持3~6个月并呈现企稳迹象，则应开始考虑实施扩张性政策的退出机制，调整积极财政政策取向，着手实施常态的经济政策。

总之，应根据"正确处理好保持经济平稳较快发展、调整经济结构和管理好通胀预期的关系"的原则，做好宏观调控工作，把握扩张性政策退出的有利时机，防止经济出现大的起落。

（二）退出机制选择

第一，建立财政政策与货币政策相协调的中国式退出机制。

我国的财政刺激以政府投资为主，同时超配银行信贷，政府预算与银行贷款一起变成了中长期的项目投资。一旦货币政策退出过快，一批项目的资金链必然会断掉从而使这批项目成为"烂尾工程"或"半拉子工程"，银行不良贷款上升。而继续以较快的速度投放货币，就会带来通货膨胀压力。因此，我国货币政策的退出更应该从长计议。适度宽松货币政策的退出是一个渐进、可控的过程，尤其需要财政政策等其他手段的配合，形成财政政策与货币政策相协调的中国式退出机制。

第二，扩张性政策应渐进、有序退出。

中国刺激经济的扩张性政策的退出应该分三步走。第一步是渐进收紧，配以温和的主要针对银行风险控制的窗口指导，利用窗口指导和央票发行、正回购及调整准备金率等多种手段加大流动性吸收的力度。第二步是转变政策方向，通过加息、贷款额度限制等措施调节货币供求关系，使市场流动性逐步恢复常态。第三步是加大宏观调控力度，应对政策转向后面临的各种短期问题和长期问题。

第三，准备好应对不同经济形势的政策预案。

在后金融危机时代，全球经济复苏前景存在很大不确定性，应根据不同情况分别制订应对预案。如果经济"二次探底"（如经济增速低于8%）而通胀压力不大，则继续实施积极财政政策，宽松货币政策应适当加大力度；如果经济面临"滞胀"风险，则财政政策继续着力于拉动内需促进经济增长，货币政策应转向"相对中性"；如果经济稳定复苏且物价平稳，则财政政策和货币政策应转向常规政策，货币政策应重点关注资产价格泡沫。

第四，建立政策退出的国际协调机制。

在经济一体化和金融全球化日益加深的今天，全球经济能在短时间内走出阴影，与各国依据共识而采取的共同行动是分不开的。由于金融危机对各国造成的损失有所不同，各国经济刺激政策退出的步伐也不可能完全一致。基于为应对金融危机而达成的国际间经济政策合作共识，各国政府在调整本国货币政策时应与其他国家协商一致，以避免对其他经济体造成损害。因此，我国刺激政策的退出还需要充分考虑世界经济发展状况，建立政策退出的国际协调机制，加强全球多边的协同合作和政策的协调，防范各国之间的政策博弈产生被扭曲的、负面的连锁式反应。

（三）短期和长期政策的搭配与相机抉择

第一，加快转变经济发展方式。

此轮金融危机对中国的挑战不只在金融层面，更主要的在于中国"两高一低"的粗放型经济增长方式。长期来看，为了给经济的持续增长提供动能，在扩张性政策退出的同时，最重要的是转变经济发展方式，使转变经济发展方式成为我国经济发展的主线。

第二，调整优化财税政策，促进经济持续健康发展。

随着宏观经济运行回归正常增长状态，进入内生增长轨道，与之相对应的宏观经济政策应当是中性的。货币政策只要保持正常经济增长所需的货币投放即可，而财政政策则应当以"调结构"为核心。应调整优化财政支出结构，保持投资规模合理适度增长；实行结构性减税政策，减轻企业负担，引导和促进民间投资合理增长，增强经济增长内生动力和稳定性；推进个人所得税等税收制度改革，提高中低收入群体的收入水平，提高居民消费能力和信心，扩大消费需求。

第三，货币政策回归中性，防范通胀风险和资产泡沫。

针对资产泡沫和通胀预期风险增加的情况，货币政策应以"管理通胀预期，控制资产泡沫"为核心，对宽松的货币政策进行适度收缩，使之回归到正常状态，发挥货币政策在管理通胀和控制资产泡沫中的作用。应控制信贷规模，优化信贷结构；加强通胀预期管理，适当运用利率手段和其他政策工具，调节金融运行；加强金融风险监测、防范，提高金融监管水平。

第四，促进结构调整，推动产业升级。

我国刺激计划退出的着力点应是产业升级和经济结构调整。产业结构升级能够使我国经济实现长期稳定和良性发展，使得我国民众的收入和财富能够在这个过程中得到很大提高而不是受到损害。应通过产业规划、政策扶持、融资支持、兼并重组、税制调整等措施，促进经济结构调整，推动产业升级。

第五，加大消费刺激政策实施力度，扩大消费需求。

加大消费刺激政策实施力度，促使经济增长模式由投资、出口型转变为可持续的消费、投资型。应加快收入分配改革步伐，建立职工工资稳步增长机制，逐步提高劳动报酬在初次分配中的比重，加快居民收入的增长速度，提高居民收入在国民收入中的比重；加快新一轮税制改革，实施结构性减税政策，减轻企业和居民负担，缩小收入差距；加大社会保障等民生投入，提高社会保障统筹的层次，扩大社会保障覆盖面。

第六，采取倾斜政策，启动民间投资。

市场的活跃与蓬勃发展离不开民间资本的参与。应注重启动民间投资，促进民营企业的发展与壮大。按照资本资源优化配置原则，除少数关系国家安全的领域外，完全放开私人资本进场的限制，打破垄断行业的进入门槛。这也是我国财政政策退出不同于其他国家的特殊路径。

第七，优化出口结构，提高出口附加值。

金融危机对我国经济最大的影响在于出口受挫，但同时也为我国出口结构的调整提供了机遇。应调整优化出口结构，包括出口产品结构的调整以及出口市场的多元化，提高出口产品附加值。出口产品结构的调整需要积极推进产业升级，出口市场多元化要在保持发达国家原有市场的同时，努力开拓新的市场，同时，加快"出口转内销"的步伐。

总之，未来中国经济发展要增强抵御金融危机风险的能力，实现平稳健康较快的合意增长，避免大起大落；宏观政策制定和调整要遵循相机抉择原则，需要更具科学性、前瞻性和灵活性，根据经济形势的变化适时适当加以应对；需要将长期政策和短期政策有机结合，既要关注短期面临的风险，及时采取有效应对措施，防止经济系统受到过大冲击而崩溃，更要关注长期发展要求，把握长期发展主线，着眼于经济结构调整和发展方式的转变；合理搭配财政政策与货币政策，疏解制约长期发展的掣肘与障碍。

第一章　课题研究的历史与现实背景

本章主要回顾 20 世纪 90 年代以来世界主要金融危机，总结这些危机的经验教训，分析 1997 年亚洲金融危机对我国经济的影响和我国采取的应对措施及其政策效应，分析本轮全球金融危机对我国经济的冲击及我国采取的应对策略。通过上述回顾与分析，为本课题研究奠定基本的历史和现实背景。

一　20 世纪 90 年代以来世界主要金融危机分析

20 世纪 90 年代，全球发生了多次各种形式的金融危机，对世界经济以及国际金融的正常运行与发展都起到了不同程度的破坏作用。其中，有 5 次危机较为突出，分别是 1992 年的欧洲货币体系危机、1994 年的墨西哥金融危机、1997 年的亚洲金融危机、1998 年的俄罗斯金融危机和 1999 年的巴西金融动荡。总结这些危机的经验教训，对于中国建设自己的现代金融体系，以及中国应对金融危机影响，保持经济平稳健康发展，都有着重要的借鉴意义。

（一）墨西哥金融危机

1994 年 12 月至 1995 年 3 月，墨西哥发生了一场比索汇率狂跌、股票价格暴泻的金融危机。这场金融危机震撼全球，危害极大，影响深远。

1. 墨西哥金融危机概述

1994 年 12 月 19 日深夜，墨西哥政府突然对外宣布，本国货币比索贬值 15%。这一决定在市场上引起极大恐慌。外国投资者疯狂抛售比索，抢购美元，比索汇率急剧下跌。12 月 20 日，汇率从最初的 3.47 比索兑换 1 美元跌至 3.925 比索兑换 1 美元，狂跌 13%，21 日再跌 15.3%。伴随比索贬值，外国投资者大量撤走资金，墨西哥外汇储备在 20～21 日锐减近 40 亿美元。墨西哥整个金融市场一片混乱，从 20 日至 22 日，短短三天时间，墨西哥比索兑换美元的汇价就暴跌了 42.17%，这在现代金融史上是极其罕见的。

由于墨西哥吸收的外资有 70% 左右是投机性的短期证券投资，资本外流对于墨西哥股市如同釜底抽薪，墨西哥股市应声下跌。12 月 30 日，墨西哥 IPC 指数跌 6.26%。1995 年 1 月 10 日更是狂跌 11%。到 3 月 3 日，墨西哥股市 IPC 指数已跌至 1500 点，比 1994 年金融危机前最高点 2881.17 点已累计跌去了 47.94%，股市下跌幅度超过了比索贬值的幅度。

2. 墨西哥金融危机的影响

墨西哥金融危机对世界经济也产生了冲击。由于阿根廷、巴西、智利等拉美国家经济结构与墨西哥相似，都不同程度地存在债务沉重、贸易逆差、币值高估等经济问题，墨西哥金融危机爆发首先受到影响的就是这些国家。由于外国投资者害怕墨西哥金融危机扩展到全拉美国家，纷纷抛售这些国家的股票，引发拉美股市猛跌。在墨西哥货币危机发生的当天，拉美国家的股票指数同墨西哥股票指数一起下滑。其中巴西股票指数下降 11.8%，阿根廷下降 5.0%，智利下降 3.4%。与当月初相比，巴西圣保罗和里约热内卢的证券交易所 1995 年 1 月 10 日股价指数分别下跌 9.8% 和 9.1%，阿根廷布宜诺斯艾利斯证券交易所下跌 15%，秘鲁利马证券交易所下跌 8.42%，智利证券交易所下跌 3.8%。同时，拉美国家发行的各种债券价格也出现暴跌。在股市暴跌中，投资者从阿根廷抽走资金 16 亿美元，从巴西抽走资金 12.26 亿美元，相当于外资在巴西投资总额的 10%，整个拉美证券市场损失 89 亿美元。

受墨西哥金融危机影响，1995 年 1 月，欧洲股市指数下跌 1%，远东股市指数下跌 6.5%，世界股市指数下降 1.7%。作为墨西哥邻国的美国受到巨大冲击，在墨西哥的 200 亿美元股票损失了 70 亿美元，加上比索贬值，损失近 100 亿美元。

3. 墨西哥金融危机爆发原因

（1）根源

显而易见，墨西哥金融危机的"导火线"是比索贬值。而塞迪略政府之所以在上台后不久就诉诸比索贬值，很大程度上是因为外汇储备不断减少，无法继续支撑 3.46 比索兑 1 美元的汇率。那么，墨西哥为什么会面临外汇储备不足的困境呢？

20 世纪 90 年代以来，墨西哥为了遏制通货膨胀，实行了稳定汇率的政策，即利用外资的流入来支持本已非常虚弱的本国货币，使新比索与美元的汇率基本稳定，仅在很窄的范围内波动，但由于外贸赤字的恶化，外国投资者信心动摇。在资本大量持续外流的压力下，1994 年 12 月 20 日，墨西哥政府不得不宣布让新比索贬值 15.3%。然而这一措施在外国投资中间引起了恐慌，资本大量外流愈加凶猛，墨西哥政府在两天之内就损失掉了 40 亿～50 亿美元的外汇储备。到 12 月 22 日，外汇储备几近枯竭，降到了少于一个月进口额的水平。最后，墨政府被迫宣布让新比索自由浮动，政府不再干预外汇市场。几天之内，新比索下跌了 40%。

墨西哥货币危机爆发的原因主要有两方面。一是从 1990 年起，其经济发生了一系列的变化。首先是高利率吸引了大量外资的涌入，每年流入量达 250 亿～300 亿美元。其次是实际汇率持续上升，损害了其出口商品的竞争力，造成国际收支经常项目赤字增加到每年约 230 亿美元（占其国内生产总值的 7%）。最后是国内储蓄率急剧下降，从 1990 年的 19% 降到 1994 年的 14% 左右。同时，国内投资和生产率停滞，经济增长率仅为 2%。二是墨西哥政府推行的控制通货膨胀措施之一的稳定汇率政策实施时间过长，使外国投资者觉得这是一种隐含的"汇率保障"，为他们降低了风险，因而吸引了外资证券投资的涌入。然而，大部分外资被用来增加消费，投资和外贸出口并未显著增长，这就使整个经济过分依赖外资。一旦外资流入减缓，外汇储备就大量减少。外国投资者一旦察觉，便开始把投资于股票证券的资金撤回本国，由此触发了危机。

所以说，外汇储备的减少、比索的贬值是墨西哥金融危机的直接原因，而用投机性强、流动性大的短期外国资本弥补巨大的经常项目赤字，则是金融危机的深层次根源。

（2）社会经济原因

墨西哥金融危机深刻的社会经济原因包括以下三点。

①金融市场开放过急，对外资依赖程度过高。通过金融开放和鼓励外资流入，1992～1994年每年流入墨西哥的外资高达250亿～350亿美元，但是，外贸出口并未显著增长。外贸进口占国内生产总值的比重从1987年的9.4%增至1993年的31%，结果造成国际收支经常项目赤字在230亿美元的高水准徘徊，使得整个墨西哥经济过分依赖外资。

②政局不稳打击了投资者信心。1994年下半年，墨西哥农民武装暴动接连不断，执政的革命制度党总统候选人科洛西奥和总书记鲁伊斯先后遇刺身亡，执政党内部以及执政党与反对党之间权力斗争十分激烈。政局不稳打击了外国投资者的信心，进入墨西哥的外资开始减少，撤资日益增多。墨西哥不得不动用外汇储备来填补巨额的外贸赤字，造成外汇储备从1994年10月底的170亿美元降至12月21日的60亿美元，不到两个月降幅达65%。

③忽视了汇市和股市的联动性，金融政策顾此失彼。墨西哥政府宣布货币贬值的本意在于阻止资金外流，鼓励出口，抑制进口，以改善本国的国际收支状况。但在社会经济不稳定的情况下，极易引发通货膨胀，同时也使投资于股市的外国资本因比索贬值蒙受损失，从而导致股市下跌。股市下跌反过来又加剧墨西哥货币贬值，致使这场危机愈演愈烈。

4. 墨西哥金融危机的应对措施

为了稳定墨西哥金融市场，墨西哥政府经过多方协商，推出了紧急经济拯救计划：尽快将经常项目赤字压缩到可以正常支付的水平，迅速恢复正常的经济活动和就业，将通货膨胀降低到尽可能小的程度，向国际金融机构申请紧急贷款援助等。为帮助墨西哥政府渡过难关，减少外国投资者的损失，美国政府和国际货币基金组织等国际金融机构决定提供巨额贷款，支持墨西哥经济拯救计划，以稳定汇率、股市和提振投资者的信心。直到以美国为主的500亿美元的国际资本援助逐步到位，墨西哥的金融动荡才于1995年上半年趋于平息。

5. 墨西哥金融危机的教训

作为"新兴市场时代"出现后的第一次大危机，墨西哥金融危机给了人们深刻的教训，除必须保持国家政局稳定外，以下两点也需高度重视。

首先，要正确把握实现金融自由化的速度。墨西哥的金融自由化进程至少在以下两个方面加速了金融危机的形成和爆发。

（1）银行私有化后，由于政府没有及时建立起正规的信贷监督机构，银行向私人非金融企业提供的信贷大量增加。1988年，这种银行信贷相当于GDP的比重仅为10%，1994年已提高到40%以上。同时，坏账的比重也不断上升。

（2）1989年取消资本管制后，包括投机性短期资本在内的外资大量涌入墨西哥，仅在1990～1993年就有910亿美元，占同期流入拉美地区外资总额的一半以上。这些外资在弥补经常项目赤字的同时，也提高了比索的币值，因而在一定程度上削弱了墨西哥出口商品的竞争力，使经常项目赤字更难得到控制。因此，在国际资本市场运作尚不完善，对国际资本流动缺乏有效管理和协调机制的情况下，发展中国家必须慎重对待金融自由化，适当控制金融自由化进程的速度。

其次，必须慎重对待经常项目赤字。萨利纳斯政府始终认为，只要墨西哥有能力吸引外国资本，经常项目赤字不论多大，都不会产生风险。同时还认为，如果外资流入量减少，国内投资就会随之萎缩，进口也会减少，经常项目赤字就自然而然地下降。所以，萨利纳斯政府对经常项目赤字持一种听之任之、顺其发展的态度。然而，事实证明这是不正确的。

第一，大量外资的流入有可能提高本国货币的币值。

第二，只有在外资被用于生产性目的时，资本流入量的减少才能影响国内投资的规模，进而达到压缩进口的目的，使经常项目赤字状况得到改善。

第三，在墨西哥，大量外资被用于进口消费品（包括奢侈性消费品）。消费的性质决定了这样一个难以扭转的趋势：虽然用于进口消费品的外资减少了，但其他形式的资金会取而代之。因此，外资流入量的减少并非永远能够控制经常项目赤字。

第四，即使外资被用于生产性目的，但其流入量的减少也会对所投资的工程带来不容忽视的副作用。投资者或以更高的代价筹措其他形式的资金，或推迟工程的完工日期。世界银行首席经济学家S. 爱德华兹认为，经常项目赤字不应该长期超过占国内生产总值 3% 这一限度。而墨西哥在爆发金融危机之前，经常项目赤字已达 290 亿美元，相当于国内生产总值的 8%。

（二）亚洲金融危机

1. 亚洲金融风暴概述

1997 年 7 月 2 日，亚洲金融风暴席卷泰国，泰铢贬值。不久，这场风暴扫过了马来西亚、新加坡、日本和韩国等地，打破了亚洲经济急速发展的景象，亚洲一些经济大国的经济开始萧条，一些国家的政局也开始混乱。

（1）第一阶段：1997 年 7～12 月

1997 年 7 月 2 日，泰国宣布放弃固定汇率制，实行浮动汇率制，引发了一场遍及东南亚的金融风暴。当天，泰铢兑换美元的汇率下降了 17%，外汇及其他金融市场一片混乱。在泰铢波动的影响下，菲律宾比索、印度尼西亚盾、马来西亚林吉特相继成为国际炒家的攻击对象。8 月，马来西亚放弃保卫林吉特的努力，一向坚挺的新加坡元也受到冲击。印度尼西亚虽是受"传染"最晚的国家，但受到的冲击最为严重。

东南亚金融市场经过 7 月、8 月的震荡后，进入 9 月，金融形势开始回稳。9 月中旬，世行会议在香港召开，与会者就全球化过程中发展中国家所面临的金融风险以及防范措施形成了比较一致的看法。整个形势似乎走向好转，甚至向来严谨的菲律宾总统拉莫斯也说，他相信菲律宾的货币金融风暴将会很快"烟消云散"，而且这一天的到来将比人们所预想的还快。

但到了 9 月下旬，情况又开始发生异变。先是国际信贷评级机构将马来西亚及菲律宾的金融级别向下调低，使得人们开始质疑东南亚的经济状况，感到情况并不妙，货币仍然疲弱。9 月 26 日，印度尼西亚盾与美元的比价达到了历史最低点：3125 盾兑 1 美元。9 月 27 日，印度尼西亚盾一度再创新低。早盘时曾跌至 1 美元兑 3.2015 马来西亚林吉特的历来最低水平，过后稍微回稳，东南亚市场闭市时 1 美元可换 3.1950 林吉特。接着，东南亚各市场惊慌地抛售本国的货币，购买美元以作美元补仓。9月30日，林吉特、印度尼西亚盾及菲律宾比索跌至新低，其中林吉特跌幅最大。林吉特在亚洲交易结束之前，曾跌至纪录低位的3.25，是日收市报3.245。10月1日，东南亚货币市场经历了悲惨的一天。印度尼西亚盾、菲律宾比索及马来西亚林吉特跌至纪录低位。通常不易波动的新加坡元也跌至39个月来的低位。泰铢收市时，兑美元比7月2日时下跌约40%。林吉特在交易早段引人注目地下跌，不足两小时已跌超过4%，后来跌至3.4080，后市报3.3550，这是自1973年林吉特浮动以来，兑美元的最低价位。林吉特下跌再次对地区其他货币造成冲击，纷纷下跌。到10月3日，也就是泰国金融危机爆发后的3个月后，印度尼西亚盾跌了53%，是世界货币历史上贬值第二严重的货币，仅次于当年贬值63%的土耳其里拉。在这一天，世界贬值最严重的5种货币还有泰铢跌32.69%，林吉特跌25.01%，菲律宾比索跌5.27%。亚洲货币中，3个月的跌幅为：港币0.12%，印度卢比0.73%，韩元2.71%，台币2.8%，日元4.86%，新加坡元6.71%。此后，在亚洲及全球卷起了新一轮金融飓风。

10月下旬，国际炒家移师国际金融中心香港，矛头直指香港联系汇率制。台湾当局突然弃守新台币汇率，一天贬值3.46%，加大了对港币和香港股市的压力。10月23日，香港恒生指数大跌1211.47点；28日，下跌1621.80点，跌破9000点大关。面对国际金融炒家的猛烈进攻，香港特区政府重申不会改变现行汇率制度，恒生指数上扬，再上万点大关。接着，11月中旬，东亚的韩国也爆发金融风暴，17日，韩元对美元的汇率跌至创纪录的1008∶1。21日，韩国政府不得不向国际货币基金组织求援，暂时控制了危机。但到了12月13日，韩元对美元的汇率又降至1737.60∶1。韩元危机也冲击了在韩国有大量投资的日本金融业。1997年下半年，日本一些银行和证券公司相继破产。东南亚金融风暴演变为亚洲金融危机。

（2）第二阶段：1998年1月至1998年7月

1998年初，印度尼西亚金融风暴再起。面对有史以来最严重的经济衰退，国际货币基金组织为印度尼西亚制定的对策未能取得预期效果。2月11日，印度尼西亚政府宣布将实行印度尼西亚盾与美元保持固定汇率的联系汇率制，以稳定印度尼西亚盾。此举遭到国际货币基金组织及美国、西欧的一致反对。国际货币基金组织扬言将撤回对印度尼西亚的援助，印度尼西亚陷入政治经济大危机。2 月 16 日，印度尼西亚盾同美元比价跌破10000：1。受其影响，东南亚汇市再起波澜，新加坡元、马来西亚林吉特、泰铢、菲律宾比索等纷纷下跌。直到 4 月 8 日印度尼西亚同国际货币基金组织就一份新的经济改革方案达成协议，东南亚汇市才暂告平静。1997 年爆发的东南亚金融危机使得与东南亚市场关系密切的日本经济陷入困境。日元汇率从 1997 年 6 月底的 115 日元兑 1 美元跌至 1998 年 4 月初的 133 日元兑 1 美元；1998 年 5～6 月，日元汇率一路下跌，一度接近 150 日元兑 1 美元的关口。随着日元的大幅贬值，国际金融形势更加不明朗，亚洲金融危机继续深化。

（3）第三阶段：1998 年 8 月初至 1998 年底

乘美国股市动荡、日元汇率持续下跌之际，国际炒家对香港发动新一轮进攻，恒生指数跌至 6600 多点。香港特区政府予以回击，金融管理局动用外汇基金进入股市和期货市场，吸纳国际炒家抛售的港币，将汇市稳定在 7.75 港元兑换 1 美元的水平上。1 个月后，国际炒家损失惨重，无法再次实现把香港作为"超级提款机"的企图。国际炒家在香港失利的同时，在俄罗斯更遭惨败。俄罗斯中央银行 8 月 17 日宣布年内将卢布兑换美元汇率的浮动幅度扩大到 6.0～9.5：1，并推迟偿还外债及暂停国债券交易。9 月 2 日，卢布贬值 70%。这都使俄罗斯股市、汇市急剧下跌，引发金融危机乃至经济、政治危机。俄罗斯政策的突变，使得在俄罗斯股市投下巨额资金的国际炒家大伤元气，并带动了美欧国家股市和汇市的全面剧烈波动。到 1998 年底，俄罗斯经济仍没有摆脱困境。1999 年，金融危机结束。

2. 亚洲金融危机的影响

1997 年 7 月发生于泰国、印度尼西亚、马来西亚和韩国等国家的金融危机对这些国家的经济造成了巨大破坏。这些国家的经济在 1998 年呈现负增长，而在 1997 年之前，增长率超过 5%。这些国家曾消灭了大量贫困，是"亚洲奇迹"的一部分，然而危机却造成了这些国家严重的经济衰退，进而又影响到整个亚洲国家，甚至波及全球金融和经济。金融危机的主要影响表现在以下方面。

其一，东南亚金融危机使亚洲民众的资产大为缩水。1997 年 3 月 2 日索罗斯攻击泰国外汇市场，引起泰国挤兑风潮，挤垮银行 56 家，泰铢贬值 60%，股票市场狂泻 70%。由泰国引起的金融动荡一直蔓延到亚洲的北部乃至俄罗斯，马来西亚、印度尼西亚、中国台湾地区、日本、中国香港地区、韩国均受重创，这些国家和地区民众的资产大为缩水，多年来创造的财富纷纷贬值。与此同时，欧美国家利用亚洲货币贬值、股市狂泻的时机，纷纷兼并亚洲企业，购买不动产，以 1% 的代价轻易获取了百分之几百的财产。

其二，东南亚金融危机使亚洲国家的社会秩序陷入混乱。由于银行倒闭，金融业崩溃，导致经济瘫痪。经济衰退激化了国内矛盾。东南亚金融危机期间，印度尼西亚、马来西亚等国社会动荡，人心涣散，秩序混乱。

其三，东南亚金融危机使国家政权不再稳定。亚洲金融危机爆发后，由于社会动荡，经济萧条，导致人们对政府信任度下降，在野党、反对党纷纷指责执政党，于是，泰国的政府被推翻了，印度尼西亚的苏哈托政府被推翻了，日本桥本龙太郎下台了，俄罗斯一年之内换了六届总理。政治不稳定破坏了亚洲经济增长的良好环境。此前，亚洲国家经济高速增长的原因就在于政治经济环境稳定，后来的金融危机破坏了这种稳定，引发社会波动，差点危及各国的国家安全。

3. 亚洲金融危机爆发的原因

1997 年的亚洲金融危机爆发有多方面的原因，一般认为分为直接触发因素、内在基础因素和世界经济因素等几个方面。

（1）直接触发因素

①国际金融市场上游资的冲击，特别是乔治·索罗斯个人及一个支持他的资本主义集团因素。目前，在全球范围内大约有 7 万亿美元的流动国际资本，国际炒家一旦发现在哪个国家或地区有利可图，马上会通过炒作冲击该国或地区的货币，以在短期内获取暴利。

"金融大鳄"索罗斯曾说过："在金融运作方面，说不上有道德还是无道德，这只是一种操作。金融市场是不属于道德范畴的，它不是不道德的。道德根本不存在于这里，因为它有自己的游戏规则。我是金融市场的参与者，我会按照已定的规则来玩这个游戏，我不会违反这些规则，所以我不觉得内疚或要负责任。从亚洲金融风暴这个事情来讲，我是否炒作对金融事件的发生不会起任何作用。我不炒作它照样会发生。我并不觉得炒外币、投机有什么不道德。另一方面我遵守运作规则。我尊重那些规则，关心这些规则。作为一个有道德和关心它们的人，我希望确保这些规则是有利于建立一个良好的社会的，所以我主张改变某些规则。我认为一些规则需要改进。如果改进和改良影响到我自己的利益，我还是会支持它，因为需要改良的这个规则也许正是事件发生的原因。"

②亚洲一些国家的外汇政策不当。它们为了吸引外资，一方面保持固定汇率，一方面又扩大金融自由化，给国际炒家提供了可乘之机。如泰国就在本国金融体系没有理顺之前，于 1992 年取消了对资本市场的管制，使短期资金的流动畅通无阻，为外国炒家炒作泰铢提供了条件。为了维持固定汇率制，这些国家长期动用外汇储备来弥补逆差，导致外债的增加。

③促使不对称信息问题恶化并导致金融危机的关键因素是资产负债状况恶化，特别是金融机构的资产负债状况。与以前的金融危机一样，例如进行过类似分析的 1982 年智利金融危机和 1994 年墨西哥金融危机，金融自由化导致由资本流入支持的借款猛增是危机的开始。一旦放松利率封顶和借款类型的限制，借款就会急剧增加。正如 Corsetti、Pesenti 和 Roubini（1998），Goldstein（1998），世界银行（1998）和 Kamin（1999）提到的，亚洲危机国家信用扩张速度远远超过 GDP 增长速度。借款激增问题并不是借贷的扩张，而是扩张得太快以致造成过大风险，以及相应的未来的贷款损失。

④这些国家的外债结构不合理。在中期、短期债务较多的情况下，一旦外资流出超过外资流入，而本国的外汇储备又不足以弥补不足，这个国家的货币贬值便是不可避免的。

（2）内在基础性因素

亚洲金融危机的爆发在各国有其具体的内在因素：经济持续过热，经济泡沫膨胀，引进外资的盲目性——短期外债过量，银行体系的不健全，银企勾结和企业大量负债等。

①透支性经济高增长和不良资产的膨胀。保持较快的经济增长速度，是发展中国家的共同愿望。当高速增长的条件变得不够充足时，为了继续保持速度，这些国家转向靠借外债来维护经济增长。但由于经济发展的不顺利，到 20 世纪 90 年代中期，亚洲一些国家已不具备还债能力。在东南

亚国家，房地产吹起的泡沫换来的只是银行贷款的坏账和呆账；至于韩国，由于大企业从银行获得资金过于容易，造成一旦企业状况不佳，不良资产立即膨胀的状况。不良资产的大量存在又反过来影响了投资者的信心。

②市场体制发育不成熟。政府在资源配置上干预过度，特别是干预金融系统的贷款投向和项目。

③金融体制不完善。主要表现在以下三个方面。

一是许多东亚国家的信贷市场畸形发展。一方面，日本、韩国、泰国、马来西亚等国的国内信贷额与 GDP 之比均高达 115% ~ 200%；另一方面，其资本市场又不成熟或发育不全，致使企业过度依赖商业银行的间接融资，而银行又过于依恃政府的"主导"与担保，导致银行信贷过度扩张，银行不良债权或坏账过大，如韩国、泰国的银行不良资产占到其 GDP 的 34% ~ 40%。

二是当面对金融自由化后新的贷款机会时，金融机构的管理者缺乏有效的风险管理经验。而且，随着信贷的迅速增加，金融机构无法迅速增加必需的管理力量（如受过良好训练的贷款员、风险估算系统等）来有效监控这些新的贷款。

三是金融规章/监管体系不健全。新兴市场国家，特别是东亚国家金融体系不成熟还表现在金融监管不力、法规不健全上。许多东盟国家的中央银行并没有随着不良债权增多而增加贷款损失准备金。菲律宾在金融危机爆发前的 3 年间银行贷款增加了 38%，而贷款损失准备金在贷款总额中的比重却从 3.5% 减到 1.5%，比重最高的马来西亚也只有 2%。当金融自由化带来新的冒险机会时，这些规章/监管弱化的体系无法控制由政府保护体系造成的道德风险，并形成承担过度风险的局面。这么孱弱的金融体系，一旦风吹草动，如国际收支锐减，便会人心浮动，国内资金外送和外资迅速撤离，金融风暴随之即来。

④"出口替代"型模式的缺陷。"出口替代"型模式是亚洲不少国家经济成功的重要原因，但这种模式也存在着三方面的不足：一是当经济发展到一定阶段，生产成本会提高，出口会受到抑制，引起这些国家国际收支的不平衡；二是当这一出口导向战略成为众多国家的发展战略时，它们

之间会形成相互挤压；三是产品的阶梯性进步是继续实行出口替代的必备条件，仅靠资源的廉价优势是无法保持竞争力的。这些亚洲国家在实现高速增长之后，没有解决上述问题。

⑤亚洲国家的经济形态使然。新、马、泰、日、韩等国都为外向型经济的国家，对世界市场的依附性很大，同时亚洲经济的动摇难免会出现牵一发而动全身的状况。以泰国为例，泰铢在国际市场上是否要买卖不由政府来主宰，而泰国并没有足够的外汇储备量，面对金融家的炒作，该国经济不堪一击。而经济决定政治，金融危机爆发后，泰国政局也就动荡了。

（3）世界经济因素

①经济全球化带来的负面影响。经济全球化使世界各地的经济联系越来越密切，但由此而来的负面影响也不可忽视，如民族国家间利益冲撞加剧、资本流动能力增强、防范危机的难度加大等。

②不合理的国际分工、贸易和货币体制，对第三世界国家不利。在生产领域，仍然是发达国家生产高技术产品和高新技术本身，产品的技术含量在欠发达、不发达国家逐级下降，最不发达国家只能做装配工作和生产初级产品。在交换领域，发达国家能用低价购买初级产品和垄断高价推销自己的产品。在国际金融和货币领域，整个全球金融体系和制度也有利于金融大国。

4. 危机传导机制

在东南亚国家金融自由化后，金融市场信息的弱化使其承担过度风险，是导致并使这场危机迅速蔓延的关键因素。

第一，信贷快速膨胀，监管体系不健全，导致银行业风险增大。

因经济的较快增长，使信贷快速膨胀，同时，银行监管存在局限性，银行风险加大。另外，银行开展新业务，业务发展速度很快，而银行监管当局同样无法迅速增加监管力量来跟上增加的监管责任，使危机变得更严重。

第二，资本流入使危机进一步恶化。

在金融自由化背景下，因为能获得高收益并能得到政府性安全体系的保护，国外资本流入新兴市场国家的银行。这种政府性安全体系由新兴市场国家政府或像IMF这样的国际金融机构提供。资本流入会促使信贷激增，导致部分银行承担过度风险。这正是东亚国家的情况，从 1993 年到 1996 年，每年的资本流入量为 500 亿 ~ 1000 亿美元。Folkens-Landau 发现，有大量私人净资本流入的亚太地区新兴市场国家，银行体系也有可观的膨胀。

金融自由化之后信贷激增的结果是巨额贷款损失和随之而来的银行资产负债状况的恶化。从东亚国家情况来看，未偿还贷款占总贷款的比例上升到 15% ~ 35% 。银行资产负债状况恶化是使这些国家陷入金融危机的关键因素。

第三，银行机构的资产负债状况恶化。

银行机构资产负债状况的恶化会导致银行限制贷款范围以改善资本充足率，或者直接导致全面的银行危机。这种危机使许多银行无力偿付债务，从而直接削减了银行体系贷款的能力。

第四，银行资产负债状况恶化促使货币危机发生。

中央银行很难在面临投机袭击的时候捍卫其汇率。因为利率提高会对银行资产负债表造成损害，所以任何以提高利率来维持本国货币汇率的措施都会进一步打击银行体系。资金到期日不一致以及经济衰退时会增加信贷风险，从而会对银行的资产负债状况造成负面影响。这样，当新兴市场国家的货币遭到投机性袭击时，如果中央银行将利率提高到足以捍卫汇率的水平，其银行系统就会崩溃。当投资者认识到一国脆弱的银行体系使中央银行不太可能成功捍卫本国汇率的时候，在卖空此国货币的预期利润的吸引下，他们会更加积极地袭击货币。所以，在银行体系脆弱的情况下，货币投机性袭击很可能得逞。很多因素会激发这种袭击行为，巨额经常项目赤字就是其中一种因素。可见，银行体系状况的恶化是造成货币危机的关键因素。

因为债务合约的两个关键特性，货币危机和贬值会在新兴市场国家引发全面的金融危机。在新兴市场国家，债务合约的期限很短，而且经常是用外汇计价的。债务合约的这些特性造成了三种机制。新兴市场国家的货币危机通过这三种机制，使信贷市场的不对称信息问题更加严重，从而促使金融危机的爆发。

第五，货币贬值导致企业资产负债状况恶化。

货币贬值会给企业资产负债表带来直接影响。当本币贬值时，以外币计价的债务合约会加重国内企业的债务负担。另外，因为资产主要以本币计值，公司资产不会同时增加。结果贬值导致企业资产负债状况恶化和净资产减少。而这会加重逆向选择问题，因为有效抵押的缩水会降低对贷款人的保护。而且，净值的减少将增加道德风险，企业有承担更大风险的动力，因为如果贷款增加，它们将损失的东西就更少了。因为贷款者面临更高的损失风险，信贷便会降低，于是投资和经济活动下降。

和 1995 年墨西哥的情况一样，外汇危机导致的贬值对资产负债状况的损害也是东亚经济衰退的一个主要原因。因为印度尼西亚的货币贬值了 75%，外汇计价债务的印度尼西亚盾价值是原来的 4 倍，所以这种机制就特别明显。如果一家企业有大量外债，在危机冲击下，即使原来的资产负债状况很好，也会陷入破产境地。

第六，货币贬值可能导致更严重的通货膨胀。

许多新兴市场国家曾经历过高且不稳定的通胀，它们的中央银行并不是值得信赖的通胀斗士。这样，遭遇投机性袭击后汇率的大幅下降带来的价格上涨压力会导致现实或预期通胀的迅速增加。墨西哥在 1994 年外汇危机之后，其通胀率在 1995 年上升到 50%。在印度尼西亚这个遭受打击最重的东南亚国家已经看到了类似的情况。货币危机之后预期通胀率的上升将使金融危机进一步恶化，因为它将导致利率的上升。短期债务与利率上升的交互作用将大幅增加企业利息支出，从而恶化企业现金流量头寸，并进一步损害资产负债状况。于是，正如我们看到的那样，不对称信息问题更严重，信贷规模和经济活动都大幅下降。

第七，本币贬值导致银行体系资产负债状况进一步恶化。

货币危机引发金融危机的一个机制是，本币的贬值导致银行体系的资产负债状况进一步恶化，触发大面积银行业危机。在新兴市场国家货币发生贬值时，银行有许多以价值大幅增加的外币计价的债务。另外，企业和家庭部门的问题意味着它们无法偿还贷款，这也会造成银行资产负债表资产方的贷款损失。结果是，银行的资产负债状况受到资产和负债两方面的挤压，银行的净值随之减少。银行面临的另一个问题是许多外币计价债务期限很短，债务的突然大幅增加会造成银行的流动性问题。进一步恶化的银行资产负债状况和被削弱的资本基础导致银行削减信贷。在极端情况下，资产状况恶化导致的金融危机迫使许多银行关门，从而直接限制银行体系创造信贷的能力。因为银行是信贷市场上克服逆向选择和道德风险的重要角色，并且是许多企业的唯一信贷来源，从这个意义上讲，银行十分特殊，所以一旦银行信贷崩溃，经济崩溃随之而来。

亚洲金融危机是一个系统性崩溃。此崩溃是由金融和非金融机构的资产负债状况恶化，加重了不对称信息问题而造成的。其结果是金融市场无法将资金导向有生产性投资机会的人那里，对这些国家经济造成破坏性影响。

5. 危机后中国的应对措施

在亚洲金融风暴中，中国承受了巨大的压力，坚持人民币不贬值。由于中国实行比较谨慎的金融政策，危机到来的前几年采取了一系列防范金融风险的措施，在危机中未受到直接冲击，金融和经济继续保持稳定。为缓解亚洲金融危机，中国政府采取了一系列积极政策。

第一，积极参与国际货币基金组织对亚洲有关国家的援助。1997 年金融危机爆发后，中国政府在国际货币基金组织安排的框架内，并通过双边渠道向泰国等国提供总额超过 40 亿美元的援助，向印度尼西亚等国提供了进出口信贷和紧急无偿药品援助。

第二，中国政府本着高度负责的态度，从维护本地区稳定和发展的大局出发，作出人民币不贬值的决定，承受了巨大压力，付出了很大代价。此举对亚洲乃至世界金融、经济的稳定和发展起到了重要作用。

第三，在坚持人民币不贬值的同时，中国政府采取努力扩大内需、刺激经济增长的政策，保持了国内经济的健康和稳定增长，对缓解亚洲经济紧张形势、带动亚洲经济复苏发挥了重要作用。

第四，中国与有关各方协调配合，积极参与和推动地区和国际金融合作。原中国国家主席江泽民在亚太经济合作组织第六次领导人非正式会议上提出了加强国际合作以制止危机蔓延、改革和完善国际金融体制、尊重有关国家和地区为克服金融危机的自主选择三项主张。

时任国家副主席胡锦涛在 1998 年 12 月举行的第二次东盟－中、日、韩领导人非正式会晤和东盟－中国领导人非正式会晤中，进一步强调东亚国家要积极参与国际金融体制改革与调整，当务之急是加强对短期流动资本的调控和监管，主张东亚国家就金融改革等宏观问题进行交流，建议开展副财长和央行副行长级对话，并根据需要适时成立专家小组，深入研究对短期流动资本进行调控的具体途径等。中方的建议得到各方积极响应。

6. 危机的教训

发生在 1997～1998 年的亚洲金融危机是继 20 世纪 30 年代大危机之后，对世界经济有深远影响的又一重大事件。这次金融危机反映了世界和各国的金融体系存在着严重缺陷，包括许多被人们认为是经过历史发展选择的比较成熟的金融体制和经济运行方式，在这次金融危机中都暴露许许多多的问题，需要进行反思。这次金融危机提出了许多新的课题，即要建立新的金融法则和组织形式，以及如何解决 20 世纪初货币制度改革以后，在不兑现的纸币本位制条件下，各国形成的货币供应体制和企业之间在新形势下形成的债务衍生机制带来的几个世纪性的经济难题。这些难题包括企业债务重负，银行坏账丛生，金融和债务危机频繁；社会货币供应过多，银行业务过重，宏观调控难度加大；政府税收困难，财政危机与金融危机相伴；通货膨胀缠绕着社会经济，泡沫经济时有发生，经济波动频繁，经济增长经常受阻；企业资金不足带来经营困难，提高了破产和倒闭率，企业兼并活动频繁，降低了企业的稳定性，增加了失业，不利于经济增长和社会稳定；不平等的国际货币关系给世界大多数国家带来重负，并造成许许多多国际经济问题。出现以上问题最深层的原因是货币制度的不完善，以及在社会化大生产条件下，企业之间交易活动产生的新机制未被人们充分认识。这个过程不是一个简单的经济问题的治理，而是对纸币制度所存在的严重缺陷的修正，是对货币供应和流通体制的创新，是金融体制的重大变革，并且这种变革带来经济运行机制的诸多方面的调整。

（1）完善金融体系

从发达国家的市场经济发展史来看，从商品市场、货币市场、债权市场、证券市场、期货市场到衍生品市场，大约经历了 200 年的时间。每种市场、每种机制和制度工具，都是千万人在经济实践中根据活动的需要而协议采取的，并通过千万人的实践才逐步形成共同的制度、机制和工具，形成了比较完整的运行、监管制度与规则。

东亚发展中国家在短短 20～30 年间不可能完成发达国家用 200 多年所

完成的事，也不可能通过漫长的发展过程让各类市场形式、机制、制度工具依序发育、成熟，而是在短短几年内几乎同时出台。当经济货币化进程尚未完成时就已开始证券化，证券制度还未发育成熟甚至有关运行规则还未确定时又出台了期货和衍生品市场，这一切导致各种市场、机制、制度工具不能不带有不同程度的夹生性。正是由于这些制度性弱点，造成了"赶超型"经济所固有的先天性不足。同时，后天又过度利用境外短期资金，而不是先贸易后投资、先实业后金融、先关税后非关税、先经常项目后资本项目。过度、过滥、妄用金融手段，势必招致风险。如泰国在本地银行累积巨额不良债权，经常项目连年逆差的情况下，过早放开资本项目，结果给国际短期游资大开方便之门，因此自身的脆弱风险最大。

日渐融入全球化市场的中国金融市场也面临同样的问题。一方面，经过改革开放以来近30年的建设，中国在金融领域取得了无可争辩的成就，其中就包括银行、股市、期货和衍生品在内的金融工具在经济生活中的作用日益突出；但另一方面，由于发展时间较短、经验不足等原因，金融市场也存在很多问题，甚至潜伏着诸种危机，中航油、国储铜事件无疑给我们敲响了警钟。

（2）完善宏观金融调控机制

新加坡的经验表明，东南亚金融危机并不是改革开放的结果，而是经济环境、经济政策、经济手段的夹生性所致，只要处理好开放进程中政策之间、体制之间的协调问题，进一步经济开放并不会导致金融危机。

中国之所以在亚洲金融危机中基本上没有受到明显的冲击，主要的原因不是中国的金融体制放慢开放，而是1994年以来中国的外债结构比较合理。中国在稳定货币和规范金融市场等宏观经济管理方面取得了进步，通过财税体制、金融体制和外汇体制等一系列改革，增强了抗风险能力。

汲取东南亚金融危机教训，在完全融入经济全球化之前，建立健全微观金融竞争体制、完善市场性宏观金融调控机制就显得刻不容缓。从国内金融体制改革的现状看，很难说已经做好了准备，更不用说做好资本市场开放的准备。金融全球化要求商业银行向"流程银行"转变。垂直的报告路线和矩阵式的管理，对中资银行经营体制将带来重大冲击和挑战。目前，中资银行在很大程度上仍然依赖于国家政策的保护，市场竞争观念并没有多大改观，与外资银行竞争的优势并没有形成。目前我国银行业的现状是垄断特征仍明显，四大国有银行仍未商业化，仍未摆脱经济体制转型的沉重历史包袱，仍未形成有效的内外部激励约束机制。

（3）金融危机不在开放本身

金融的开放和全球化并不必然带来1997年那样的深重危机，导致金融灭顶之灾的恰恰是缺乏开放的制度设计，并在资本市场国际化的道路上裹足不前。

我们不能把金融开放视为"洪水猛兽"，不能据此而锁国。恰恰相反，从来没有一个国家是因为开放而衰退，只有因为封闭而落后的例子，这已为人类的历史所证明。

那么，为何开放体系的整体风险低于封闭体系呢？因为开放体系中有一整套健全的市场经济制度，有利于促进经济主体间资源的有效配置，使宏观和微观主体具有更强的抗风险能力。"亚洲四小龙"成功的经验表明，对外开放是这些国家和地区成功的一个主要因素。亚洲金融危机发生的原因并不在东南亚经济开放上，而是这些国家和地区的国内资本市场不合理、金融产品结构不合理造成的，为国际金融炒作提供了可乘之机。

由此看来，金融危机不在开放本身，正如防范危机的根本措施不在货币之内而在货币之外一样。新加坡是小型开放型经济国家，极易受到外部经济环境的影响。因此，亚洲金融风暴所产生的巨大冲击，极有可能对其经济产生灾难性的打击。然而，在整个东亚经济一片萧条时，新加坡相对而言未受太大的影响，虽然股票市场和房地产市场也遭受了冲击，但整个经济发展状况良好。1998年，新加坡经济增长率为正值，但不高，到1999年就上升到了5.4%。为何新加坡能经受住席卷亚洲的金融风暴呢？这是因为新加坡有强大的经济基础，特别是有一个良好的银行系统和监管体系。新加坡银行的资本状况达到了国际水平，尽管多年来提取了大量的准备金，但资金充足率仍从1996年的16%上升到1998年的18.3%。1998年，新加坡银行甚至获得了14.5亿新加坡元的利润，尽管这比1997年的水平下降了40%。因为银行在当地的资产仅占其全球资产的不到20%，因此新加坡没有发生银行系统危机的可能。银行的贷款大部分面向国内，国内的贷款企业由于具有良好的资产负债情况，能很好地抵御金融风暴造成的资产价格和国内需求的负面冲击。

（三）俄罗斯金融危机

1. 危机过程

俄罗斯从 1997 年 10 月到 1998 年 8 月经历了由三次金融大波动构成的金融危机。其特点是，金融大波动的间隔越来越短，规模越来越大，程度越来越深，最终导致两届政府的垮台，甚至波及全球，产生全球效应。

第一次金融波动发生在 1997 年 10 月 28 日至 11 月中旬之间。

本来，俄罗斯自 1992 年初推行"休克疗法"改革后，到 1996 年生产连续下降，到 1997 年才出现止跌回升，但升幅很小，只有 0.8%。1996 年起俄罗斯开始对外资开放。人们看好俄金融市场，纷纷投资股市和债市，因股价上升潜力大，回报率高。俄股票面值定得很低，平均只值 50 美分到 4～5 美元，股票回报率平均高达 1 倍以上；国债的回报率也在 20% 以上，而且 80% 是 3～4 个月的短期国债，兑现快。1997 年是俄经济转轨以来吸入外资最多的一年。俄从 1991 年起一共吸入外资 237.5 亿美元，其中 1997 年即达 100 多亿美元。但是外资总额中直接投资只占 30% 左右，70% 左右是短期资本投资，来得快，走得也快，这就埋下了隐患。1997 年 10 月，外资已掌握了 60%～70% 的股市交易量和 30%～40% 的国债交易额。

1997 年 7 月由泰国首先爆发的金融危机对俄金融市场的影响还不大，因 8～9 月还有大量外资涌入，及至 10 月韩国爆发金融危机，立即对俄金融市场产生连锁反应，因在俄金融市场中韩资占有一定比重。韩国发生金融危机，韩资急忙大量撤走，以救本国之急，同时其他外国投资者也纷纷跟进。结果，自 1997 年 10 月 28 日到 11 月 10 日间，由于大量股票抛售，股价平均下跌 30%。股市殃及债市和汇市，后者也纷纷告急。当时俄央行拿出 35 亿美元拯救债市，以维持国债的收益率吸住外资。虽然国债收益率上升至 45%，但外资依然撤走了 100 亿美元。

第二次金融大波动发生在 1998 年 5～6 月。这次大波动的诱因主要是国内的"信任危机"。这次至少抽走资金 140 亿美元。具体原因主要是三点。

一是长达月余的政府危机引起投资者对俄政局的不安。1997 年 3 月 23

日，俄总统叶利钦出于政治考虑，突然解散切尔诺梅尔金政府并解除其总理职务，引致政府、总统与杜马在新总理任命问题上的争斗，后经过三次杜马表决才勉强通过基里延科总理的任命。在这 1 个月政府危机期间，经济领域受到很大影响，政府少收税款 30 亿美元，使拮据的财政更是雪上加霜。同时，由于新任命总理基里延科年轻，资历浅，缺乏财团、政党的支持和治国经验，人们对新政府信心不足，部分投资者开始撤离。

二是俄罗斯严重的财政、债务危机突然暴露在世人面前，引起投资者的心理恐慌。其实，俄自 1992 年以来一直存在财政赤字，但由于政府采取发行国债、举借外债、拖延支付等所谓"软赤字"办法加以弥补，再加上偿付债息不包括在预算支出内，因此公布的财政赤字不高（除 1994 年赤字占 GDP10.7% 外，其余年份均在 3% ~ 4.6% 之间），民众不甚了解其实际严重程度（实际在 8% ~ 10% 之间）。1998 年大笔债务陆续到期，拖欠需要偿还，新政府要承担偿债任务，责任重大，才公布了财政债务危机的严重情况。俄罗斯生产力一直下降，财政收入基础越来越小；再加上税种过多，税率过高，引致企业税务过重，因此逃税现象十分普遍，几乎一半单位偷漏税；拖欠工资额不断增加，1998 年上半年又增 200 亿卢布，总数达 700 亿卢布。国际能源价格下降，使俄少收入 50 亿 ~ 70 亿美元。俄为支撑经济生活正常运转，不得不大量借新债还旧债，而且要借更多新债。除还内债外，还要弥补财政缺口，于是债务越滚越多，形成债务金字塔。到基里延科接任总理时，俄内债达 700 亿美元（其中债达 4500 亿卢布），外债达 1300 亿美元。1998 年预算中偿旧债和补赤字加在一起占国家开支的 58%。当时财长承认，当年至少需再借 100 亿 ~ 150 亿美元才能渡过难关。

三是议会修改政府的私有化政策，是引起这次金融市场波动的导火线。俄罗斯统一电力系统股份公司已有 28% 的股票售予外商，可俄国家杜马又专门通过关于该公司股票处置法，规定外资拥有该公司的股票份额不得超过 25%。这样一来，引起外资对俄政府的不信任，纷纷抛售股票。该公司的股票在两周内下跌 40%，其他股票也跟着下跌 25% ~ 40%。受此影响，国债价格急剧下滑，收益率被迫由 50% 上升至 80%，更加重了政府还债的负担。美元兑卢布的汇率上升到 1 : 6.2010 ~ 6.2030，超过俄央行规定的最高限额 6.1850。而且，这次私有化政策变动已影响后续私有化的推行。最明显的例子是俄罗斯石油公司拟出售 75% 股份而无人问津。当然，这也与世界石油市场价格暴跌，人们不看好石油生产有关。

2. 危机的影响

俄罗斯金融大风波带来的后果十分严重，不仅使本国已困难重重的经济雪上加霜，还震撼了全球金融市场。

首先，国内居民存款损失一半。进口商品价格上涨 2~3 倍，国产商品也连带成倍上涨。9 月，消费物价上升 40%，超过 1992 年 2 月的上升 36%，成为转型以来的最高。居民实际工资收入下降 13.8%，近 1/3 的居民处于贫困线以下。整个经济下降 5%，工业下降 5.2%，农业下降 10%，外贸下降 16.1%。

其次，大批商业银行尤其是大银行损失惨重。西方报刊已惊呼"俄罗斯金融寡头们的没落"。它们前期为牟取利差，曾大量借取利率较低的外债，估计共约 300 亿美元，兑为卢布后，购进高回报率的国债券，现在卢布贬值，国债券又要由高利、短期转换为低利、长期，里外损失巨大。仅金融七巨头之一的 SBS - 农业银行当时就握有相当于 10 亿美元的国家短期债券，顷刻之间不值几文。据估计，商业银行中有一半濒临破产。俄罗斯的 SBS - 农业银行和国际商业银行已被暂时置于中央银行管理之下，其余几家大银行不得不将自己的商业账户转移到俄罗斯储蓄银行。由于普里马科夫出任总理组成中左政府，金融七巨头与政治关系基本被割断，势力大为削弱。

最后，俄罗斯金融危机波及欧美、拉美，形成全球效应。本来，俄罗斯经济经过连续 6 年下降，在世界经济中已微不足道，它的 GDP 仅占全球的不到 2%。俄金融市场规模也很小，到 1997 年股市最兴旺的 8 月，日成交额也不过 1 亿美元。这在国际金融市场中也无足轻重。但是，为什么这样一个配角可撼动全球经济，引发欧美发达国家的惊慌呢？主要原因在于以下方面。

一是由于从 1997 年 7 月到 1998 年 8 月，新兴市场国家的金融市场几乎都相继出了问题，使国际投资者对新兴市场的可靠性产生怀疑，纷纷撤资避险，形成连锁反应，俄罗斯当然也在其中。8 月俄罗斯金融市场崩溃后，9 月上旬短短两周内，巴西也出现外资撤走 140 亿美元、外汇存底从 700 亿美元减到 500 亿美元的金融危机。

二是美国对冲基金染指俄罗斯金融市场，并在俄 8 月 17 日汇市大跌、股市崩盘、国债停市中遭到了巨大损失，这是造成全球效应的一个最主要原因。据悉，外国投资者在俄那次金融大风波中约损失 330 亿美元，其中美国长期资本管理公司（即对冲基金）亏损 25 亿美元，索罗斯量子对冲基金亏损 20 亿美元，美国银行家信托公司亏损 4.88 亿美元，面临被德意志银行合并的可能。现行的对冲基金借巨资进行金融投机，一旦失利，提供贷款的银行即闻讯逼债，甚至惊动政府出面救急（如美政府对长期资本管理公司的救助），由原来的"暗箱"操作暴露在光天化日之下，引起多方面惊恐，形成连锁反应。

三是德国是俄罗斯的最大债权国，在俄罗斯出现的由金融危机引起的信用危机很快波及德国乃至欧洲。俄欠德国 750 亿马克（约合 444 亿美元）借款，其中主要是政府担保的银行贷款。俄罗斯金融市场一有风吹草动，就影响德国债权人的安危，因此引起震动。其冲击波也传到了欧洲金融市场，如法兰克福股市上的 DAX 比价曾一度下跌 3%，巴黎股市的 CAC40 指数下跌 1.76%，阿姆斯特丹股市下跌 2%，苏黎士股市下跌 1.6%，等等。

3. 危机原因

这次金融大波动的直接诱因是基里延科政府贸然推行三项强硬的稳定金融措施，导致投资者对政府的信心丧失，而叶利钦再次临阵换马，更加剧了危机的严重程度。

8 月 1 日，基里延科政府推出稳定金融的经济纲领，投资者对其能否产生预期效果信心不足。因社会经济形势已相当严峻，政府的增收节支措施难以立竿见影，反映在债券上，外资不愿购买俄有价证券，相反还抛售手中的证券。俄报称为"黑色星期一"的 8 月 10 日，在世界证券市场上，苏联欠外国商业银行的旧债券的价格跌至面值的 36%，俄新发行的欧洲债券只值一半。8 月 11 日，俄国内证券市场的短期国债券收益率激增至 100%。俄政府为增强投资者信心，对 8 月 12 日到期的国债进行清偿。财政部从 7 月 13 日在 IMF 得到的 48 亿美元贷款中拨出 10 亿美元用于清偿国债，余下 38 亿美元增加外汇储备。原以为当天付出的 53 亿卢布中会有一部分再购债券而回笼，殊不知，债民不但未购新债券，还将大部分清偿款用于购进美元，其余则或撤出市场，或留在手中以待时机。第二天（8 月 13 日），国际大炒家索罗斯在报刊上公然敦促俄政府卢布贬值 15% ～ 25%。当天，俄国际文传电讯社计算的 100 种工业股票价格指数大跌，跌到仅及年初的 26%，跌掉 74%。若干外资银行预期卢布贬值，纷纷要求俄银行提前还贷。在这期间，美国的标准普尔计算机统计服务公司和穆迪氏投资服务公司都宣布降低对俄外债以及俄主要银行和大工业集团的信誉评估等级。同时，7 月税收只征收到 120 亿卢布，而执行预算每月不少于 200 亿卢布，缺口很大。在内外压力下，政府惊慌失措，不知如何应对。眼看国债又将陆续到期，年底前政府需偿还内外债 240 亿美元，而当时外汇储备仅为 170 亿美元，不够还债，更难以干预外汇市场。政府在此内外交困形势下贸然决定，于 8 月 17 日推出三项强硬的应急措施。第一项，扩大卢布汇率浮动区间，调低卢布汇率的上限到 9.5:1。这实际上是将卢布兑美元的汇率由 6.295 贬至 9.5，贬值 50% 以上。市场有此预期，以后卢布汇率必然大跌，10 天内跌到 20～21:1，将稳定了 3 年多的卢布汇率一下冲垮了。第二项，延期 90 天偿还到期的外债，估计有 150 亿美元。第三项，转换内债偿还期，将 1999 年 12 月 31 日前到期的价值达 200 亿美元的国债转换成 3、4、5 年期限的中期国债。在转换结束前，国债市场暂停交易。这三项措施一公布，立即引起舆论大哗，股票大跌而停摆，卢布汇率猛跌。后来，央行干脆宣布任由卢布自由浮动，引致百姓挤提卢布以兑进美元，或者抢购消费品。卢布汇率失守，股市更是一泻千里。到 8 月 28 日，俄国际文传电讯社综合指数所包括的 100 种股票的市价已跌至 159.2 亿美元，比年初的 1033.56 亿美元下跌 85%，后来干脆停业，变成一文不值。

三次金融大波动的根本原因是长期推行货币主义政策，导致生产萎缩，经济虚弱，财政拮据，一直靠出卖资源、举借内外债支撑。但具体诱因则有所不同。第一次大波动主要是外来的，由东亚金融危机波及之故，第二、第三次则主要是俄政府的政策失误，引起投资者对政府的不信任所致，同时国际金融炒家染指俄金融市场也是产生全球效应的一个重要原因。

4. 危机的应对措施

面对不断发生的金融市场动荡，俄罗斯政府当时采取的对策主要有以下三点。

一是保卢布，办法是提高利率。俄罗斯央行将贴现率由 5 月 19 日的 30% 不断上调至 5 月 27 日的 150%，短短 8 天，提高了 4 倍。6 月 4 日起曾降至 60%，但不久又上调至 110%。同时抛售美元干预汇率，外汇储备由年初的 200 亿美元减少到 150 亿美元。

二是由举借内债转向举借外债。俄从 1993 年到 1998 年 5 月通过发行国债来弥补财政赤字，但代价很大。财政从市场每筹 1 卢布资金就要花费 12 卢布的代价，而国际金融市场上筹资的利息一般无如此之高，故而俄于 1996 年 11 月起大规模发行欧洲债券，并已筹得约 45 亿美元，1998 年拟再发行 60 亿欧洲债券。1998 年 7 月 13 日又从 IMF 为首的西方大国金融机构借到 226 亿美元的贷款。

三是延长整个债务的偿还期，以缓解还债高峰。俄当时的内外债务总额不算高，还未超过 GDP 的 44%。其主要问题是还债集中，短期债务缺乏偿债能力，当时俄债务构成中绝大多数是借期不到一年的短期债务。由于 3~4 月的政府危机，增加了居民对政府的不信任感，购买国债大量减少。1998 年 4 月俄发行国债不到 200 亿卢布，而当月还本付息高达 367 亿卢布，借新债已抵不上还旧债，财政更加紧张。当时测算，1998 年下半年每月需归还 310 亿卢布，如果新的国债乏人购买，税收又困难，则还债额要超过国家月收入的 40%，因此必须改变还债的期限结构，用借长期新债来归还短期旧债，以错开还债高峰。IMF 原承诺年内将分 3 期先提供 148 亿美元，无疑对俄推迟还债高峰起一定作用。原以为，俄这次金融危机由于 IMF 和西方大国出手支援可能得以缓解，至少能稳定半年，殊不料，不到 1 个月，8 月又爆发了更为严重的第三次金融大波动，而且导致了基里延科新政府的垮台。

（四）金融危机对中国的启示

20 世纪 90 年代爆发的墨西哥金融危机、亚洲金融危机、俄罗斯金融危机不仅严重影响本国或本地区经济，而且效应波及全球，代价惨重，教训深刻。这三次大规模金融危机也为中国保持经济平稳快速增长、防范金融危机发生提供了重要启示。

第一，经常账户赤字不容忽视。

发展中国家在经济起飞过程中利用外资是正常的。利用外资意味着资本账户的盈余，也就是说经常账户要有赤字。墨西哥和泰国在危机爆发之前都存在长期的经常账户赤字。对经常账户赤字要作分析，要看弥补这些赤字的外国资本的流向，看这些外国资本是否形成了有利于将来出口创汇的新生产能力，看这些外国资本是否有利于将来的产业结构升级。现在外国资本流入意味着将来要还本付息，这就要求经济可持续发展。

第二，资本市场的开放要渐进。

现代资本市场上的金融工具（股票、债券、期货、衍生物等）就如同高速行驶的汽车。运用这些现代工具可以大大提高经济运行的效率，问题是这些汽车的行驶需要高速公路和交通规则。高速公路就是金融市场的基础设施，如执行系统、清算系统、金融服务、信用评级等。交通规则就是金融立法。光有交通规则还不够，还要有执法的警察。在高速公路和交通规则这些条件成熟之前，让这些现代汽车高速行驶是一件非常危险的事。

第三，资本市场的开放有一个顺序。

从中国的实践来看，最先是政府借款为主，接着是大量的外国直接投资，然后是外国金融机构来华设立机构，逐步提供各种金融服务，再是有限度地允许证券组合投资，最后是一个有较高监管水平的高效资本市场的全面形成。应清醒地认识到，开放的资本市场的建立是一个循序渐进的过程。从各国经验来看，逐步开放资本市场成功的可能性大。日本、中国台湾、韩国等国家和地区的金融开放相对其经济发展都是滞后的（尽管当时美国对它们的压力很大），总的来说它们都是成功的。墨西哥、泰国和东南亚国家的金融开放尽管速度很快，但它们为此付出了沉重的代价。

第四，金融监管一定要加强。

金融开放要渐进的一个重要理由是我们无法在一夜之间建立好金融监管体系。发展中国家对金融业的管理水平有待提高，发展中国家的金融机构的操作水平、内部监控水平的提高需要时间。一下子就把发达国家的银行、基金和其他金融机构放进来，政府不知如何去监管，也没有手段去监管。国内的金融机构只学洋人其表（现代金融工具、衍生工具），而不知洋人其里（内部监控系统、激励制度）。金融开放与金融监管是一个相辅相成的过程，如果金融监管滞后，就可能发生问题。

第五，实行有弹性的汇率政策。

中国是一个大国，实行有弹性的汇率政策有利于相对独立地实施本国的货币政策，从而不断化解不平衡因素，防止问题的积累和不良预期所可能产生的剧烈震动。

二　中国应对亚洲金融危机的政策措施及其评价

（一）亚洲金融危机前的我国经济形势

任何事物的发生发展都既有外因作用，也有内因作用，外因是通过内因起作用的。亚洲金融危机对我国的影响当然也不例外。为了弄清亚洲金融危机对我国的作用机制，就必须对危机前我国的经济形势有一基本的了解。

虽然亚洲金融危机爆发于1997年7月，但在这一年危机对我国并未造成冲击。国内经济学界主要关注的仍是国内经济走势。

延续1993年以来宏观调控的两大热点问题，人们普遍关注的是未来GDP增长，以及物价走势。这种关注主要缘于前一阶段出现的经济过热和通货膨胀。

1. 关于经济增长

1992年，在邓小平南方讲话的鼓舞下，各地经济发展再次加速，新一轮经济过热再次出现。1992年经济增长14.2%，创改革开放以来次高纪录。1993、1994年，GDP增长速度分别保持在13.5%和12.6%的水平（见表1-1）。到1993年，由于投资急剧膨胀，特别是全国掀起了一股房地产热和开发区热，全社会固定资产投资同比增长61.8%，商品零售价格同比上涨13.2%，居民消费价格同比上升14.7%。到1994年，商品零售价格同比上涨21.7%，创下新中国成立以来的最高纪录，出现了改革开放以来最严重的通货膨胀。

表 1 - 1　亚洲金融危机前后中国的经济增长

年　份	GDP 指数	第一产业指数	第二产业指数	工业指数	第三产业指数
1990	103.8	107.3	103.2	103.4	102.3
1991	109.2	102.4	113.9	114.4	108.8
1992	114.2	104.7	121.2	121.2	112.4
1993	113.5	104.7	119.9	120.1	110.7
1994	112.6	104.0	118.4	118.9	109.6
1995	110.5	105.0	113.9	114.0	108.4
1996	109.6	105.1	112.1	112.5	107.9
1997	108.8	103.5	110.5	111.3	109.1
1998	107.8	103.5	108.9	108.9	108.3
1999	107.1	102.2	108.1	108.5	107.7
2000	108.0	102.4	109.4	109.8	108.1
2001	107.5	102.8	108.4	108.7	108.4
2002	108.3	102.9	109.8	110.0	108.7

资料来源：《中国统计年鉴2004》，中国统计出版社。

为了抑制经济过热，1993 年下半年，中央针对固定资产投资增长过快现状，采取适度从紧的财政政策，即控制支出规模，压缩财政赤字。1994年实施分税制改革。1995 年，完善和深化财税体制改革，积极配合国有企业改革和其他配套改革；通过加强和改善财税管理工作，努力挖掘增收潜力，使财政收入增长与经济增长水平相适应；进一步调整支出结构，在保证国家政权建设和事业发展支出适度增长的同时，加大农业投入，严格预算约束，继续抑制投资及消费需求。1996~1997 年，继续实行适度从紧的财政政策，促进经济结构的调整和优化，全面强化税收征管；控制支出总量，优化支出结构；压缩财政赤字，控制债务规模；大力整顿财经秩序，继续深化财税改革。货币政策方面，从 1993 年 6 月开始，中央银行按照中央的"紧缩"要求，采取了带有严厉行政色彩的信贷控制措施，1994 年实行"继续从紧"的货币政策。于 1993 年 5 月和 7 月两次提高存贷款利率，并采取了诸如整顿信托业、加强金融纪律、限制地区间贷款等急刹车措施。为了防止紧缩中的大起大落，实现经济"软着陆"，中央银行从 1996年 5 月开始采取"适度从紧"的货币政策。1996 年，经济增长水平回落到了 10% 之内，商品零售价格指数接近 6% 的调控目标。1997 年，居民消费价格指数涨幅下降到了 2.8%，商品零售价格指数涨幅则进一步下降到了 0.8%（见表 1 - 2）。

表 1 - 2　亚洲金融危机前后中国的各种价格指数

年　份	居民消费价格指数	城市居民消费价格指数	农村居民消费价格指数	商品零售价格指数	工业品出厂价格指数
1991	103.4	105.1	102.3	102.9	106.2
1992	106.4	108.6	104.7	105.4	106.8
1993	114.7	116.1	113.7	113.2	124.0
1994	124.1	125.0	123.4	121.7	119.5
1995	117.1	116.8	117.5	114.8	114.9
1996	108.3	108.8	107.9	106.1	102.9
1997	102.8	103.1	102.5	100.8	99.7
1998	99.2	99.4	99.0	97.4	95.9
1999	98.6	98.7	98.5	97.0	97.6
2000	100.4	100.8	99.9	98.5	102.9
2001	100.7	100.7	100.8	99.2	98.7
2002	99.2	99.0	99.6	98.7	97.8

资料来源：《中国统计年鉴 2004》，中国统计出版社。

　　上述宏观调控政策虽然取得了预期成效，特别是把过高的通胀率降了下来，但同时也为未来经济增长埋下了隐忧。

　　1997 年，我国经济增长已经呈现内需不足的征兆。当时，国内经济学家对此关注尚不多见，但世界银行驻京代表华而诚在当年 10 月就指出了这一问题。按他的估算，1997 年中国内需增长不足 6%。其余的增长均来自外需贡献。事后国家统计局的测算证明了他的估算。1997 年，消费需求拉动经济增长 3.4 个百分点，资本形成拉动仅 1.7 个百分点，二者相加只有 5.1 个百分点，其余 3.7 个百分点全是净出口的贡献。这说明在金融危机尚未影响我国前，我国实际已经存在较为严重的内需不足问题。

第三次工业普查从供给方面进一步说明了这一问题。据 1995 年第三次工业普查对 900 多种重要工业品的调查资料显示，生产能力利用比较充分的占 36.1%，半数以上工业品生产能力利用率在 60% 以下，其中，生产能力闲置 20% ~ 30% 的占 27.2%，生产能力闲置 50% 以上的占 18.9%。例如，到 1995 年底，炼钢生产能力已经达到 16900 万吨，生产能力利用率只有 56.2%；汽车的生产能力已经达到 328 万辆，利用率只有 44.3%；摩托车的生产能力已经达到 1489 万辆，利用率只有 33.5%。此外，发电设备、照相胶卷、电影胶片、日用铝制品、复印机、农药、化学原料、微波炉、录像机、内燃机、金属切削机床、油漆等生产能力利用率只有 10% ~ 40%，小型电子计算机利用率仅为 3.5%。与此同时，截止到 1996 年底全国积压的产品总值已达 3 万亿元。

造成上述局面的原因，一是投资过度，二是消费需求不足。

自改革开放以来，我国的投资增长速度一直较快。"六五"计划期间年均增长率为 19.5%，"七五"期间年均增长率为 16.5%，但"八五"期间年均增长率跃升为 36.9%，其结果是在"八五"期间生产能力大幅增加。以国有经济为例，固定资产净值从 1990 年的 10.8 万亿元增加到 1995 年的 29.5 万亿元，为 1990 年的 273%。由于新增固定资产中通常包含了新的技术进步，因此，1995 年的生产能力至少为 1990 年的 2.7 倍。在这期间，非国有经济的增长比国有经济还快。可是，最终消费需求受到收入增长的制约，在"八五"期间增长仅为 48.3%，远低于生产能力的增长，所以到"八五"结束时，生产能力过剩的情形已经相当严重。

2. 关于物价上涨

我国经济学界一度受到对货币主义误解的影响，把货币供应数量当作物价上涨的唯一原因，认为要控制物价上涨，只要控制住货币供应即可万事大吉。在这种思想指导下，1993 年起的宏观调控采取了严厉的货币紧缩政策，特别是动用行政手段从严控制信贷的投放。

事实上，造成我国物价上涨的原因是复杂的。对我国来说，货币供应量相对宽松只是物价上涨的条件，而不是主要原因。数据表明，造成 1993 ~ 1995 年物价上涨的主要原因是 1992 年下半年启动的价格改革。这一轮价格改革，不仅放开了粮食价格，废除了实行 30 多年的粮票，而且还放开了钢铁、部分煤炭等生产资料价格。价格放开不可避免地使计划价格体制下的隐性通货膨胀压力显性化了，从而造成了价格震荡。这与真正意义上的通货膨胀根本不是一回事。

为了控制物价上涨所采取的从紧货币政策成为 1993 年以来国内需求不足、经济一路下滑的直接原因。

（二）亚洲金融危机对我国经济的影响

1997 年下半年爆发的亚洲金融危机，对我国经济的直接影响主要在对外贸易领域，特别是外贸出口方面。

1997 年，对亚洲的进出口贸易占我国进出口总额的约 60%，其中，日本占 18.71%，我国香港占 15.61%，东盟国家占 7.74%，韩国占 7.40%（见表 1-3），在我国的对外贸易中均占有重要地位。

表 1-3 1997 年中国对亚洲及其主要国家和地区进出口金额及占比

单位：万美元，%

国别（地区）	进出口总额	出口总额	进口总额
亚　洲	19736260	10896583	8839677
占　比	60.70	59.61	62.09
东　盟	2516410	1270863	1245547
占　比	7.74	6.95	8.75
日　本	6083340	3183858	2899482
占　比	18.71	17.42	20.37
韩　国	2405655	912687	1492968
占　比	7.40	4.99	10.49
香　港	5077312	4378286	699026
占　比	15.61	23.95	4.91
总　计	32516202	18279166	14237036

亚洲金融危机爆发后，东南亚国家货币平均贬值 30%~40%。其中，泰铢贬值达 50% 以上；印度尼西亚盾和韩元贬值达 100%；所谓世界第二经济大国日本日元兑美元的汇率亦持续走软，由 1995 年 8 月的 1 美元兑换 80 日元下跌到 1998 年 8 月下旬的约 140 日元。周边国家货币

如此大范围、大幅度地贬值，使我国人民币相对这些国家货币大幅升值。一方面，就出口而言，将使我国出口商品在这些国家以所在国货币表示的价格上涨；另一方面，势必使我国对世界其他国家和地区的商品出口面临来自上述货币贬值国家同类商品的更激烈竞争，由此导致我国出口贸易的困难。

1997 年我国外贸出口增长 20%，1998 年经过各方努力，特别是最后一个月的冲刺，才实现了 0.5 个百分点的增长。

从表 1 - 4 可以看出，我国对亚洲一些主要国家的出口在 1998 年都出现了大幅下降，其中，对印度尼西亚的出口下降了 36.38%，对韩国的出口下降了 31.31%，对泰国的出口下降了 23.52%，对亚洲出口整体下降了 9.89%。按照 1997 年对亚洲出口占我国出口比重 60% 计算，仅对亚洲的出口就使我国出口下降了 10 个百分点，占当年出口下降幅度的 50%，也就是说，有一半的出口减少直接来自亚洲。

表 1 - 4　中国对亚洲及其主要国家和地区进出口增长状况

单位：%

国别（地区）	1997 年比 1996 年增长情况			1998 年比 1997 年增长情况		
	进出口总额	出口总额	进口总额	进出口总额	出口总额	进口总额
亚洲	12.95	19.37	5.94	- 6.14481	- 9.89	- 1.53
印度尼西亚	21.74	28.93	17.24	- 19.64	- 36.38	- 8.11
马来西亚	22.18	40.11	11.22	- 3.45	- 16.94	6.93
新加坡	19.51	15.21	23.98	- 7.21	- 9.10	- 5.39
泰国	11.75	19.57	6.56	1.31	- 23.52	19.81
东盟	18.89	23.20	14.80	- 6.04	- 13.17	1.23
日本	1.24	3.02	- 0.64	- 4.82	- 6.74	- 2.71
韩国	20.34	21.55	19.61	- 11.61	- 31.31	0.44
中国香港	10.26	12.08	1.63	- 10.56	- 11.49	- 4.75
平　均	12.13	20.95	2.54	- 0.38	0.52	- 1.54

亚洲金融危机前的 1997 年，我国内需增长已经十分疲软，对经济增长的贡献率仅占 55.6%，其余将近一半的贡献来自净出口（见表 1 - 5）。在这一背景下，出口增速的大幅度下滑不能不对经济增长产生重大影响。亚

洲金融危机后，外需的大幅下滑造成总需求不足。

表 1 – 5　1997～2002 年三大需求对 GDP 增长的拉动和贡献

年　份	最终消费支出		资本形成总额		货物和服务净出口	
	贡献率（%）	拉动（百分点）	贡献率（%）	拉动（百分点）	贡献率（%）	拉动（百分点）
1997	37.0	3.4	18.6	1.7	44.4	4.2
1998	57.1	4.4	26.4	2.1	16.5	1.3
1999	76.8	5.8	24.7	1.9	- 1.5	- 0.1
2000	63.8	5.4	21.7	1.8	14.5	1.2
2001	50.0	4.1	50.1	4.2	- 0.1	—
2002	43.6	4.0	48.8	4.4	7.6	0.7

注：表中 GDP 增长率为 2003 年经济普查后数据，与表 1 – 1 数据不可比。

资料来源：《中国统计摘要（2007）》。

由于需求不足，1998 年第 1 季度经济增长率仅为 7.2%，第 2 季度进一步下滑到 6.8%，上半年平均只有 7%，增幅比 1997 年同期回落 2.5 个百分点。

总需求不足在造成经济增长率下滑的同时，对物价、就业等宏观经济变量也带来十分不利的影响，其中特别是对物价的影响最为显著，出现了物价连续十几个月负增长，形成改革开放以来的首次通货紧缩。

应该看到，这时出现的通货紧缩并不是由于货币供给不足造成的。从 M2 与 GDP 的比例看，1998 年国内生产总值为 79395.7 亿元，年底 M2 为 116559.00 亿元，二者之比为 1.47。应该说这一比例已经不低。造成通货紧缩的原因一是需求不足，二是人民币不贬值的政策。首先，在需求不足情况下，由于供过于求，必然导致物价下跌。其次，在人民币不贬值政策约束下，为了增强出口产品竞争力，把出口商品价格降下来，就只有降低国内采购价格，这从另一方面推动了价格水平的下降。

（三）积极的财政政策

针对 1998 年经济偏冷的形势，从 1998 年下半年开始，中国宏观调控政策由"适度从紧的财政政策和货币政策"，调整为"积极的财政政策与稳健的货币政策"的新组合。

1. 积极的财政政策

一是增发长期建设国债，适当扩大财政赤字规模。从 1998 年到 2003 年，中国政府一共增发了 8000 亿元长期建设国债，用于加快基础设施建设、重点项目建设和企业技改。

二是调节税率、减轻税负、鼓励投资。1998 年，提高出口退税率，降低关税税率，清理整顿收费。1999 年，中国进一步加大出口退税力度，两次提高出口退税率。为吸引外商投资，从 1999 年 7 月 2 日起，对从事能源、交通、港口建设项目的外商投资企业，按 15% 的优惠税率征收企业所得税。为鼓励固定资产投资，从 1999 年 7 月 1 日起，固定资产投资方向调节税按现行税率减半征收，从 2000 年 1 月 1 日起暂停征收。为鼓励房地产投资和促进房地产市场发展，从 1999 年 8 月 1 日起，对涉及房地产的营业税、契税、土地增值税给予一定的减免。为鼓励证券投资，1999 年调低了 B 股证券交易印花税税率，从 2001 年 11 月 16 日起对 A 股和 B 股的证券交易印花税税率统一降为 2‰。为鼓励消费，调节个人收入差距，1999 年 9 月 30 日，国务院颁布《对储蓄存款利息所得征收个人所得税的实施办法》，规定从 1999 年 11 月 1 日起，对储蓄存款利息恢复征收个人所得税。2002 年，金融保险营业税税率由 7% 下调为 6%，并对实际呆账损失超过呆账准备金的，经核实允许据实列支。

2. 稳健的货币政策

一是降低存贷款利率。1998 年在 9 个月内降息 3 次，一年期存款利率由 5.76% 下调到 3.78%。从 1996 年到 2002 年，央行连续 8 次降低银行存贷款利率。

二是取消对四大国有商业银行贷款限额的控制，逐步实行自求平衡的资产负债比例管理和风险管理，借以扩大商业银行的信贷规模。

三是下调再贷款、再贴现利率和存款准备金率。1999 年 11 月，存款准备金率下调 2 个百分点，金融机构相应增加 2300 多亿元可用资金。

四是调整对个人消费信贷政策。如 1999 年 1 月发布关于开展个人消费信贷的指导意见，把消费信贷业务放开给所有商业银行去办；调整对农村的信贷政策，为解决农民贷款抵押难问题，1999 年 3 月发布关于农村信贷的指导意见，允许农村信用社向农民发放信用贷款。

五是进一步发挥再贷款政策的作用。过去再贷款只提供给国有商业银行和农业发展银行，从 1999 年开始对农村信用社和中小商业银行发放再贷款。

面对需求不足、通货紧缩的局面，货币政策正如人们形容的那样，它是一根绳，只能拉住过热的经济，使增长率降下来，但不能"推"，不能用于推动经济增长。实际上，为了推动消费和投资，作为货币政策重要手段之一的存贷款利率自 1996 年 8 月至 1998 年 7 月连续 4 次下调，特别是其中的固定资产投资贷款利率从 11.52% 下调到 6.93%。相应地，银行存款准备金率也做了调整，1998 年 3 月，从 13% 大幅下调为 8%。但这些调整并未阻止经济的进一步下滑。至 1998 年 9 月，面对连续失速的中国经济，中央推出了增发国债 1000 亿元的重大决策，标志着连续实行 5 年的从紧财政政策退出了历史舞台，被积极财政政策取代。

1998 年增发的国债被明令禁止用于生产性项目，全部用于基础设施投资。1999 年后，国债资金被允许用于技术改造项目的贷款贴息。

1998、1999、2000、2001、2002 年分别增加发行了 1000 亿元、1100 亿元、1500 亿元、1500 亿元和 1500 亿元的长期建设国债。国债投资要求地方、企业银行投入配套资金。根据有关部门提供的数据，1998 年，1 元国债需 1:1 的配套资金，1999 年后，由于加入了技改贴息贷款项目，这一比例有所提高，1 元国债大约需投入 1.58 元配套资金。

按此计算，1998～2002 年国债及其带动的直接投资分别为 2000 亿元、2838 亿元、3870 亿元、3870 亿元和 3870 亿元。

据测算，国债投资平均每年对 GDP 增长的拉动作用大约都在 1.5 个百分点。也就是说，如果没有积极财政政策，1998～2002 年我国经济增长率都将低于 7%，有些年份甚至低于 6%（见表 1-6）。

表 1-6　不同政策条件下固定资产形成和 GDP 增长率

单位：%

年份\项目	1998	1999	2000	2001	2002
存在政策影响					
GDP 增长率	7.8	7.1	8.0	7.3	8.0
固定资产形成增长率	10.06	7.1	9.59	12.15	15.0

续表

项 目 \ 年 份	1998	1999	2000	2001	2002
消费增长率	10.35	7.8	7.87	7.62	—
不存在政策影响					
GDP 增长率	6.3	5.73	5.82	5.61	6.29
固定资产形成增长率	6.19	3.16	4.49	7.55	10.46
消费增长率	8.59	5.94	5.56	5.48	—

资料来源：《积极财政政策退出设计方案》课题研究报告，未公开发表。

　　积极财政政策对亚洲金融危机后的中国经济发挥了重要作用，不仅使经济保持了 1998～2002 年的较快增长，而且极大地改变了中国基础设施的面貌，为未来经济社会发展打下了坚实的基础。当然，由于认识的历史局限性，积极财政政策未能为改变投资与消费比例失衡作出贡献，反而在一定程度上助长了这一失衡趋势，成为直到今天仍在困扰我国经济的顽疾。这是应该认真总结教训的。

三　本轮金融危机对中国经济的冲击及其应对措施

（一）本轮金融危机对中国的冲击

　　2007 年肇始于美国的次贷危机于 2008 年年中以后逐步演化为一场不折不扣的全球性金融危机，给我国经济发展造成了巨大的冲击。

　　第一，改变经济运行轨迹，恶化经济运行状况，导致我国经济增长回落。

　　2008 年上半年我国经济增长态势良好，甚至还在为抑制经济过热而努力，宏观经济向均衡增长路径回复。但金融危机严重冲击了这一进程，从 10 月开始，我国一些主要经济活动指标加速下滑，预示未来增长前景悲观。发电量被视为衡量经济活动活跃程度的先行指标。中国电监会发布的数据显示，2008 年 1～9 月全国全社会用电量同比增长 9.67%，增长率较上年同期下降 5.45%，其中 9 月用电量增长 4.8%，首次出现低于 GDP 增幅的现象。10 月全国发电量 2645 亿千瓦时，同比下降 4.0%，这是自

1998 年 5 月以来首次出现负增长。

　　与之相应，2008 年第 3 季度经济增速明显回落，第 4 季度大幅回落。前三季度 GDP 增速分别为 10.6%、10.1% 和 9.0%，第 4 季度仅为 6.8%，创造了近 7 年来的新低。全年较上年回落 4 个百分点（见图 1 - 1）。经济运行不仅严重偏离了"大道"，也偏离了潜在产出水平。金融危机改变了我国经济持续高速增长的局面，恶化了经济运行状况。

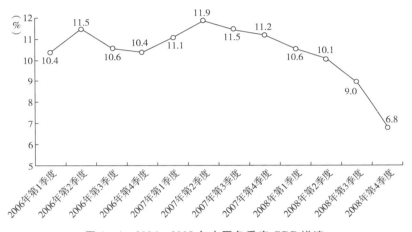

图 1 - 1　2006 ~ 2008 年中国各季度 GDP 增速

　　第二，工业生产增长放缓，企业利润增速回落。

　　工业是推动我国经济增长的主要产业。2008 年 10 月，全国规模以上工业企业增加值同比增长 8.2%，增幅比 9 月回落 3.2 个百分点，比上年同期回落 9.7 个百分点，创下 7 年来新低；采购经理人指数（PMI）也大幅下降 6.6 个百分点，至 44.6%，均为各指标 2005 年编制以来最低。全年规模以上工业企业增加值比上年增长 12.9%，增速比上年回落 5.6 个百分点。分所有制看，国有及国有控股企业增长 9.1%，集体企业增长 8.1%，股份制企业增长 15.0%，外商及港澳台投资企业增长 9.9%。分轻、重工业看，重工业增长 13.2%，轻工业增长 12.3%。分地区看，东、中、西部地区分别增长 11.6%、15.8% 和 15.0%。规模以上工业企业产销率达到 97.7%。

　　第三，贸易增速明显回落，利用外资形势趋紧。对外依赖过高的中国出口加工业受到直接打击，大量外向型企业经营困难或破产。

2008 年 10 月以来，受国际市场需求萎缩、国际初级产品价格大幅下跌等因素影响，我国进出口形势恶化。10 月，新出口订单指数大幅下降 7.4 个百分点，至 41.7%。第 4 季度，进出口增速回落较多，进口同比下降 8.8%，出口仅同比增长 4.3%。全年进出口总额 25616 亿美元，比上年增长 17.8%。其中，出口 14286 亿美元，增长 17.2%；进口 11331 亿美元，增长 18.5%。进出口相抵，贸易顺差 2955 亿美元，比上年增加 328 亿美元，增幅较上年减少 515 亿美元。GDP 增速下滑 4 个百分点中，外需减少直接贡献了 1.36 个百分点。2009 年 1 月我国进出口总值为 1418 亿美元，同比下降 29%，其中出口 904.5 亿美元，下降 17.5%，创下 1996 年 3 月 −19.3% 之后的最大跌幅。出口下降，出口加工业受到直接打击；进口下降，也对相关行业的投资扩大不利。

2008 年我国实际利用外资 1083 亿美元，同比增长 29.7%，高于 25.5% 的全社会固定资产投资增速。分月度看，自 10 月就开始下降。10 月实际利用外资 67.2 亿美元，同比下降 0.88%；11 月实际利用外资 53.22 亿美元，同比下降 36.52%；12 月实际利用外资 59.78 亿美元，同比下降 5.73%。2009 年 1 月，实际利用外资 77.58 亿美元，同比下降 32.17%，连续第 4 个月出现负增长，且降幅较上月的 5.73% 加大。外资对扩大我国的投资有着积极影响，对稳定我国的外贸和就业有着重要的影响，外资增长趋势不利无疑也会带来一定的不利影响。

第四，经济增速减缓和出口受阻情况下，我国原本就存在的就业压力更趋恶化，失业人数增加，并对社会稳定带来更大压力。

第五，中国遭受了严重的海外投资损失、外汇储备贬值和外资欠账愈演愈烈的巨大痛苦。

金融危机使发达国家证券资产、房产资产等严重贬值，金融市场流动性萎缩，导致我国政府和企业对外投资遭受巨大损失，政府外汇储备受损，流入我国的外商直接投资大幅减少。

第六，居民资产贬值，财富效应无法显现，影响最终消费需求。

金融危机冲击下，我国股票市场陷入深幅调整，投资者信心不振，房地产市场也进入萎缩状态，房价下行。受此影响，居民资产贬值，无法通过财富效应提升居民信心，从而对消费产生不利影响，弱化了寄希望于通过扩大消费来扩大内需的政策效应。

（二）中国应对本轮金融危机冲击的政策措施

面对金融危机的严重冲击，我国政府果断决策，采取了一揽子应对措施，包括实施积极的财政政策和适度宽松的货币政策，启动4万亿元政府投资计划，实施十大产业振兴规划，等等，体现了"出手快、出拳重、措施准、工作实"的总体方针，在关键时刻、关键领域和关键环节，在使经济摆脱突发性和短期性因素影响、快速实现企稳回暖、回归正常发展轨道的过程中发挥了极其重要的作用。

1. 积极的财政政策

我国实施的积极财政政策的主要内容包括以下三个方面。

第一，提出4万亿元的经济刺激计划，扩大政府公共投资，增加政府支出。

2008年11月5日，国务院常务会议确定在2009、2010年两年内增加4万亿元政府投资，即所谓4万亿元投资计划，并初步明确投资方向。2009年5月22日，国家发改委进一步公布了4万亿元投资清单，对投资方向的表述作了微调，而对相应的投资金额做出较大的调整：①民生工程，包括廉租住房、棚户区改造、保障性住房投资4000亿元，占总投资的10%；②农村水电气路民生工程和基础设施投资3700亿元，占总投资的9.25%；③铁路、公路、机场、水利等重大基础设施和城市电网改造投资15000亿元，占总投资的37.5%；④卫生、教育等社会事业发展投资1500亿元，占总投资的3.75%；⑤节能减排和生态建设工程投资2100亿元，占总投资的5.25%；⑥自主创新和产业结构调整投资3700亿元，占总投资的9.25%；⑦汶川地震灾后重建投资10000亿元，占总投资的25%。在4万亿元投资中，新增中央投资共11800亿元，占总投资规模的29.5%，主要来自中央预算内投资、中央政府性基金、中央财政其他公共投资，以及中央财政灾后恢复重建基金；其他投资28200亿元，占总投资规模的70.5%，主要来自地方财政预算、中央财政代发地方政府债券、政策性贷款、企业（公司）债券和中期票据、银行贷款以及吸引民间投资等。

第二，实行结构性减税和推进税费改革。

①证券交易印花税降低并单边征收。2008年4月，国家财政部和国家税务总局宣布证券交易印花税由3‰降至1‰。同年9月，财政部和国税总局宣布证券交易印花税征收方式调整为单边征收。

②调整出口退税率。经国务院批准，自2008年7月以来，共7次调整出口退税率，其中，服装纺织、机电、钢铁3个行业的产品获调整的比重较大。经过多次密集的退税率上调后，中国综合退税率已上升至13.5%，距"出口全额退税"仅一步之遥。

③暂免征收储蓄存款和证券交易结算资金利息所得税。经国务院批准，自2008年10月9日起，对证券市场个人投资者取得的证券交易结算资金利息所得，暂免征收个人所得税。

④降低住房交易税。经国务院批准，自2008年11月1日起，对个人首次购买90平方米及以下普通住房的，契税税率暂统一下调到1%；对个人销售或购买住房暂免征收印花税；对个人销售住房暂免征收土地增值税。

⑤取消和降低出口关税。经国务院批准，2008年12月，取消了钢材、化工及粮食等部分产品共计102项产品关税，降低化肥、铝材及粮食等共计23项产品关税，降低化肥等31项产品的特别出口关税，调整部分化学产品淡季关税征收方式。2009年7月1日再次下调相关产品出口关税。

⑥增值税转型改革。经国务院批准，自2009年1月1日起，在全国所有地区、所有行业推行增值税转型改革，允许企业抵扣新购入设备所含的增值税，取消进口设备免征增值税，将小规模纳税人的增值税征收率统一调低至3%。

⑦调整车辆购置税。经国务院批准，对2009年11月20日至12月31日购置1.6升及以下排量乘用车，暂减按5%的税率征收车辆购置税。

⑧推进税费改革。2008年9月1日起，在全国统一停征个体工商户管理费和集贸市场管理费，总减免金额达170亿元。2008年11月，财政部、国家发展改革委发出通知，自2009年1月1日起，在全国统一取消和停止征收100项行政事业性收费，包括行政管理类收费、证照类收费、鉴定类收费、教育类收费和考试类收费五大类项目，涉及教育、劳

动就业、人才流动、农业生产、工程建设、执业资格、外贸出口等多个领域，总减免金额约 190 亿元。2008 年 12 月 18 日，国务院颁布文件实施成品油价格税费改革，由成品油消费税替代公路养路费、航道养护费、公路运输管理费、公路客货运附加费、水路运输管理费、水运客货运附加费六项收费，与此同时，逐步有序取消已审批的政府还贷二级公路收费。

第三，加大财政补贴和转移支付力度，扩内需、促消费、保民生。

①企业退休人员基本养老金方面。2009 年 1 月 1 日起，企业退休人员基本养老金再次上调，这是自 2005 年以来连续第五年调整企业退休人员基本养老金水平。

②就业方面。2009 年中央财政投入 420 亿元资金，促进全国城镇新增就业 900 万人以上。

③社会保障体系方面。2009 年中央财政投入社会保障资金 2930 亿元，主要用于基本养老保险补助、城乡低保补助、优抚安置补助、临时生活救济补助等。

④医疗卫生方面。中央财政 2009 年安排医疗卫生支出 1181 亿元；"新医改方案"出台，拟向医药领域投资 8500 亿元。

⑤促进农业增收和拉动农村消费方面。2009 年，国家财政安排 7161.4 亿元用于农村、农业和农民的发展支出，在金融危机、国家财政收入紧张的情况下，比上年增加支出 20.2%。同时，通过各种农民消费补贴政策，包括实行家电下乡、汽车和摩托车下乡、家电以旧换新和汽车以旧换新政策，对农民购买家电、汽车、摩托车等进行财政补贴，拉动农村消费。

⑥其他方面。2009 年以来，中央财政出台了六个方面政策，包括发挥财政政策导向作用，促进中小企业转变发展方式；完善科技创新政策体系，支持中小企业创业和技术创新；促进信用担保体系建设，改善中小企业融资环境；实施中小企业税收优惠政策，促进中小企业发展；完善政府采购制度，拓宽中小企业市场空间；清理行政事业性收费，减轻中小企业负担；支持节能与新能源发展，实施节能产品惠民工程，加大高效照明产品推广力度，将节能与新能源汽车示范推广试点城市由 13 个

扩大到 20 个，选择 5 个城市进行对私人购买节能与新能源汽车给予补贴试点。

2. 适度宽松的货币政策

第一，下调金融机构人民币存贷款基准利率。

2008 年 9 月 16 日，中国人民银行下调金融机构人民币贷款基准利率由 7.47% 到 7.2%，下调了 0.27 个百分点，这是我国中央银行自 2002 年以来首次降息。接下来的 3 个月时间内，中国人民银行连续 5 次下调金融机构人民币贷款基准利率，1 年期存贷款基准利率累计分别下调 1.89 个和 2.16 个百分点。其中 2008 年 11 月 27 日第 4 次下调金融机构 1 年期人民币存贷款基准利率各 1.08 个百分点，这次降息幅度相当于 2008 年前三次（每次 0.27 个百分点）的 4 倍，是亚洲金融危机以来幅度最大的一次，力度之大堪称近 11 年来之最。

第二，下调金融机构存款准备金率。

中央银行在 2008 年下半年连续 4 次下调存款准备金率，其中，大型金融机构累计下调 2 个百分点，中小型金融机构累计下调 4 个百分点，将其从 17.5% 下调到 14.5%，这 4 次下调存款准备金率使得释放流动性资金共约 8000 亿元。

第三，加大对中小企业的信贷支持力度。

2008 年 8 月初，央行规定对全国性商业银行在原有信贷规模基础上调增 5%，对地方性商业银行调增 10%，此举可增加大约 2000 亿元的信贷投放，进一步拓宽了中小企业的融资渠道。2008 年 11 月 6 日，经国务院批准，中央财政新增安排 10 亿元，专项用于对于中小企业信用担保支持。

第四，总体信贷投放大幅增长，政策效果显现。

2008 年 9 月以后，国际金融危机急剧恶化，对我国经济的冲击明显加大。按照党中央、国务院的统一部署，中国人民银行实行了适度宽松的货币政策，综合运用多种工具，采取一系列灵活、有力的措施，及时释放确保经济增长和稳定市场信心的信号。明确取消对金融机构信贷规划的硬约束，保持银行体系流动性充分供应，促进货币信贷合理平稳增长，积极配合国家扩大内需等一系列刺激经济的政策措施，加大金融支持经济发展的力度。2008 年 12 月信贷投放较上月大幅增长，M2 增长率由上月的 14.80% 提高到 17.82%。2009 年继续实施宽松的货币政策，加大信贷投放量。全年金融部门新增贷款 9.6 万亿元。2009 年 12 月末，我国广义货币余额达到 60.6 万亿元，比 2008 年末增长 27.7%，增幅同比加快 9.9 个百分点，M2 已经连续 10 个月在 25% 增速以上运行。

第二章　积极财政政策的效应分析

2008 年 11 月以来，为了应对国际金融危机、世界经济下滑以及国内需求不足等问题，我国财政政策和金融政策采取了"双松"搭配，通过减少税收和扩大政府支出规模等扩张性财政政策，以及初期降低利率，继而扩大信贷支出规模、增加货币供给等扩张性货币政策，增加社会需求，促进经济和就业的增长。同时逐步制定并细化十大产业振兴规划，使积极政策落到实处。积极财政政策和宽松货币政策对中国迅速走出危机阴影，止住经济下滑态势起到了立竿见影的积极作用。本章通过联立方程模型和面板数据模型两种模型方法，分别模拟分析中国应对金融危机增加 4 万亿元投资这一积极财政政策的经济效应。

一　基于联立方程模型的 4 万亿元投资拉动经济的模拟分析

本部分利用中国宏观经济年度计量模型，对 2009、2010 年我国增加 4 万亿元投资的拉动效果进行模拟测算。计算结果表明，扩大投资确保了 2009 年实现"保八"的增长目标，且在 2010 年及其后使我国经济继续保持了快速增长的势头，使得我国在世界上率先摆脱了全球金融危机的影响。扩大投资的负面影响是增大了通货膨胀压力，以及不利于三次产业结构的调整。

（一）前言

沈利生（2009）曾在"三驾马车的拉动作用评估"中由定量计算得

出，2003～2006 年，中国经济连续保持了两位数的快速增长，在消费、投资、出口这"三驾马车"中，投资和出口的快速增长起着巨大的拉动作用，两者的增长为 GDP 的增长分别贡献了 30% 和 45%，而消费增长仅对 GDP 的增长贡献了 25%。在此期间世界经济发展良好，为中国出口的快速增长提供了有利的外部环境。

然而，2008 年席卷全球的金融危机给世界经济以重创，尤其是那些在全球经济中占有重要地位的发达国家的经济增长普遍下滑，从而引起整个世界经济明显下滑。外部环境的恶化不可避免地影响到中国经济，多年来在中国经济增长中起着至关重要作用的外需（出口）面临严峻考验。如果"三驾马车"中的出口不能继续保持快速增长，就要依靠另外"两驾马车"——消费、投资（内需）的快速增长来弥补，否则，中国经济就不可避免地会跟随着世界经济下滑。在此种形势下，国家及时出台了宏观调控措施，增加 4 万亿元投资的刺激方案，主要用于加强基础设施建设，分两年实施，同时辅以宽松的货币政策。

4 万亿元投资对经济增长的拉动作用到底有多大？对今后的经济发展会有何种后续影响？这是一个值得仔细探讨的问题。既要看到和肯定扩大投资对保持经济快速增长的正面影响，也应充分估计扩大投资有可能带来的负面作用。国家出台 4 万亿元投资的刺激方案以后，学者们做出了各种事前分析预测，这里简要摘引几篇。

郭菊娥、郭广涛、孟磊、薛勇（2009）就 4 万亿元投资对中国经济的拉动效应进行了测算分析，基于对 4 万亿元投资的具体分解，利用投入产出比模型定量测算获得，4 万亿元投资对我国 GDP 的拉动总效应为 64489 亿元，并详细论述了投资对我国 GDP 拉动具有 6 年的时滞效应特征。假设 4 万亿元能在 2009 年和 2010 年全部投入，简单假设每年各投入 2 万亿元，于是 2009 年转化为具有生产能力的资本量为 5200 亿元，算得 4 万亿元投资方案对 2009 年 GDP 拉动效应仅为 8382 亿元。2010 年 4 万亿元投资中转化为具有生产能力的资本为 10400 亿元，计算得到其对 2010 年 GDP 的拉动效应为 16762 亿元。其对我国经济的刺激效应在 2010 年达到最高峰，然后逐年递减。令人遗憾的是，此文没有直接给出 4 万亿元投资可拉动 2009 年及以后 GDP 的增长率增加多少百分点。

岳国强（2009）的《4 万亿新增投资的见效时间和拉动效应》发表在《中国投资》上。《上海证券报》记者陈其珏以《4 万亿投资对建筑业初次拉动最大》（2009 年 4 月 15 日）为题作了详细报道。文中说，日前国家发改委投资研究所就 4 万亿元投资对各行业的初次拉动作用进行了测算。测算结果显示，4 万亿元投资对建筑业的初次拉动作用最大，将使建筑业增加值达到 5940 亿元，占初次拉动总量的 14.85%；其后两位分别是通用、专用设备制造业和批发、零售贸易业，前者增加值达到 3048 亿元，占初次拉动总量的 7.6%；后者增加值 2834 亿元，占初次拉动总量的 7.08%。值得注意的是，4 万亿元投资中对整个大石化行业的初次拉动作用总占比也高达 9.34%，将使其三个子类别——化学工业、石油和天然气开采业以及石油加工、炼焦及核燃料加工业的增加值分别达到 1988 亿元、1275 亿元和 474 亿元，占初次拉动总量的 4.97%、3.19% 和 1.18%，行业拉动排名分别是第 7、第 12 和第 24 位。从间接拉动效应来看，4 万亿元投资对农业的间接拉动作用最大，增加值为 5522 亿元，占间接拉动总量的 14.82%；其次为公共管理和社会组织，增加值为 5350 亿元，占间接拉动总量的 14.36%。测算结果还显示，4 万亿元投资将间接拉动消费需求增加 37247 亿元。该报道没有明确给出由 4 万亿元投资拉动的增加值如何分布在以后的年份中，拉动每年的经济增长增加多少百分点。

王曦、陆荣（2009）对 4 万亿元投资的作用有很大的保留，他们在《危机下四万亿投资计划的短期作用与长期影响》一文中，运用国民收入乘数理论估算 4 万亿元政府投资的短期贡献，并据此论证该计划寄望于世界经济在短期内快速复苏。然则从本轮世界经济危机的根源和特征上看，这个希望十分渺茫。再从中美救市方案的支出结构对比看，4 万亿元投资缺乏应对中国经济痼疾的长远考虑。而 4 万亿元投资的深远影响在于，它是对市场经济改革理念的极大冲击。概言之，4 万亿元投资计划是一个寄望于世界经济快速复苏的权宜之举：收益是短期内稳定了经济和社会，代价是牺牲了中国经济增长方式的优化与导致市场化改革理念可能退步。

较新的成果是"中国 2007 年投入产出表分析应用"课题组（分报告执笔人：张亚雄、张鹏、赵坤）（2011）的论文《基于 2007 年投入产出表的我国投资乘数测算和变动分析》。就其测算结果而言，仍然属于对 4 万亿元投资的事前分析。该文对固定资产投资乘数、凯恩斯投资乘数和投入产出投资乘数三种投资乘数进行了测算分析，结果表明近年来我国投资乘数并没有发生大幅度下降，对经济增长的拉动贡献较大。通过对 4 万亿元投资计划的具体测算，表明投资对拉动内需和抵御外部冲击发挥了巨大作用。假定 4 万亿元投资在 2009 年和 2010 年平均分配；考虑到当前建设项目的重要性和迫切性，在建设周期内的投资进度将可能加快，假定 2009 年和 2010 年的投资分别在 2009 ~ 2012 年和 2010 ~ 2013 年到位，投资完成额的比重分别为 30%、45%、20% 和 5%。在此基础上，测算得到 4 万亿元投资使我国 2009 年 GDP 增加 9611 亿元，2010 年、2011 年达到最高峰，分别为 24029 亿元和 20825 亿元，之后逐年降低。不过，此文也没有给出 4 万亿元投资拉动各年 GDP 增加了多少百分点。

2009 年和 2010 年的实际统计数据表明，扩大 4 万亿元投资的决策取得了预期的效果。2009 年的经济增长率超过了原定计划的 8.0%，达到了 9.1%[①]，顺利实现了"保八"的目标。2010 年的经济增长率为 10.3%[②]，继续保持了快速增长势头。本部分要讨论的是，连续两年实施 4 万亿元投资刺激计划，究竟对经济增长产生了多大的贡献。

与前面引述的几篇论文有所不同，本研究是事后评估，要把 4 万亿元投资的拉动效果从实际经济增长中分离出来，明确回答一个问题，即增加的 4 万亿元投资使经济增长率增加了多少百分点。本部分所用的工具是中国宏观经济年度计量模型，用以定量模拟 4 万亿元投资的拉动效果。在作模拟计算以前，先对若干经济背景作一简要回顾和分析，进而引出设定模拟计算的前提和条件。

（二）全球金融危机来临时的世界经济与中国经济

1. 全球金融危机对主要国家和地区经济增长的影响

2010 年 7 月 23 日，由世界贸易组织（WTO）主办的"2010 年世界

[①] 根据国家统计局 2010 年 2 月公布的统计公报数字，初步统计，2009 年我国国内生产总值比上年增长 8.7%。2010 年 7 月，国家统计局公布了新的调整后数字，为 9.1%。

[②] 中华人民共和国国家统计局：《中华人民共和国 2010 年国民经济和社会发展统计公报》，2011 年 2 月 28 日。

贸易报告发布会"在上海举行，会上发布了《2010 年世界贸易报告》。该报告列举了 2007～2009 年间世界各地区 GDP 和货物贸易增长率（见表 2－1）。

表 2－1 2007～2009 年各地区 GDP 和货物贸易增长率

单位：%

项目 地区　　年份	GDP			出　口			进　口		
	2007	2008	2009	2007	2008	2009	2007	2008	2009
全世界	3.8	1.6	－2.3	6.4	2.1	－12.2	6.1	2.2	－12.9
北美	2.2	0.5	－2.7	4.8	2.1	－14.4	2.0	－2.4	－16.3
美国	2.1	0.4	－2.4	6.7	5.8	－13.9	1.1	－3.7	－16.5
中南美 a	6.4	5.0	－0.8	3.3	0.8	－5.7	17.6	13.3	－16.3
欧洲	2.9	0.8	－4.0	4.2	0.0	－14.4	4.4	－0.6	－14.5
欧盟（27 国）	2.8	0.7	－4.2	4.0	－0.1	－14.8	4.1	－0.8	－14.5
独联体	8.3	5.3	－7.1	7.5	2.2	－9.5	19.9	16.3	－20.2
非洲	5.8	4.7	1.6	4.8	0.7	－5.6	13.8	14.1	－5.6
中东	5.5	5.4	1.0	4.5	2.3	－4.9	14.6	14.6	－10.6
亚洲	6.0	2.7	0.1	11.7	5.5	－11.1	8.2	4.7	－7.9
中国	13.0	9.0	8.5	19.8	8.6	－10.5	13.8	3.8	2.8
日本	2.3	－1.2	－5.0	9.4	2.3	－24.9	1.3	－1.3	－12.8
印度	9.4	7.3	5.4	14.4	14.4	－6.2	18.7	17.3	－4.4
新兴工业经济（4）b	5.6	1.6	－0.8	9.0	4.9	－5.9	5.3	3.5	－11.4

注：a 包括加勒比地区。b 中国香港、韩国、新加坡、中国台湾。

资料来源：世界贸易组织：《2010 年世界贸易报告》，秘书处（WTO Secretariat）。

从表 2－1 中可以看到，2007 年全球 GDP 的增长率为 3.8%。受金融危机的影响，2008 年下降到 1.6%，2009 年更是负增长，为－2.3%。世界贸易（出口）也是表现了同样的趋势，2007 年的增长率为 6.4%，2008 年下降为 2.1%，2009 年则是负增长，为－12.2%。世界经济出现此种大衰退，源于美国次贷危机引发的全球金融危机，造成若干主要发达国家和地区的经济衰退，如北美（主要是美国）、欧洲（欧盟和独联体国家），以及亚洲的日本和"四小龙"（中国香港、韩国、新加坡、中国台湾）。在这场全球金融危机的冲击下，仅有中国和印度这两个发展中国家的经济仍然保持了较快的正增长。

伴随着全球经济的衰退，全球贸易同步衰退。2007 年全球出口增长率为 6.4%，2008 年下降为 2.1%，2009 年则大幅下降为 - 12.2%。如果说 2008 年世界各国出口尚能维持微弱的正增长的话，到 2009 年，包括中国和印度在内，世界各国无一例外地全都表现为负增长，且很多国家或地区是两位数的负增长。此种情况表明，在经济全球化时代，各国经济之间的联系越来越密切，任何一个国家都不可能做到不受全球经济不景气的影响而独善其身。而要摆脱和走出这种全球性的经济衰退，同样需要各国齐心协力，共同采取相应的经济刺激措施。

2. 中国的对外贸易增长情况

图 2 - 1 所示是 1996 年以来中国的对外贸易增长情况。自 2001 年底加入 WTO 以后，中国对外贸易一直处于快速增长状态，自 2002 年到 2007 年，无论是出口年增长率还是进口年增长率，都在 20% 以上，2008 年稍稍下降至不到 20%。但在 2009 年，出口增长率和进口增长率都出现了大幅下滑，分别为 - 16.0% 和 - 11.2%。这就充分反映了世界经济衰退对中国的对外贸易产生了重大的影响。2010 年中国的出口和进口实现了恢复性增长，增长率分别为 31.3% 和 38.7%（与 2009 年基数较低有关），出口量和进口量都比 2008 年有所增加。

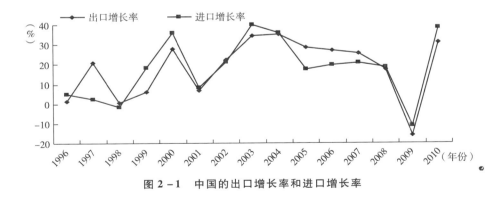

图 2 - 1 中国的出口增长率和进口增长率

3. 中国的固定资产投资增长情况

图 2 - 2 显示的是 1996 年以来中国固定资产投资增长率情况。可以看到，在 2002 年以前，固定资产投资增长率都在 18% 以下，而从 2003 年开

始，固定资产投资连年快速增长，名义增长率大致在 25%，实际增长率略
呈下降趋势（投资品价格上涨的结果）。正是固定资产投资快速增长与出
口快速增长一起，给经济增长以巨大的拉动力，使得 2003～2007 年连续 5
年为两位数的增长率。2009 年出台了 4 万亿元扩大投资的政策，当年全社
会固定资产投资名义增长率达到了 30.1%，实际增长率更是高达 33.3%
（投资品价格指数为负的结果），是多年来少有的高增长率。2010 年在上年
的巨大基数上，名义增长率和实际增长率仍然达到 23.7% 和 19.4%，其中
显然包含有 4 万亿元投资的刺激因素。

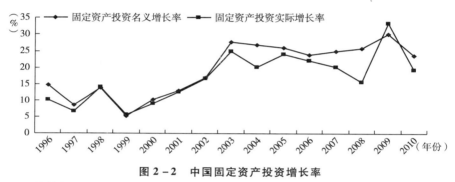

图 2－2　中国固定资产投资增长率

资料来源：根据中国统计年鉴数据计算。

4. 中国的贷款余额增长情况

与 4 万亿元投资刺激方案相伴的就是宽松的货币政策带来贷款余额的
快速增长。图 2－3 所示是 1996～2010 年我国贷款余额的增量和增长率变
化情况。2003 年以来，贷款余额增量比以前年份有所上升，年增量在 3 万
亿元上下，2008 年稍稍超过 4 万亿元，达到了 4.17 万亿。但到了 2009
年，贷款余额出现了超常增长，1 年增加了 9.63 万亿元，贷款余额增长率
从前几年的 15% 左右直线上升到 32%。2010 年在上年的巨大基数上，贷
款余额增量为 7.5 万亿元，增长率为 19.9%。正是贷款余额的迅速增加，
支撑了固定资产投资的快速增长。

从以上简要背景介绍中可以得出如下定性推断：如果 2008 年底国家没
有出台 4 万亿元投资刺激方案，那么 2009 年和 2010 年的国民经济运行将
大致按照先前的路径发展，无论是固定资产投资的增长还是贷款余额的增
长（或贷款余额增量）都不会有那么高，经济增长速度也有所降低。只要

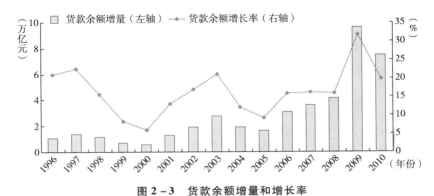

图 2 - 3　货款余额增量和增长率

资料来源：根据中国统计年鉴数据计算。

定量计算出在没有刺激方案时经济增长会受到多大影响，就可以知道 4 万亿元投资的效果。这就是本部分模拟分析的指导思想和出发点。

（三）中国宏观经济年度计量模型和模拟分析原理

我们利用中国宏观经济年度计量模型进行模拟分析。首先对该模型作一简单介绍。这是一个建立在年度经济数据基础上的大型经济计量联立方程模型，有近 200 个方程。其中一半为行为（随机）方程，另一半是定义方程（恒等式）。该模型涵盖了宏观经济系统中的几乎所有主要变量，由 8 个模块[①]（生产、投资、人口和劳动力、收入、消费、财政金融、价格、外贸）。

模型中各行为（随机）方程依据相应的经济学原理设定，方程中解释变量的系数由历史数据经回归计算得到，系数值反映了解释变量对被解释变量的影响关系。当把全部方程联立到一起时，就全面地描述了整个经济系统，描述了系统中各变量之间的相互联系和相互影响。联立方程系统的特点是，当整个系统处于平衡状态时，各变量一定处于其自身的平衡点。如果系统中的某一变量或多个变量发生变动（因外界干扰或政策变动所致），就会通过相应的方程传导给其他变量，乃至影响到整个系统，存在着牵一发而动全身的可能。整个系统能否达到新的平衡状态，取决于系统

---

① 各模块之间的关系可参见汪同三、沈利生主编（2001）《中国社会科学院数量经济与技术经济研究所经济模型集》。

本身的结构。我们可以有意地改变模型中的某些变量（对应实际系统中的某种政策变动），来考察此种变动对整个经济系统的影响。这就相当于把这个宏观经济计量模型当作宏观经济系统的"实验工具"或"经济实验室"。在实际经济系统上无法实地进行的各种试验，就可以放到计算机中的数学模型上进行模拟了。

本部分要模拟的政策是，如果没有 4 万亿元投资刺激方案，经济会怎样运行？我们几乎可以预先肯定，实际经济系统一定会受到影响，也一定会达到某个平衡点。所以，只要联立方程模型系统本身合理，真实反映了实际经济系统，用它来进行模拟一定可以得到某种结果。

模拟过程可大致分为两类：一是对过去历史过程的模拟，二是对未来阶段的模拟（即预测）。在做历史模拟时，让模型中的所有外生变量都等于其实际统计值，然后求解联立方程系统，得到所有内生变量的值。只要模型设计得足够好，总结出来的经济规律与实际相符，确实反映了实际经济系统中各变量之间的变化关系，则由模型计算得到的各内生变量值大体上就等于历史值，即使有误差也不会太大。然后，利用该模型模拟过去阶段的各种政策变动对经济系统产生的影响。具体做法是，改变模型中的外生变量（政策变量）值，或者强制改变若干内生变量值，相当于实施某种政策使得经济系统中的若干变量发生了某种变化，再由模型计算出所有内生变量值，此时得到的结果就反映了政策变动后的效果。

本部分所采用的方式具有某种逆向思考的含义：经济系统中已经包含了实施某项政策后的效果，现在想了解该政策具体产生了怎样或多大的效果，为此只要在受到该项政策影响的变量中扣除掉受到影响的那部分，然后求解联立方程系统（模拟计算），由此得到的结果就是不实施该项政策时对所有其他变量的影响。

（四）4 万亿元投资对经济增长拉动作用的模拟方案设定

4 万亿元投资刺激方案实施时间为两年：2009 年和 2010 年。2009 年的有关统计数据已经发布，2010 年则仅发布了若干主要变量的初步统计数，那些未公布统计结果的变量仍然要由模型计算。在利用中国宏观经济模型进行模拟以前，先做出基准方案（Baseline），这是用来与模拟结果进行比较的根据。我们的基准方案是这样得到的：由联立方程系统计算得到的 2009 年及以前年份的值为历史模拟值，让它们都与历史值"对齐"①（让模型的计算结果正好等于实际统计值），然后利用模型预测 2010 年和 2011 年各项指标，其中 2010 年已有实际统计值的变量也做到"对齐"。这里之所以预测两年，既是为了判断 4 万亿元投资刺激方案对 2010 年经济增长的影响，也是为了判断刺激方案结束以后对 2011 年经济增长的后续影响。我们的基准方案直接采用了"中国社会科学院经济形势分析与预测"课题组的预测结果②。

如果不出台 4 万亿元投资刺激方案，经济发展将大致按先前的发展趋势运行，或者说经济将运行在另一条路径上。该路径的变动主要取决于两个变量。一是全社会固定资产投资。减少 2009 年和 2010 年的固定资产投资，两年减少的总和为 4 万亿元。二是贷款余额。减少 2009 年和 2010 年的贷款总额。由于不知道与增加 4 万亿元投资同时发生的贷款余额增加量，需要预先有一个判断，依据就是前几年的贷款余额增量。如上节分析过的那样，每年的贷款余额增量是 4 万亿元或更多些，且逐年有所增加。

在中国宏观经济年度计量模型中，贷款余额是固定资产投资的解释变量之一，贷款余额发生变动时，会直接引起固定资产投资的变动。我们通过试验的方式，最后达到既使贷款余额的增量下降到合理水平，又使 2009 年和 2010 年连续两年的固定资产投资减少 4 万亿元。

（五）4 万亿元投资对经济增长拉动作用的模拟结果和分析

宏观经济计量模型中包括经济系统中众多的变量，通过模拟计算也能同时得到这些变量的变化情况，比起仅利用乘数分析进行测算能够得到更多的信息。表 2 - 2 列出了若干主要宏观经济变量的基准值与模拟值之差，也即 4 万亿元投资方案对经济系统的影响。

---

① 关于"对齐"的具体含义，可参看沈利生《经济预测中预测值与统计值的对齐》，《数量经济技术经济研究》1995 年第 6 期。

② 该结果可参看中国社会科学院经济形势分析与预测课题组于 2011 年 4 月正式公布的《2011 年中国经济前景分析》总报告。

表2-2 4万亿元投资对经济增长影响的模拟计算结果

年 份	固定资产投资（当年价，亿元）			贷款总额（亿元）		
	基准方案	模拟值	基准-模拟	基准方案	模拟值	基准-模拟
2009	224599	205508	19091	399685	348733	50952
2010	278143	257230	20912	479209	428284	50926
2011	341280	318998	22282	554012	526799	27213

年 份	GDP（当年价，亿元）			GDP实际增长率（%）		
	基准方案	模拟值	基准-模拟	基准方案	模拟值	基准-模拟
2009	340778	335390	5388	9.1	8.1	1.0
2010	398301	387938	10363	10.3	9.6	0.7
2011	462167	447429	14738	9.6	9.2	0.4

年 份	居民消费价格指数上涨（%）			投资品价格指数上涨（%）		
	基准方案	模拟值	基准-模拟	基准方案	模拟值	基准-模拟
2009	-0.7	-1.1	0.4	-2.4	-3.5	1.1
2010	3.3	2.8	0.5	3.6	3.3	0.3
2011	4.3	3.9	0.4	4.3	4.3	0.1

年 份	财政收入（亿元）			财政支出（亿元）		
	基准方案	模拟值	基准-模拟	基准方案	模拟值	基准-模拟
2009	68518	67574	945	76300	75456	844
2010	83155	81161	1994	89643	87677	1965
2011	97819	94822	2996	106819	103708	3111

年 份	城镇居民人均可支配收入增长率（%）			农村居民人均纯收入增长率（%）		
	基准方案	模拟值	基准-模拟	基准方案	模拟值	基准-模拟
2009	9.8	9.5	0.3	8.5	8.3	0.2
2010	7.8	7.4	0.4	10.9	10.7	0.2
2011	8.3	7.8	0.5	9.1	8.9	0.2

年 份	社会消费品零售总额（当年价，亿元）			社会消费品零售总额实际增长率（%）		
	基准方案	模拟值	基准-模拟	基准方案	模拟值	基准-模拟
2009	132678	132026	652	16.9	16.9	0.1
2010	156998	155262	1736	14.8	14.6	0.2
2011	183068	179945	3123	12.6	12.3	0.3

年　份	三次产业结构（%），基准方案			三次产业结构（%），模拟值		
	一产业	二产业	三产业	一产业	二产业	三产业
2009	10.34	46.26	43.40	10.37	46.19	43.44
2010	10.17	46.82	43.01	10.23	46.72	43.05
2011	9.16	46.40	44.45	9.22	46.28	44.51

　　在表 2-2 中，强制改动的是固定资产投资和贷款余额这两个变量。其中，2009 年的固定资产投资减少 19091 亿元，2010 年减少 20912 亿元。两年总共减少 4 万亿元。贷款余额在 2009 年下降 50952 亿元（这使得当年的贷款余额增量从实际 96290 亿元下降为 45338 亿元），2010 年下降 50926 亿元（贷款余额增量从实际 79524 亿元稍稍上升为 79551 亿元）。模拟值就是在此种情况下的经济运行结果。2011 年是在前两年变化基础上的连续外推预测。

　　我们来看最重要的指标 GDP（国内生产总值）。2009 年的 GDP 从 340778 亿元减少为 335390 亿元，下降 5388 亿元（当年价）；2010 年从 398301 亿元减少为 387938 亿元，下降 10363 亿元（当年价）；从实际增长率来看，2009 年的 GDP 增长率从实际的 9.1% 下降为 8.1%，下降 1 个百分点；2010 年从实际的 10.3% 下降为 9.6%，下降 0.7 个百分点。由于这两年固定资产投资的减少，使得新增的资本存量减少，不可避免地对后续年份的经济也会产生影响。从计算结果看，2011 年的 GDP 增长率从预测的 9.6% 下降为 9.2%，下降 0.4 个百分点。值得注意的是，由于基数不断增大，虽然 2011 年 GDP 的增长率下降得不多，但当年价的 GDP 减少量为 14738 亿元，比上两年都大。

　　固定资产投资的减少以及贷款余额总量的下降，不仅使得经济增长率下降，还带动了物价的下降。这是中国的菲利普斯曲线的固有特点①。模拟计算结果表明，2009 年的居民消费价格指数从 -0.7% 下降为 -1.1%，

---

　　① 参看刘树成《论中国的菲利普斯曲线》，《管理世界》1997 年第 2 期。也可参看沈利生《经济增长与通货膨胀的周期联动——兼中国的菲利普斯曲线解读》，《宏观经济研究》2009 年第 6 期。

下降 0.4 个百分点。2010 年从 3.3% 下降为 2.8%，下降 0.5 个百分点；2011 年从预测的 4.3% 下降为 3.9%，下降 0.4 个百分点。投资品价格指数也有变动，2009 年从 -2.4% 下降为 -3.5%，下降 1.1 个百分点；2010 年从 3.6% 下降为 3.3%，下降 0.3 个百分点。2011 年大致保持不变（表中下降 0.1 个百分点是四舍五入的影响）。换句话说，扩大 4 万亿元投资的结果使得物价有所上升。实际情况是，2010 年居民消费价格上涨突破了年初制定的控制在 3% 的目标，这正是实施扩张性财政政策的负面效应。

关于财政收入，没有 4 万亿元投资的刺激将引起 GDP 总量下降，财政收入也会跟着下降。2009 年从 68518 亿元下降为 67574 亿元，下降了 944 亿元，下降 1.4%；2010 年从 83155 亿元下降为 81161 亿元，下降了 1994 亿元，下降 2.4%。2011 年自然也是跟着下降。

关于财政支出，变动趋势大致与财政收入相同。2009 年从 76300 亿元下降为 75456 亿元，下降了 844 亿元，下降 1.1%。2010 年从 89643 亿元下降为 87677 亿元，下降了 1965 亿元，下降 2.2%。2011 年也是跟着下降。

随着 GDP 增长率的下降，城乡居民收入也跟着下降，不过下降的幅度要小些。从 2009 年到 2011 年，城镇居民人均可支配收入年增长率分别为 9.8%、7.8% 和 8.3%，模拟方案分别为 9.5%、7.4% 和 7.8%，分别下降 0.3 个、0.4 个和 0.5 个百分点。从 2009 年到 2011 年，农村居民人均纯收入年增长率分别为 8.5%、10.9% 和 9.1%，模拟方案中都是下降 0.2 个百分点，分别为 8.3%、10.7% 和 8.9%。

关于社会消费品零售总额，它与居民收入直接相关。由于居民收入的变动不大，故社会消费品零售总额的变动也不大。从 2009 年到 2010 年，与基准方案相比，在模拟方案中分别下降 0.1 个、0.2 个和 0.3 个百分点。

饶有趣味的是三次产业结构，它是三次产业增加值占 GDP 的比重。GDP 总量的变动是三次产业增加值变动的结果。没有 4 万亿元投资的刺激，GDP 总量会下降，与三次产业增加值的下降相对应。模拟结果表明，三次产业增加值下降的程度略有不同，第一、第三产业增加值的下降程度小于第二产业增加值的下降程度，由此引起三次产业结构的变化是，第一、第三产业的比重略有上升，第二产业的比重稍有下降。尽管变动的程度并不大，但变动方向很重要。对模拟结果可作反方向解读：实施 4 万亿元投资刺激政策使得第二产业增加值的增长快于第一、第三产业增加值的增长，结果是第二产业的比重有所上升，第一、第三产业的比重有所下降。这显然是与提高第三产业比重的产业结构调整方向相悖的。这也可以说是 4 万亿元投资刺激方案带来的负面影响。

（六）结　论

通过前述基于联立方程经济计量模型的模拟分析结果，可以得出以下几点结论。

第一，宏观经济计量模型的模拟结果表明，扩大 4 万亿元投资刺激方案使得 2009 年我国的经济增长率增加了 1.0 个百分点，实现了 "保八" 的增长目标。该刺激方案使得 2010 年我国的经济增长率增加了 0.7 个百分点，经济继续保持快速增长势头，从而使我国在世界上率先摆脱了全球金融危机的影响。2011 年我国经济仍以较快速度增长。

第二，模拟计算结果同时给出了扩大 4 万亿元投资对若干其他经济变量的影响，包括居民收入、财政收入、社会消费品零售总额等都是正向影响。这是利用经济计量模型进行模拟计算得到的副产品，有助于评估扩大 4 万亿元投资对经济系统的全面影响。

第三，毋庸讳言，扩大 4 万亿元投资结合极度宽松的货币政策带来了相应的负面效应。一个负面效应是 2010 年的居民消费价格上涨率从 2009 年的 -0.7% 快速上升为 3.3%，突破了 3% 的控制目标，并且对 2011 年继续造成了较大的通货膨胀压力。另一个负面效应体现在 4 万亿元投资主要加快了第二产业的增长，对第三产业的拉动较小，使得第二产业增加值在 GDP 中的比重不但没有下降，还有所上升，不利于三次产业结构的调整。

二　基于面板数据模型的 4 万亿元投资对国民经济增长的影响分析

本部分主要用面板数据横截面相关理论来测算 4 万亿元投资刺激政策对 2009 年和 2010 年经济增长的促进作用。结果表明，4 万亿元投资显著地促进了 2008 年第 3 季度以来中国经济的增长速度，其中对 2009 年和

2010 年 GDP 实际增长的贡献分别是 0.89 个和 0.72 个百分点（AIC 和 BIC
测算结果的平均值），对 2008 年第 3 季度以来实际经济增长的贡献约为
0.8 个百分点。总体而言，4 万亿元投资刺激政策为阻止中国经济在全球
金融海啸中衰退起到了一定的作用。

（一）前言

　　始于 2007 年的美国次贷危机导致了全球经济继 1929～1933 年大萧条
之后的最大衰退。著名经济学家 Barry Eichengreen 认为，从全球范围来看，
此次金融危机导致全球工业产出下滑程度、股市下降幅度和贸易萎缩量等
与 1929～1933 年的大萧条相比，即使不比当年的大萧条更糟糕，起码也是
旗鼓相当。受经济危机影响，从 2008 年第 3 季度开始，世界主要经济体的
经济出现了不同程度的下滑或衰退，如图 2 - 4、图 2 - 5 所示。从经济发
展的绝对指标来看，2008 年第 3 季度，美国、日本、加拿大、德国、英
国、法国、意大利、俄罗斯等均出现了季度 GDP 剧烈下滑，并在 2009 年上
半年持续下降；中国、印度两国的 GDP 在此期间并未出现明显下降，甚至保
持了罕见的增长态势。从相对指标来看，除中国之外的"九国集团"均在
2009 年的第 1 季度到了季度 GDP 环比增长率的最低点，美国季度 GDP 甚至
出现了超过 5.5% 的负增长，严重脱离了季度 GDP 增长的正常轨道。

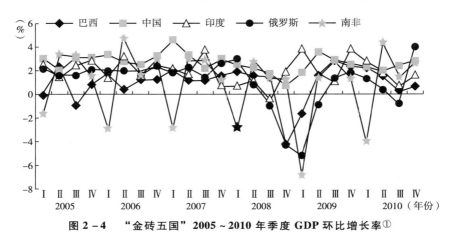

图 2 - 4　　"金砖五国" 2005～2010 年季度 GDP 环比增长率①

---

　　①　EIU countrydata 数据库，数据以 2005 年为基期。

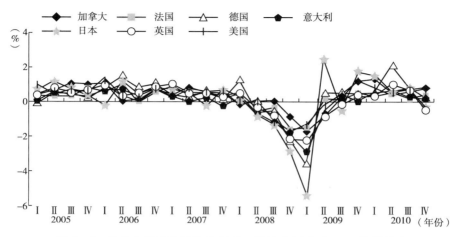

图 2 - 5 欧美主要发达经济体 2005 ~ 2010 年季度 GDP 环比增长率

面对如此严重的经济衰退，世界主要经济体纷纷出台了大规模、超常规的经济刺激方案，力度之大、范围之广、数额之巨，为世界经济史上所罕见。各国的经济刺激政策主要表现为超常规的财政扩张及货币扩张，以及大规模的量化宽松政策。

在财政扩张方面，世界主要经济体的刺激方案以减税、增加公共投资为主要内容。美国先后推出了 1680 亿美元的减税方案、7000 亿美元的问题资产纾困方案，以及 7870 亿美元的美国复苏与再投资法。截至 2009 年底，美国政府财政救市方案的金额已经高达 1.66 万亿美元，约占 GDP 的 12%。欧盟委员会于 2008 年 12 月 26 日批准了总额为 2000 亿欧元的经济刺激计划，占欧盟 GDP 的 1.5%，力度之大在欧洲经济史上极为罕见。2008 年 8 月至 2009 年 4 月，日本共出台了 4 个经济刺激计划，计划支出规模达 75 万亿日元，占 GDP 的 5% 左右。

在货币扩张方面，世界主要经济体先后通过降低利息率刺激经济，发挥"利率杠杆"的作用。危机期间，美联储累计降息 500 个基点，利息率低至 0% ~ 0.25%。欧洲中央银行和英格兰银行也分别将基准利率下调 325 个基点和 350 个基点，达到 1% 的低利率水平。中国中央银行也连续多次将一年期存贷款基准利率累积下调 378 个基点。世界主要经济体同步下调利率的行为，使全球经济进入了前所未有的超低利率时代。

即便如此，超低利率也未能使全球经济摆脱危机。此后，世界主要经济体选择了极端的货币扩张政策及数量宽松的货币政策，即货币当局（中央银行）通过发行货币直接向市场注资。这一政策的目的是增加货币市场上的货币供应量，加大流动性。美国的数量宽松政策总额达 2.8 万亿美元，欧洲中央银行和英格兰银行分别涉及 750 亿英镑和 600 亿欧元。日本政府先后向市场直接投放了 4.5 万亿日元的流动性。

为了刺激经济，中国政府也着手实施积极的财政政策与适度宽松的货币政策，于 2008 年 11 月 9 日出台了 4 万亿元的经济刺激方案用于扩大内需，拉开了中国有史以来最大规模的投资建设帷幕。从刺激政策的资金来源看，中央政府直接投资 1.18 万亿元，其余部分由各级地方政府配套投资。从刺激政策资金的年度安排来看，中央政府安排在 2008 年第 4 季度资金为 1030 亿元，2009 年为 4875 亿元，2010 年为 5895 亿元，总计 1.18 万亿元，地方政府配套资金及社会资金随项目实施逐步配套到位。从刺激政策涉及的领域来看，4 万亿元投资的 45% 用于铁路、公路、机场和城乡电网等基础设施建设，总额 1.8 万亿元；用于地震重灾区的恢复重建投资 1 万亿元，约占刺激政策总额的 25%；其余用于农村民生工程和农村基础设施建设 3700 亿元，生态环境 3500 亿元，保障性安居工程 2800 亿元，自主创新结构调整 1600 亿元，医疗卫生和文化教育事业 400 亿元。

4 万亿元刺激政策通过总量经济、产业、行业三个层面拉动经济发展。拉动经济增长的"三驾马车"中，投资一直是拉动中国经济增长的最重要因素。2001~2007 年，中国 GDP 的增长中，投资拉动 4~6 个百分点，消费拉动约 4 个百分点，进出口拉动约 2 个百分点，投资对于中国经济增长率的贡献为 40%~50%。一方面，4 万亿元刺激政策直接作用于投资，有效带动了 GDP 快速增长，促使中国经济摆脱经济危机的阴影。另一方面，4 万亿元刺激政策直接惠及第一、第三产业，促进产业结构调整实现，为经济长期平稳较快发展积蓄动力。此外，刺激政策还给基建、钢铁、农业、医药、环保等行业带来重大利好，通过具体的行业投资实现经济增长。

自 2008 年第 4 季度 4 万亿元刺激政策实施以来，我国经济确实于 2009 年第 2 季度恢复了正常增长，但 4 万亿元刺激政策到底起到了多大作用尚不明确。因此，对 4 万亿元刺激政策的效果进行评价，不仅对于评价此次应对危机的举措具有重要意义，还将对下一步的政策退出安排及其后的政策调整具有重要意义。

（二）文献回顾

从目前政策研究分布的领域来看，学术界对政策效果的评价可分为经济政策评价和社会公共政策评价。其中，经济政策评价又主要集中于货币政策、财政政策的评价。对货币政策的评价主要着眼于货币政策的中间目标是否实现，货币政策的实施对主要经济指标如经济增长、通货膨胀、国际收支平衡等的影响。在这一领域，主要运用定性分析、经验实证分析的方法，或者传统的计量经济学模型，先进的定量分析方法并不多见。财政政策的影响效果分析方法也基本同于货币政策。有鉴于此，为了能对中国4万亿元刺激政策的效果进行精确计量，本研究将借鉴计量方法应用更加成熟的社会公共政策领域的评价研究。以下将对社会公共政策领域的研究做一综述。

对社会公共政策的评价有更多的定量分析方法，能够更精确地计量政策的实施效果，目前国内外社会公共政策评价的方法主要有以下几种。

1. 传统的计量方法

采用传统的计量经济学方法进行政策评价有两个思路。

一种思路是在计量经济模型中加进虚拟变量，用虚拟变量的系数来近似表示政策的效果。虚拟变量方法简洁明了，估计简单，在早期的政策评价中得到了普遍的运用。但同时虚拟变量模型也存在着缺陷。虚拟变量作为普通的解释变量进入方程，隐含着一个假定：虚拟变量是确定性变量，是外生决定的，与其他解释变量之间不存在多重共线性。但事实是，个体经济行为以及经济系统运行的复杂性使得虚拟变量并非外生，这将导致虚拟变量模型并不能准确衡量政策的效果。即使虚拟变量完全外生，其估计的政策评价结果也是相当粗糙的。

如果政策影响的方面是可以准确知道的，则可以研究指标作为被解释变量，将受政策影响的相关变量作为自变量，建立计量经济学模型，再通过恰当的估计方法精确计量政策的效果。这是运用传统计量经济方法进行政策评价的另外一个思路。在政策评价领域运用这一思路的一个典型代表

是 Justin Yifu Lin（1992），其运用省际面板数据对中国 20 世纪 70 年代末
80 年代初改革效果进行了评价。论文分别测算了家庭联产承包责任制、价
格机制改革及改革期间中国对农业进行的其他改革的效果。结果表明，中
国家庭联产承包责任制的实行能解释 1978 ~ 1984 年中国农业产出增长的
50%，价格机制改革也对产出增长具有正效应，总体而言，中国的改革促
进了产业产出的增长。

　　政策评价的另外一种思路是构建"反事实"（counterfactual）。出于道
德、成本、时效性、政治敏感性等方面的考虑，随机实验在很多情况下是
无法进行的。因此，政策实施以后，往往无法通过随机实验确知相同的时
间区间内，相同个体或者经济体在政策未实施情况下的状况。同时，在政
策未实施时，也无法预测政策实施情况下研究个体或经济体的表现。也就
是说，存在着"反事实"，而"反事实"是无法观测的。因此，如何构建
"反事实"，并使得其最接近于研究对象在政策未实施时的表现就成为现阶
段政策评价的关键技术。目前，常见的构建"反事实"的方法主要有内生
机制转换模型、样本选择模型、两部分模型等较新的计量经济学方法，还
有双重差分模型、倾向得分匹配模型等最新方法。

2. 新的计量经济学方法

　　目前检索到的用于构建"反事实"的新的计量经济学方法主要有内生
机制转化模型（endogenous switching regression model）、样本选择模型
（sample selection model）、两部分模型（two-part model）等。如董晓芳、傅
十和（2008）利用 1989 年、1997 年和 2005 年微观住户调查数据，运用内
生机制转换模型，研究了住房制度改革的效果。研究发现，近 30 年的房改
在促进住房资源分配公平和分配效率方面是成功的。James J. Heckman
（1974，1979）通过对妇女劳动力供给与市场工资关系的研究提出了样本选
择模型及其似然估计，但因估计方法复杂、计算量大等原因使得该模型并
未受到重视。1979 年，Heckman 首创样本选择模型的两步估计（Heckman
correction），使得样本选择模型的估计更为简单方便，引致样本选择模型
其后在劳动力供给、消费、教育、出生率和种族、性别歧视等诸多方面的
应用。样本选择模型的主要价值在于可以有效矫正抽样设计无法消除的样
本选择性偏倚。

Kannika，Cheng Hsiao & Zhao（2010）则运用多种微观计量模型相结合的方法来评估澳大利亚吸食大麻合法化政策的效果。论文综合运用内生机制转换模型、样本选择模型、两部分模型、标准的虚拟变量模型等参数方法进行实证分析及比较，结果表明，实施合法化政策会使得澳大利亚个体吸食大麻的概率上升。

3. 双重差分模型（difference – in – differences model，DID）

另外一类广泛运用于社会公共政策评价领域的方法是双重差分模型。当一项政策作为外生事件改变了个人、家庭、厂商的行为或者其他条件时，所搜集到的数据被称为来自自然实验（natural experiment）或准实验（quasi – experiment）。自然实验和真实实验的不同之处在于自然实验的实验设计机制来自某一个具体的政策变化，通常这一政策是外生给定的，而真实实验的实验机制设计是严格随机抽取的。近年来，DID 在自然实验中评估政策的因果关系（causal relationship）时得到了广泛应用。

假定总体中有两组或多组群体，能够在两期或多期观测到其中的个体数据，并且在某些时期某些个体受到了一项新政策的"干预"（treat-ment）。通常把受到政策影响的样本称为实验组（treatment group），把不受政策变化影响的样本称为控制组（control group）。如果我们想要估计政策的因果效应，那么简单地对政策发生后不同群体进行比较（如实验组和控制组），或者对同一群体在不同时期进行对比（"实验"前和"实验"后），得到的估计结果都是有偏的。这是因为前者忽视了实验组和控制组在同一时期可能存在的不可观测的系统性差异（如个体本身特质差异），而后者忽视了政策施加期间可能存在的其他变化影响。DID 则是利用一项政策在横向单位（cross – sectional）和时间序列（time – series）上的双重差异来识别该政策的"干预效应"（treatment effect）（Wooldridge，1999）。

应用 DID 对社会公共政策的实施效果进行评价最早始于国外。Heck-man & Smith（1999）对一项就业培训项目的效果进行的评价。Heckman 等认为传统的 DID 模型不能完全捕捉实验组和控制组之间潜在的行为选择的不同，而这一不同是由两个群组的不可观测因素的不同引起的。论文因此运用匹配（Matching）和 DID 的条件非参形式对个体是否参与项目进行了研究，进而大大降低了选择偏差。Puhani（2000）对波兰 1991 年实施的失业救济政策改革对失业持续期的影响进行了评价。Stewart（2004）对英国 1999～2001 年引入的最低工资制度对就业的影响进行了评价，同时，论文 还将个体对就业政策变化反应的异质性纳入模型。Feder, Murgai & Quizon（2004）运用修正的 DID 方法，使用面板数据对印度尼西亚针对农民实施 的防病虫害培训项目的效果进行了评价。Bhattacharya, Currie & Haider（2006）对美国实施的 "学校早餐计划"（School Breakfast Program, SBP）对儿童营养健康状况的影响进行了实证分析。Chen, Mu & Ravallion（2008）使用中国 2000 个家户的数据对世界银行的一个发展项目的效果进 行了评价。

在 DID 的使用过程中，国外学者逐步对 DID 的使用进行了不同程度的 扩展。Acs & Nelson（2004）运用多变量的三重差分模型（difference – in – difference – in – differences）对美国州际层面的福利政策对有孩子的低收入 家庭的影响进行了分析研究。Richard（2005）也运用 DID 评价了英国的一 项失业救济改革对新失业夫妇的就业影响。论文从两个方面对 DID 进行了 扩展：考虑了政策实施的过渡期间，并对过渡期间失业夫妇申请失业补贴 的结果进行了分布检验，看其分布是否满足 DID 的应用假设；在实证分析 方面，论文综合运用 DID 和 Matching 方法，从而放松了方程形式方面的限 制。DID 要求很强的识别假设，它要求在政策未实施时，实验组和控制组 的结果变量随时间变化的路径平行。这一假设有时并不能得到满足，因为 实验组和控制组在政策实施之前的特征是存在差异的，这就出现了系统性 偏差。Abadie（2005）研究了实验组与控制组之间因为可观测变量不同而 导致结果变量之间变化路径不平行的情况。论文的研究结果表明，在这一 情况下，简单的两步法可以用于估计 ATT（average effect of the treatment for the treated）。论文还提供了使用协变量来描述平均干预效应（ATE）随着 可观测变量如何变化的一个思路。

国内学者近年来也开始运用 DID 方法对国内实施的政策效果进行评 估，主要的研究有：周黎安、陈烨（2005）运用我国 7 省 591 个县和县级 市 1999～2002 年的相关社会经济数据对农村税费改革对农民收入增长所产 生的政策影响的研究；朱宁宁、朱建军、刘思峰等（2008）运用 16 个省 市 2003～2006 年的社会经济数据，对我国建筑节能政策效果的评估；黄清

（2009）搜集全国范围内 309 家发电厂放松规制前后的生产经济数据，对
2002~2005 年电力行业放松规制的政策效果进行的实证检验和研究；聂辉
华、方明月、李涛等（2009）使用全国层面的企业数据，胥佚萱、林志伟
等（2011）使用上市公司数据分别对 2004 年开始在东北地区实行的增值
税转型政策的影响的研究；俞红海、徐龙炳（2010）基于 2004~2008 年
上市公司样本数据，对股权分置改革的政策有效性进行的实证分析；李
楠、乔榛（2010）利用 1999~2006 年中国工业行业数据，对始于 20 世纪
末第三阶段国有企业改革绩效进行的评估。

4. 匹配方法

目前在政策评价领域常见的另一类政策评估方法是匹配方法（matching）。在实证分析中，常见的方法有倾向得分匹配（Propensity Score Matching，PSM）方法、随机递归分区（Random Recursive Partitioning，RRP）、局部最小二乘匹配（Local OLS Matching）等。其中，PSM 的应用最为普遍。

在自然实验中，干预组、控制组之间存在某些关键变量上的系统差异。某些因素既影响干预措施分配机制，又影响结果变量，是混杂因素。如何消除混杂因素对推断结果的影响是基于观察型数据进行因果推断研究的核心问题。PSM 是解决这一问题的一种方法。PSM 是一种非实验方法，是对一些没有采用或不方便采用实验方法区分实验组和控制组的数据采用的一种近似实验的方法。PSM 根据参与组可观察特征的概率模型建立一个统计上的控制组。参与组根据概率值（即倾向得分 PS）与非参与组进行匹配。项目的平均干预效应（ATE）就是两组产出均值的差。PSM 的使用首先需要估计项目的参与模型，一般使用 Logit 或 Probit 模型，接着根据参与模型计算倾向得分，定义共同区域和平衡检验。在通过平衡检验后，根据计算出的 PS，采用不同的匹配方法对实验组和控制组的 PS 进行匹配，目的是从控制组的样本中选择最接近的参照组，最后根据干预组和匹配后的参照组计算 ATE 或 ATT。

5. 面板数据方法

Cheng Hsiao 等（2010）试图利用面板数据中截面相关的思想构造反事实来对香港与内地政治经济一体化对香港经济增长的影响进行评价。

从前文的文献综述情况来看，目前用于政策评估的方法主要还是通过构造反事实来进行评估。本部分将借鉴 Cheng Hsiao 等（2010）的基本思想，通过面板数据的截面相关构造反事实对 4 万亿元投资对中国经济增长的拉动作用进行政策评估。

（三）基本原理

1. 基本模型

假定截面相关的原因是存在一些公共因子驱动截面上的这些个体，尽管这些因子对每个个体影响的程度不一样。这里假定 y_{it}^0 代表第 i 个个体在 t 时刻没有进行政策干预的结果，其生成过程是一个因子模型的形式：

$$y_{it}^0 = b'f_t + a_i + \varepsilon_{it}, i = 1, \cdots, N, t = 1, \cdots, T, \tag{1}$$

这里 f_t 是 $K \times 1$（无法观测的）公共因子，b'_i 代表 $1 \times K$ 的常数向量，a_i 是个体固定效应，ε_{it} 是个体随机的特有成分，满足 $E(\varepsilon_{it}) = 0$。

将 $N \times 1$ 个 y_{it}^0 堆积成一个向量，得到：

$$y_t^0 = Bf_t + a + \varepsilon_t \tag{2}$$

这里 B 是一个 $N \times K$ 的要素载荷矩阵，满足 $B = (b_1, \cdots, b_N)'$ 假定[①]。

（1）b_i 的模是一个常数。

（2）ε_t 是一个平稳的序列，满足均值为 0、方差为 V 的一个对角常数矩阵。

（3）随机特有成分与公共因子之间不相关。

（4）因子载荷矩阵是一个满秩矩阵。

[①] 模型（2）假定个体结果是由两个部分组成的，一个是公共因子 f，它驱动截面上所有的个体，还有一个是单个个体特有的组成成分 a 和随机组成成分 ε。假定不同个体之间特有的组成成分是不相关的。截面个体之间的相关关系取决于公共因子 f，然而公共因子 f 对不同个体的影响可以是不同的。本部分没有对 f 的时间序列特征作假定，它可以是非平稳的，也可以是平稳的。满秩意味着横截面单个个体的数量大于公共因子，也就是说只用少数一些公共因子解释宏观经济数据变动的大部分。

2. 构造反事实的面板数据方法

令 y_{it}^1 是第 i 个个体在 t 时刻受到干预后的结果，y_{it}^0 是第 i 个个体在 t 时刻没有受到干预的结果。于是第 i 个个体在 t 时刻的干预效应为：

$$\Delta_{it} = y_{it}^1 - y_{it}^0 \tag{3}$$

然而，不可能同时观察到 y_{it}^1 和 y_{it}^0，所观察到的数据在 t 时刻的数值为：

$$y_{it} = d_{it} y_{it}^1 + (1 - d_{it}) y_{it}^0 \tag{4}$$

这里，

$$d_{it} = \begin{cases} 1, & \text{如果 } t \text{ 时刻受到干预} \\ 0, & \text{如果 } t \text{ 时刻未受到干预} \end{cases}$$

令 $y_t = (y_{1t}, \cdots, y_{Nt})'$ 是 t 时刻 $N \times 1 y_{it}$ 向量，假定在 T_1 之前不存在干预，于是观察到的 y_t 形式如下：

$$y_t = y_t^0, t = 1, \cdots, T_1 \tag{5}$$

假定在 $T_1 + 1$ 时刻第 i 个个体发生政策变化，为了不失一般性，假定就是第 1 个个体从 $T_1 + 1$ 时刻起受到了干预：

$$y_{1t} = y_{1t}^1, t = T_1 + 1, \cdots, T \tag{6}$$

假定其他个体均没有受到个体干预，于是：

$$y_{it} = y_{it}^0, i = 2, \cdots, N, t = 1, \cdots, T \tag{7}$$

假定：E $(\varepsilon_{js} \mid d_{it}) = 0$，$j \neq i$，这里假定第 j 个个体的特有组成部分与第 d_{it} 是相互独立的。

在以上假设满足的条件下：

$$y_{1t}^0 = a_1 + b'_1 f_t, t = T_1 + 1, \cdots, T \tag{8}$$

当 N 和 T 足够大时，通过识别 K 个公共因子就可以估计 f。通常情况下 N 和 T 并不是足够大，因此用 y_{it}^0（$i = 2$，$\cdots$，N，$t = 1$，$\cdots$，T）向量来代替 f，然后预测 y_{1t}^0。

$y_{1t}^0 = \text{E} \left(y_{1t}^0 \mid \tilde{y}_t \right) + \varepsilon$，这里 $\tilde{y} = (y_{2t}, \cdots, y_{Nt})$。

于是政策的干预效应可以通过如下式子进行估计：

$$\hat{\Delta} = y_{1t} - \hat{y}_{1t}^{0}, t = T_{1+1}, \cdots, T \tag{9}$$

并且在前述所有假定满足的前提下：

$$E(\hat{\Delta} \mid Y, \tilde{y}_{\cdot}) = \Delta_{1t}, t = T_1 + 1, \cdots, T \tag{10}$$

（四） 数据及实证结果

1. 数据说明

我们收集 21 个国家[①] 2000Q1 ~ 2010Q4 的季度实际 GDP（2005 = 100）来进行实证分析。中国的实际季度 GDP 数据来源于 CEIC 数据库，其他国家的实际季度 GDP 来源于 EIU 国家数据库。在计算各个国家实际季度 GDP 增长率时，我们采用同比增长率，即用本年该季度的 GDP 相对于上年该季度 GDP 的增长率作为季度 GDP 增长率。

2. 相关国家的选择

我们主要通过截面相关的原理来对样本国家进行选择。在对样本国家进行选择时，所采用的方法是 Akaike 信息准则（AIC）和 Bayesian 信息准则（BIC）。因为所采用的模型都是线性回归模型，我们可以通过选择合适的截面上的 K 个国家来最小化如下 AIC 准则来选择模型：

$$AIC = Ln(s^2) + \frac{2(k+1)}{n} \tag{11}$$

其中 $s^2 = e'e/(n-k-1)$ 是模型的拟合优度，$2(k+1)/n$ 用来测度模型的复杂程度。

我们也可以通过选择合适的 k 来最小化如下 BIC 准则来选择模型：

$$BIC = Ln(s^2) + \frac{(k+1)Ln(n)}{n} \tag{12}$$

通过 AIC 准则，我们所选择的国家包括巴西、意大利、日本、英国、

---

① 这 21 个国家分别是：中国、巴西、印度、俄罗斯、南非、加拿大、法国、德国、意大利、日本、英国、美国、阿根廷、澳大利亚、印度尼西亚、韩国、墨西哥、马来西亚、菲律宾、新加坡和泰国。

澳大利亚、马来西亚和墨西哥。通过 BIC 准则，我们所选择的国家包括巴西、英国、澳大利亚、马来西亚和墨西哥。

3. 经验分析

由于我国实施 4 万亿元投资刺激政策发生在 2008 年第 3 季度，我们在选择控制组的权重时所涵盖的时间范围是 2001Q1 ~ 2008Q2。在 AIC 准则下，我们通过截面相关估计出来的结果如表 2 - 3、表 2 - 4 所示。

表 2 - 3　2001Q1 ~ 2008Q2 控制组权重——AIC 准则

国　　家	系　　数	标准误差	T 统计值
巴　西	0.514	0.148	3.47
意 大 利	0.552	0.391	1.41
日　本	- 0.432	0.314	- 1.38
英　国	- 1.240	0.557	- 2.23
澳大利亚	1.326	0.371	3.57
马来西亚	- 0.409	0.122	- 3.34
墨 西 哥	0.958	0.212	4.47
常　数	0.099	0.007	15.25

$R^2 = 0.809$　AIC = - 187.61

表 2 - 4　2008Q3 ~ 2010Q4 4 万亿元投资的政策效应——AIC 准则

时　　间	真实值	预测值	干预效应
2008. Q3	0.128	0.102	0.026
2008. Q4	0.069	0.084	- 0.015
2009. Q1	0.066	0.063	0.003
2009. Q2	0.069	0.060	0.009
2009. Q3	0.097	0.076	0.021
2009. Q4	0.099	0.090	0.009
2010. Q1	0.123	0.116	0.007
2010. Q2	0.121	0.114	0.007
2010. Q3	0.114	0.110	0.004
2010. Q4	0.116	0.109	0.007
2009 年平均值	0.0828	0.0723	0.0104
2009 年标准差	0.0179	0.0139	0.0075

时　　间	真实值	预测值	干预效应
2009 年 T 统计值	4.63	5.20	1.39
2010 年平均值	0.1185	0.1123	0.0062
2010 年标准差	0.0044	0.0036	0.0015
2010 年 T 统计值	26.93	31.19	4.13
平均值（全体）	0.1002	0.0924	0.0078
标准差（全体）	0.0243	0.021	0.0109
T 统计值（全体）	4.12	4.40	0.72

从表 2-4 的结果可以看到，4 万亿元投资对 2009 年和 2010 年中国的经济增长产生了显著的促进作用，其中促使 2009 年经济增长率增加了 1.0 个百分点。根据国家统计局提供的数据，2009 年中国的经济增长率是 9.1%，也就是说如果没有这 4 万亿元的投资刺激，2009 年中国的经济增长率应该是 8.1%，也就意味着即使没有这 4 万亿元投资，中国仍然能够实现经济增长率 "保八" 的目标。当然，由于我们所使用的控制组国家大部分在金融危机来临时多少出台了一些经济刺激政策，而且中国的行为很可能对它们也产生了一定的影响，这就意味着理论模型中的某些假设在我们的数据中并不一定能够成立，本研究的估计结果在一定程度上被低估了。如果低估的部分超过 0.1 个百分点，那么 4 万亿元投资对于 "保八" 目标来说就变成有必要了。从现有的经济计量手段来看，我们也很难估计这种低估的程度到底是多大。一个基本结论是 4 万亿元投资对 2009 年和 2010 的经济增长都有显著的促进作用，但是对于 2009 年的 "保八" 目标来说是否有必要，我们暂时不能给出确定的答案。从总体来看，4 万亿元投资对 2008 年第 3 季度以来中国经济增长的贡献为 0.78 个百分点。图 2-6 和图 2-7 进一步给出了 2001Q1~2008Q2、2008Q3~2010Q4 的实际值和反事实值。

从图 2-7 可以看到，自 2008 年第 3 季度中国实行 4 万亿元投资刺激计划以来，实际 GDP 的增长率在绝大部分季度都要高于反事实值，再次说明投资刺激计划对经济增长产生了积极效果。表 2-5、表 2-6 和图 2-8、图 2-9 进一步给出了根据 BIC 准则计算出来的投资刺激的政策效应。

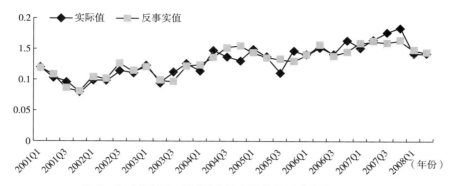

图 2 – 6　2001Q1～2008Q2 的实际值和反事实值——AIC

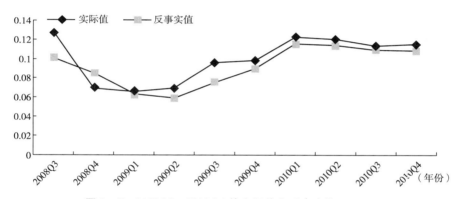

图 2 – 7　2008Q3～2010Q4 的实际值和反事实值——AIC

表 2 – 5　2001Q1～2008Q2 控制组权重——BIC 准则

国　　家	系　　数	标准误差	T 统计值
巴　　西	0.502	0.149	3.37
英　　国	− 0.930	0.473	− 1.97
澳大利亚	1.062	0.338	3.14
马来西亚	− 0.354	0.121	− 2.91
墨西哥	0.854	0.198	4.32
常　　数	0.099	0.007	15.05

$$R^2 = 0.779 \quad AIC = -158.96$$

表 2 – 6　2008Q3～2010Q4 4 万亿元投资的政策效应——BIC 准则

类　　别	真实值	预测值	处理效应
2008Q3	0.128	0.109	0.019

类　别	真实值	预测值	处理效应
2008Q4	0.069	0.068	0.001
2009Q1	0.066	0.064	0.001
2009Q2	0.069	0.061	0.008
2009Q3	0.097	0.087	0.010
2009Q4	0.099	0.091	0.009
2010Q1	0.123	0.115	0.009
2010Q2	0.121	0.113	0.008
2010Q3	0.114	0.109	0.004
2010Q4	0.116	0.105	0.012
2009 年平均值	0.0827	0.0757	0.0071
2009 年标准差	0.0179	0.0153	0.0039
2009 年 T 统计值	4.62	4.95	1.82
2010 年平均值	0.1185	0.1104	0.0081
2010 年标准差	0.0044	0.0043	0.003
2010 年 T 统计值	26.93	25.67	2.70
平均值（全体）	0.1002	0.0921	0.0080
标准差（全体）	0.0243	0.0212	0.0051
T 统计值（全体）	4.12	4.34	1.57

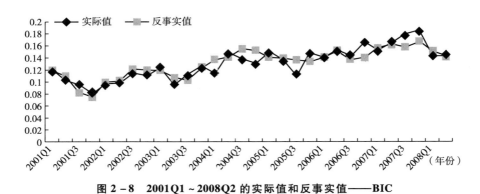

图 2 – 8　2001Q1 ~ 2008Q2 的实际值和反事实值——BIC

　　BIC 准则计算出来的结果表明 4 万亿元投资使得中国 2009 年、2010 年年实际 GDP 分别增加了 0.71 个、0.81 个百分点，与用 AIC 准则相比，2009 年结果更低一些，再一次说明即使没有 4 万亿元，中国也照样能够实

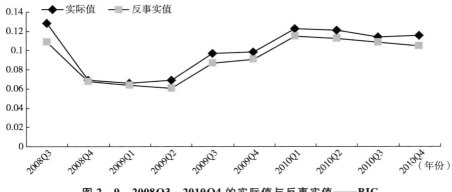

图 2 - 9　2008Q3 ~ 2010Q4 的实际值与反事实值——BIC

现 2009 年"保八"目标。不论是 AIC 准则还是 BIC 准则，计算出来的结果均表明 4 万亿元投资使得 2008 年第 3 季度以来中国的经济增长率增加了约 0.8 个百分点。

（五） 结 论

本部分主要用面板数据横截面相关理论来测算 4 万亿元投资刺激计划对 2009 年和 2010 年的经济增长的促进作用。结果表明 4 万亿元投资显著地促进了 2008 年第 3 季度以来中国的经济增长速度，其中对 2009 年和 2010 年实际 GDP 增长的贡献（AIC 和 BIC 测算结果的平均值）分别是 0.89 个和 0.72 个百分点，对 2008 年第 3 季度以来实际经济增长的贡献约为 0.8 个百分点。总体而言，4 万亿元投资刺激计划为阻止中国经济在全球金融海啸中衰退起到了一定的作用。但是必须注意的是，本部分只是探讨 4 万亿元投资对经济增长的影响，而没有探讨 4 万亿元投资对经济结构、通货膨胀、收入分配等其他方面的影响。有关这些方面的影响评估，本章第一部分基于宏观经济计量模型的分析给出了大部分答案。

参考文献

[1] Abadie, A. (2005). Semiparametric Difference - in - Differences Estimators. *The Review of Economic Studies*, pp. 1 - 19.

[2] Andrea Pufahl, C. R. (2008). Evaluating the Effects of Farm Programs: Results from

Propensity Score Matching. *Modelling of Agricultural and Rural Development Policies*, (pp. 1 – 15). Sevilla, Spain.

[3] D. B. , R. (2008). For objective causal inference: design trumps analysis. *The Annual of Applied Atatistics*, pp. 808 – 840.

[4] Daniel O. Gilligan, J. H. (2008). *The Impact of Ethiopia's Productive Safety Net Programme and its Linkages*. International Food Policy Research Insititute.

[5] Dorsett, R. (2005). Unemployed Couples: The Labour Market Effects of Making Both Partners Search for Work. *Journal of the Royal Statistical Society*, pp. 365 – 385.

[6] Gershon Feder, R. M. (2004, January). Sending Farmers Back to School: The Impact of Farmer Field Schools in Indonesia. *Review of Agricultural Economics*, pp. 45 – 62.

[7] Gregory Acs, S. N. (2004, Feburary). Changes in Living Arrangements during the Late 1990s: Do Welfare Policies Matte. *Journal of Policy Analysis and Management*, pp. 273 – 290.

[8] Iacus, G. P. (2009). Random Recursive Partitioning: a Matching Method for the Estimation of the Average Treatment Effect. *Journal of Applied Econometrics*, pp. 163 – 185.

[9] James J. Heckman (1974). Effects of Child – Care Programs on Women's Work Effort. *The Journal of Political Economy*, pp. 136 – 162.

[10] James J. Heckman (1979). Sample selection bias as a specification error. *Econometrica*, pp. 153 – 179.

[11] James J. Heckman, H. I. (1997). Matching as an Econometric Evaluation Estimator: Evidence from Evaluating a Job Training Programme. *The Review of Economic Studies*, pp. 605 – 654.

[12] James J. Heckman (2008). Econometric causality. *International Statistical Review*, pp. 1 – 27.

[13] Jayanta Bhattacharya, J. C. (2006). Breakfast of Champions? The School Breakfast Program and the Nutrition of Children and. *The Journal of Human Resources*, pp. 445 – 466.

[14] Perkins S. M. , T. W. (2000, September). For objective causal inference: design trumps analysis. *The Annual of Applied Atatistics*, pp. 93 – 101.

[15] Puhani, P. A. (2000). Poland on the Dole: The Effect of Reducing the Unemployment Benefit Entitlement Period. *Journal of Population Economics*, pp. 35 – 44.

[16] Rosenbaum P. , R. D. (1983). The central role of the propensity score in observational studies for causal effects. *Biometrika*, pp. 41 – 55.

[17] Sandra Cavaco, D. F. (2009). *Estimating the Effect of a Retraining Program on the Re - Employment Rate of Displaced Workers*. Bonn, France: The Institute for the Study of Labor.

[18] Shaohua Chen, R. M. (2008). *Are There Lasting Impacts of Aid to Poor Areas?* World Bank Policy Research Working Paper 4084.

[19] Stewart, M. B. (2004, March). The Employment Effects of the National Minimum Wage. *The Economic Journal*, pp. 110 – 116.

[20] Wooldridge, J. M. (1999), Econometric Analysis of Cross Section and Panel Data. 2002, Cambridge, MA: MIT Press.

[21] 陈玉萍、吴海涛、陶大云等:《基于倾向得分匹配法分析农业技术采用对农户收入的影响——以滇西南农户改良陆稻技术采用为例》,《中国农业科学》2010 年第 5 期。

[22] 黄清:《电力行业放松规制改革政策效果的实证研究——基于发电侧数据的双重差分模型检验》,《山西财经大学学报》2009 年第 1 期。

[23] 李佳路:《扶贫项目的减贫效果评估:对 30 个国家扶贫开发重点县调查》,《改革》2010 年第 8 期。

[24] 李楠、乔榛:《国有企业改制政策效果的实证分析——基于双重差分模型的估计》,《数量经济技术经济研究》2010 年第 2 期。

[25] 刘凤芹、马慧:《倾向得分匹配方法的敏感性分析》,《统计与信息论坛》2009 年第 10 期。

[26] 聂辉华、方明月、李涛:《增值税转型对企业行为和绩效的影响》,《管理世界》2009 年第 5 期。

[27] 王姣、肖海峰:《中国粮食直接补贴政策效果评价》,《中国农村经济》2006 年第 12 期。

[28] 胥佚萱、林志伟:《增值税转型改革与企业固定资产投资决策——基于中国上市公司数据的面板双重差分模型分析》,《税务与经济》2011 年第 1 期。

[29] 俞红海、徐龙炳:《股权分置改革有效改善了公司绩效吗?——基于双重差分模型的估计》,《浙江工商大学学报》2010 年第 1 期。

[30] 周黎安、陈烨:《中国农村税费改革的政策效果:基于双重差分模型的估计》,《经济研究》2005 年第 8 期。

[31] 朱宁宁、朱建军、刘思峰等:《我国政府建筑节能政策(措施)的实施效果评价》,《中国管理科学》2008 年第 10 期。

[32] 沈利生:《"三驾马车"的拉动作用评估》,《数量经济技术经济研究》2009 年第

4 期。

［33］郭菊娥、郭广涛、孟磊、薛勇：《4 万亿投资对中国经济的拉动效应测算分析》，《管理评论》2009 年第 2 期。

［34］岳国强：《4 万亿新增投资的见效时间和拉动效应》，《中国投资》2009 年 3 月。

［35］陈其珏：《4 万亿投资对建筑业初次拉动最大》，《上海证券报》2009 年 4 月 15 日。

［36］王曦、陆荣：《危机下四万亿投资计划的短期作用与长期影响》，《中山大学学报（社会科学版）》2009 年第 4 期。

［37］"中国 2007 年投入产出表分析应用"课题组（分报告执笔人：张亚雄、张鹏、赵坤）：《基于 2007 年投入产出表的我国投资乘数测算和变动分析》，《统计研究》2011 年 3 月。

［38］汪同三、沈利生主编《中国社会科学院数量经济与技术经济研究所经济模型集》，社会科学文献出版社，2001。

［39］刘树成：《论中国的菲利普斯曲线》，《管理世界》1997 年第 2 期。

［40］沈利生：《经济增长与通货膨胀的周期联动——兼中国的菲利普斯曲线解读》，《宏观经济研究》2009 年第 6 期。

第三章　货币政策效应的理论与实证分析

为应对金融危机，我国采取适度宽松的货币政策，以期避免经济陷入衰退泥淖。适度宽松的货币政策是否有效？具有怎样的积极效应和负面效应？效应的持续性怎样？如何适时调整政策取向促进积极效应发挥，避免负面效应强化？这些是需要我们认真研究并加以回答的。

货币政策有效性是指货币管理当局运用特定的货币政策工具与政策手段，并通过特定的传导机制来达到有效地影响实际产出和稳定物价的预定政策目标。近年来国内学者对我国货币政策及其传导机制做了一些实证分析，基本都认为货币政策能够影响实际产出，但就其作用的大小、时滞的期限、持续时间的长短以及作用的方式未能达成一致的意见。

本章首先对有关货币政策效果的国内外研究文献加以综述，对货币政策的效用和传导机制的相关理论进行简要梳理。然后回顾近年特别是此轮金融危机以来我国货币政策的主要措施和执行情况，进一步对我国货币政策的效应进行计量分析。运用协整检验、Granger 因果关系检验以及脉冲响应函数分析和方差分解等计量工具，对我国 1992 年第 1 季度至 2010 年第 1 季度的货币政策效应进行检验，并具体评价国际金融危机以来我国货币政策的执行效果。还将通过构建 DSGE 模型检验货币政策调整对主要经济变量的影响效应。最后归纳主要研究结论，提出相关对策建议。

一　相关研究文献综述

货币政策的有效性主要体现在促进经济增长和稳定物价的预期目标

上。关于货币政策效应国内外已有诸多实证研究。西方学者对货币政策效果及其传导机制的实证研究较多。伯南克（Bernanke，1992）在《联邦基金利率与货币政策传导渠道》一文中，利用格兰杰因果检验法检验了1959年7月至1979年12月及1959年7月至1989年12月间联邦基金利率、M1、M2、票据利率、债券利率和产出的关系，认为基金利率是真实经济变化的原因。同时他建立 VAR 模型，运用脉冲响应函数分析，得出结论：短期，紧缩的货币政策会导致有价证券价格下降，但对贷款没有影响；长期，紧缩的货币政策会减少银行贷款，对经济产生紧缩效应。Morgan（1993）研究发现，联邦基金利率下降对产出的影响小，而且在统计上不显著；利率上升对产出的影响较大，效果显著。Mishkin（2001）运用加拿大 1971～1999 年的数据，检验了货币供应量与经济增长和物价之间的关系，认为货币总量能够有效地解释和预测 GDP 和物价的短期波动。

2000 年以来，国内学者关于货币政策效果和传导机制方面的研究也有很多，基本都认为货币政策能够影响实际产出，但就其作用的大小、时滞的期限、持续时间的长短以及作用的方式未能达成一致的意见。刘斌（2001）利用1987年1月至2000年12月的月度数据建立 VAR 模型，运用脉冲响应函数分析得出结论，认为货币政策冲击在短期内能对实体经济产生影响，但长期是无效的。刘金全、刘志强（2002）利用 1992 年第 1 季度至 2000 年第 3 季度的数据，基于 Granger 检验认为，无论我国经济处在平稳期还是波动期，货币政策都是有效的。谢平（2003）认为利率存在时滞效应，虽对产出有效，但效果有限。他认为，由于我国是管制利率，市场自身缺乏灵活的机制，利率政策调整滞后，政策操作不成功。周锦林（2002）运用 VAR 模型论证出我国货币是中性的，因此以货币供给为中介目标的货币政策是不能取得预期效果的。王少平、李子奈（2004）基于我国货币需求函数的协整分析，认为我国货币需求的长期稳定性依赖于时间趋势，货币政策效应主要体现为促进经济增长。高云峰（2006）也认为我国货币需求、GDP、利率和通货膨胀率之间存在协整关系，央行货币政策的操作比较成功。而李传辉（2006）运用 VEC 模型得出结论认为 M1 是非中性的，M1 与 GDP 互为格兰杰因果关系。孙小丽、杨晓光（2008）选取金融机构超储率作为流动性代表，代替 M1、M2 去衡量货币政策冲击，建立 SVAR 模型，得出的结论是，2000~2006 年间 GDP、CPI 对超储率的变动不明显，滞后期在 3~4 个季度之间，2004~2006 年间相应的脉冲响应相当不明显，认为 2004 年后货币传导机制不畅是流动性过剩所致。

随着我国股票市场和房地产市场的快速发展，国内已有部分学者开始关注货币政策与股票价格、房地产价格之间的关系，但观点也不尽相同，有的甚至截然相反。如吴振信、许宁（2006）通过建立 GARCH－（1，1）模型，认为货币供应量的波动对股价的影响程度大，持续时间长，而利率的影响力较小，作用时间短。杨新松、龙革（2006）认为货币供应量和利率都是股市流通市值的 Grange 原因，央行可以通过调整货币供应量和利率政策来调控股票市场，但是利率政策比货币供应量更有效。梁云芳、高铁梅、贺书平（2006）通过实证分析得出结论：货币供应量和利率与房价负相关，货币供应量每增加 1 个百分点，房地产价格下降 0.42 个百分点。周京奎（2005）运用我国多个城市的数据，通过建立面板模型研究利率与房价的关系，得出了相反的结论：利率与房价正相关。

2008 年末以来，为应对国际金融危机的不利影响，中国人民银行实施了适度宽松的货币政策。关于宽松货币政策实施的建议、效果的评价以及退出机制的设计一时成为了理论界和实务界关注的热点，一些研究成果也相继诞生。王钰、宋文飞、韩先锋（2010）认为，我国扩张的货币政策和财政政策在刺激经济的同时也埋下了通货膨胀的隐患，由于 M2 对通货膨胀率的影响最大，因此货币供应量的变动需谨慎。徐洪才（2010）也认为，2009 年以来，在很多行业都存在产能过剩的情况下，我国 M1、M2 的超强增长必然导致资产市场泡沫的膨胀，给实体经济的发展留下隐患。宽松的货币政策虽然保证了全年经济增长目标的实现，但使经济的结构矛盾更加突出，因此我国货币政策要因时制宜地转向多元化目标。潘敏、缪海斌（2010）基于宏观经济变量之间的 VAR 模型，检验了商业银行信贷的产出和物价效应，认为银行信贷是经济增长的主要影响因素，从长期看，对物价的影响为正，在经济企稳回升的后危机时代，商业银行要调整优化商业信贷结构，避免通货膨胀预期。曹协和、吴竞择、何志强（2010）通过研究发现，我国扩大货币供给量应对金融危机的政策存在货币需求缺口的错配问题，金融危机后货币供给超过了我国货币合意需求水平，形成了通货膨胀的压力，因此审慎地把握货币供给的扩张非常必要。王小广（2010）则认为，我国 2010 年甚至整个"十二五"期间出现严重通货膨胀的可能性较小，但货币政策要特别注重对资产泡沫的调控。

面对我国经济的企稳回升和通胀预期的加强，也有一部分学者开始考虑我国宽松货币政策的退出时间和退出机制等问题。马永波（2010）认为，过度泛滥的流动性虽然有效地推动了经济增长，但其边际贡献不断下降，同时通货膨胀的风险逐步加强，因此货币政策回归常规势在必行，预计"超常规"的货币政策会在 2010 年第 1 季度退出。邢哲（2010）进一步提出了我国宽松货币政策退出的策略原则、最佳时点的选择以及退出的具体步骤，并建议央行实施退出策略的工具创新。

金融加速器原理也是对货币政策效应的深入揭示，相应的实证研究也较丰富。基于欧文·费雪的"债务－通货紧缩－大萧条机制"，美联储主席伯南克（Bernanke）等人将金融市场摩擦纳入经济周期波动的一般分析框架，阐述了最初的微小冲击通过信贷状态的改变被传递和加剧的原理，提出了"金融加速器"概念。金融加速器原理对于解释经济衰退的金融机理以及理解金融政策作用于经济的机制及金融经济周期的诸多现象和特征都具有重要意义，对于解释经济复苏的金融机理也具有很强的指导意义。Bernanke，Gertler & Gilchrist（1999）设计了一个包含金融加速器的随机动态一般均衡（DSGE）模型（简称 BGG），并通过该模型定量地展示了金融加速器在经济周期中的作用。此后，一些学者在 DSGE 框架下进行了实证研究，以揭示经济衰退中企业投资和金融状况的关系，以及投资、产出的波动和信贷增长与金融不稳定之间的关系，金融系统顺周期行为对经济体的冲击等。刘斌（2008）在 Christiano，Motto 和 Rostagno（2002）模型的基础上，扩展并构建了一个适用于研究中国问题的开放 DSGE 模型，分析了中国货币政策传导机制，并模拟不同冲击对经济的影响路径。王君斌、薛鹤翔（2010）在 NKM 模型（新凯恩斯主义 DSGE 模型）基础上增加了工资刚性，并实证研究了货币政策对就业的影响。崔光灿（2006）在 BGG 模型的基础上，考察了资产价格波动对经济稳定影响的金融加速器效应。梅冬州、龚六堂（2011）将 BGG 的封闭型框架修正为开放经济体模型，探讨了货币错配等问题。

由此可见，学者对货币政策效应的研究是多角度的。对我国的研究虽有一些共识，但远没有形成一致的意见。为研究货币供应量和利率的变动对经济的长期影响和短期影响及其贡献度，本章将在借鉴国外相关研究成果的基础上，根据我国 1992 年第 1 季度至 2010 年第 1 季度的季度数据，利用 SVAR 模型对实际 GDP、实际 M2、一年期贷款实际利息率（R）3 个变量之间的关系进行实证研究，并着重评价国际金融危机以来我国货币政策的执行效果。本章还将通过建立 DSGE 模型对我国货币政策的效应进一步进行检验。

二　货币政策效应及传导机制理论分析

关于货币政策效应的理论，各个流派有不同的观点，但理论界一致认为，在市场经济条件下，货币政策通过以下四种途径影响产出，即利率途径、信贷配给途径、非货币资产价格途径、汇率途径。

利率传导途径。凯恩斯学派认为，在流动性偏好情况下，货币波动通过改变资产市场的均衡来影响资产价格和收益，从而影响消费和投资，进而影响产出。其传导机制为：增加货币供应量导致利率下降，利率下降刺激投资，从而增加产出。在这个传导过程中，利率对产出的作用效果受到货币需求的利率弹性和投资的利率弹性制约。

信贷配给传导途径。该理论认为，在银行贷款和其他金融资产不完全替代的市场条件下，增加货币供应量的政策除了利率机制以外，还可以通过银行贷款的波动变化进一步强化对产出的影响。其传导机制可以概括为：增加货币供应量，使银行活期存款相应增加，这样在资产结构基本不变的情况下，贷款规模相应扩大，从而使依赖贷款的投资进一步增加，进而影响产出。

非货币资产价格传导途径。货币主义者认为，理性投资者会持有一个合理的、分散的资产组合，这个资产组合包括股票、贷款的货币、实际资本和地产、耐用消费品等。任何一个未预期到的货币政策都会破坏这个初始均衡。他们认为相对价格的变动是传导机制的核心。当货币供应量上升时，货币资产的边际效用相对于其他资产的边际效用下降。在效用最大化的原则下，投资者调整资产结构。由于货币需求与利率负相关，与资产价格正相关，投资者会用新增货币购买证券和真实资本，从而提高资产水平，降低利率，增加产出。

汇率传导途径。在开放经济条件下，一国货币政策的效应将通过各种途径波及国外，同时，汇率和国际资本流动又影响到国内货币流动、价格和产出。汇率传导机制可以概括为：伴随货币供应量增加、利率下降，在浮动汇率机制下将导致汇率的下降，从而刺激出口，最终导致产出增加。这种传导机制的效果受制于利率影响汇率的程度和汇率影响出口的程度。

金融加速器理论给货币政策效应提供了另外的解释视角。自 Fisher 在其债务通货紧缩理论中，创造性地使用经济繁荣阶段的"过度负债"与经济萧条阶段的"债务清算"及"困境抛售"来解释"大萧条"的发生以来，部分经济学家逐步注意到了金融市场缺陷对经济周期的放大作用。Bernanke, Gertler & Gfichrist（1996）对 Bernanke & Gertler（1989），Greenwald & Stiglitz（1993）等的一系列相关研究成果作了提炼与升华，于1996 年正式提出了金融加速器（Financial Accelerator）理论。金融加速器理论认为，当金融和信贷市场存在信息问题时，Modigliani – Miller 定理不再成立。微小的初始冲击可以通过金融和信贷市场的作用，被放大为大幅度的实体经济波动。企业家的净资产（N）与外源融资升水（s）之间相互推动是金融加速器传导机制的根本原因。金融加速器核心机制是：在微观层面上，企业家净资产、融资杠杆与外源融资升水之间存在正向相互推动的棘轮效应；在宏观层面上，信贷规模、社会净财富与外源融资升水之间具有协动关系，都表现顺周期的性质，由此导致冲击对经济的影响会放大和加速。金融加速器功效随金融摩擦的上升而增强，正是由于金融加速器会放大货币政策冲击对经济的影响，所以金融摩擦事实上强化了货币政策的非对称效应。金融加速器理论为理解金融市场在经济周期中的作用提供了一个很好的视角。基于金融加速器理论，可以对现代经济周期以及金融危机中的诸多现象给予更加贴近现实，更具说服力的解释。

结合我国目前资本市场发展不完善、投资主要依赖银行贷款，以及实行有管理的浮动汇率制度的现实，可以认为，利率传导途径和信贷配给传导途径是我国货币政策发挥作用的主要途径。货币政策传导中金融加速器效应如何则需要更深入细致的研究。

三　中国近年货币政策的主要措施回顾

2007 年，我国经济增长率攀升到 13%。2008 年初，为防止经济增长由偏快转为过热，防止价格由结构性上涨演变为明显通货膨胀，中国人民银行执行了从紧的货币政策。针对"双顺差"继续扩大、外汇大量流入的态势，主要采取了提高存款准备金率的措施对冲多余流动性，上半年 5 次上调存款准备金率共 3 个百分点，冻结新增外汇占款大约 70%。年中，美国次贷危机蔓延、加深，国家宏观调控政策进行了重大调整。中国人民银行及时调整了货币政策的方向、重点和力度，按照既要保持经济平稳较快发展，又要控制物价上涨的要求，调减公开市场操作力度，将全年新增贷款预期目标提高至 4 万亿元左右，指导金融机构扩大信贷总量，并与结构优化相结合，向"三农"、中小企业和灾后重建等倾斜。进入 9 月以后，国际金融危机急剧恶化，对我国经济的冲击明显加大。按照党中央、国务院的统一部署，中国人民银行实行了适度宽松的货币政策，综合运用多种工具，采取一系列灵活、有力的措施，及时释放确保经济增长和稳定市场信心的信号，5 次下调存贷款基准利率。其中，1 年期存款基准利率由 4.14% 下调至 2.25%，累计下调 1.89 个百分点；1 年期贷款基准利率由 7.47% 下调至 5.31%，累计下调 2.16 个百分点。两次下调中国人民银行对金融机构的存贷款利率，其中，法定准备金和超额准备金存款利率由 1.89% 和 0.99% 分别下调至 1.62% 和 0.72%；1 年期流动性再贷款利率由 4.68% 下调至 3.33%；1 年期农村信用社再贷款利率由 3.96% 下调至 2.88%；再贴现利率由 4.32% 下调至 1.80%。中国人民银行还分别于 9 月 25 日、10 月 15 日、12 月 5 日和 12 月 25 日 4 次下调金融机构人民币存款准备金率，其中，大型存款类金融机构累计下调 2 个百分点，中小型存款类金融机构累计下调 4 个百分点。截至 2008 年末，动态测算共释放流动性资金约 8000 亿元。明确取消对金融机构信贷规划的硬约束，保持银行体系流动性充分供应，促进货币信贷合理平稳增长，积极配合国家扩大内需等一系列刺激经济的政策措施实施，加大金融支持经济发展的力度。

2009 年，面对国际金融危机严重冲击，中国人民银行按照党中央、国务院统一部署，认真贯彻适度宽松的货币政策，保持银行体系流动性充裕，引导金融机构扩大信贷投放，优化信贷结构，加大金融支持经济发展的力度。加强货币政策与财政政策、产业政策的协调配合，引导金融机构加大对中央投资项目的配套贷款投放，做好"家电下乡"、"汽车下乡"等金融配套服务；按照"有保有控"的原则，加大对"三农"、中小企业、西部大开发、节能减排、就业、助学、灾后重建等国民经济重点领域和薄弱环节的信贷支持；严格控制对高耗能、高污染和产能过剩行业盲目发放贷款。改进和完善再贴现管理方式，优先为涉农票据、县域企业及中小金融机构签发、承兑、持有的票据办理再贴现，对于促进涉农行业和中小企业融资发挥了积极的引导作用。在 2008 年 9 月以来 5 次下调存贷款基准利率的基础上，2009 年利率政策保持稳定，其中，一年期存款基准利率维持在 2.25%，一年期贷款基准利率维持在 5.31%。同时，稳步推进利率市场化改革，继续积极培育货币市场基准利率，指导金融机构完善利率定价机制。总体上，适度宽松的货币政策得到了有效传导，对扩张总需求、支持经济回升、遏制年初的通货紧缩预期发挥了关键性作用。

2008～2009 年，随着我国货币政策由紧缩向适度宽松逆转，金融部门在央行"窗口指导"下，信贷投放出现加速式增长。2008 年 11 月、12 月，金融部门新增人民币贷款分别为 4500 亿元和 7800 亿元，2009 年 1 月迅速增加到 16200 亿元，3 月更是达到创纪录的 18900 亿元，2009 年全年达到 9.6 万亿元。与此相对照，2002～2008 年各年新增人民币贷款分别为 1.85 万亿元、2.8 万亿元、2.26 万亿元、2.4 万亿元、3.18 万亿元、3.6 万亿元和 4.9 万亿元，均大大低于 2009 年全年的信贷规模增幅。从信贷投放来看，可以认为 2009 年的货币政策用"极度宽松"来定性也不为过。如果说信贷指标还不能说明问题的话，可以从广义货币供应量（M2）来说明。2009 年 12 月末，我国广义货币余额达到 60.6 万亿元，比 2008 年末增长 27.7%，增幅同比加快 9.9 个百分点，M2 已经连续 10 个月在 25% 增速以上运行。而 2002～2008 年历年 M2 增速分别为 19.86%、19.63%、15.50%、17.99%、15.67%、16.73% 和 17.79%，2009 年的增速显然大幅超过其中任何一年。因此，2009 年我国的货币政策总体来讲是极为宽松的，这当然是全球金融危机背景下的特殊时期造成的，具有鲜明的时代印记，同时也是无法长期持续的。

　　2008～2009 年应对金融危机期间，银行信贷快速增长，还表现出月度增幅极不均衡的特征。图 3－1 显示了 2008 年 11 月至 2009 年 12 月各月新增人民币贷款规模。从图中可以看出，2009 年上半年信贷增长惊人，下半年则表现出后劲不足，但从绝对规模上看仍然较大。月度信贷投放不均固然与特殊时期的政治经济要求密切相关，但也表明金融部门把握信贷投放的节奏、力度还存在较大问题。

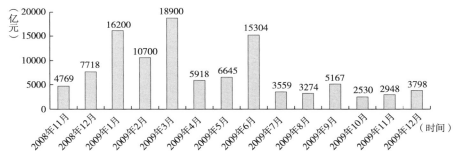

图 3－1　2008 年 11 月至 2009 年 12 月各月信贷投放情况

　　2010 年，中国人民银行按照国务院统一部署，继续实施适度宽松的货币政策，并在保持政策的连续性和稳定性的同时，根据新形势、新情况，着力提高政策的针对性和灵活性，加强银行体系流动性管理，引导金融机构合理把握信贷投放总量、节奏和结构，促进经济平稳健康发展。为加强流动性管理，引导货币信贷适度增长，管理好通货膨胀预期，2010 年 1 月 18 日和 2 月 25 日，中国人民银行分别上调存款类金融机构人民币存款准备金率各 0.5 个百分点，对冲了银行体系部分过剩流动性。农村信用社等小型金融机构存款准备金率暂不上调，以加大对"三农"和县域经济的支持力度。按照"有保有控"的信贷政策要求，中国人民银行加强对金融机构的窗口指导和信贷政策引导，合理把握信贷投放总量，优化信贷结构，平滑投放节奏。引导金融机构将信贷资源主要投向在建续建项目，切实满足春季农业生产和西南地区抗旱救灾的信贷需求，加大对小企业和"三农"的支持力度。加强信贷政策与产业政策、环保政策的协调配合，支持重点产业结构调整振兴，促进文化产业、服务外包、战略性新兴产业、低碳经济发展，抑制部分行业产能过剩，严格控制对高耗能、高排放行业贷款。贯彻落实房地产信贷政策，根据《国务院关于坚决遏制部分城市房价过快上涨的通知》要求，实行更为严格的差别化住房信贷政策，积极支持保障性安居工程建设，加强房地产信贷管理，促进房地产市场平稳健康发展。抓好"民生金融"，做好就业、助学、扶贫等金融服务。发展消费信贷，支持扩大内需。

基于通货膨胀压力加剧，通货膨胀预期增强，部分经济领域出现过热趋势，中国人民银行决定，自 2010 年 10 月 20 日起上调金融机构人民币存贷款基准利率。金融机构一年期存款基准利率上调 0.25 个百分点，由现行的 2.25% 提高到 2.50%；一年期贷款基准利率上调 0.25 个百分点，由现行的 5.31% 提高到 5.56%；其他各档次存贷款基准利率据此相应调整。加息作为宏观调控的重要工具，意味着信贷政策有可能开始转向，由宽松或过度宽松货币政策向适度从紧或从紧的货币政策转变。2010 年 12 月 26 日，中国人民银行再次上调金融机构人民币存贷款基准利率。金融机构一年期存贷款基准利率分别上调 0.25 个百分点，其他各档次存贷款基准利率相应调整。这是中国人民银行年内第二次加息，以应对未来通胀压力，防止经济过热加剧。

四　中国货币政策效应的计量分析

本节采用 1992 年第 1 季度至 2010 年第 1 季度有关变量的季度数据，对我国货币政策的效应通过经济计量分析加以检验。

（一）指标体系设计和数据说明

1. 数据来源与变量选择

原始数据来源于国家统计局网站和 CCER 数据库。所采用的数据分为两类：

一是代表产出的变量，选用 GDP 代表产出变量。

二是代表货币政策的变量，选用广义货币供应量（M2）和一年期贷款利率（R）。货币供应量在 1993 年后逐步取代了银行贷款成为我国货币政策的中介目标，它的变化是货币政策实施程度的最佳代表，所以这里选取广义货币（M2）作为第一个代表货币政策的变量。中国一直存在着利率管制，中国人民银行可以直接调整金融机构存贷款基准利率来影响总需求和总支出，所以第二个政策变量选取贷款利率（R）。

2. 计量方法

本节采用的经济计量方法主要是单位根检验、格兰杰因果检验、协整检验与 SVAR 模型、方差分解及脉冲响应函数。

3. 数据处理

选取的各指标名义值在具体分析之前，进行以下预处理。

（1）采用 X12 季节调整法对三组原始数据进行季节平滑处理以消除季节因素的影响。

（2）对 GDP、M2 和贷款名义利率（r）进行消除价格因素处理，即分别用 1990 年第 1 季度为基期 100 的季度 CPI 环比数据来调整得到各指标的实际值，具体处理方法如下：

$$实际\ GDP = \frac{GDP}{CPI^*}$$

$$实际\ M2 = \frac{M2}{CPI^*}$$

实际利率 $R = r - CPI$

其中，CPI^* 为基期 1990Q1 = 100 的 CPI 环比数据，r 为贷款名义利率。

需要说明的是，季度 CPI 是由月度 CPI 按季度的平均值计算得到的。基期 1990Q1 = 100 的 CPI 的环比数据，是根据国家统计局公布的 2001 年 CPI 的月度环比数据，利用各年各月 CPI 的同比数据向前和向后推算出 2001 年 1 月为 100 的月度 CPI 环比数据，再转化为 1990 年 1 月为 100 的 CPI 基期月度环比数据，最后计算每季度平均值，再转化为 1990 年第 1 季度为基期 100 的 CPI 季度环比数据。

（3）为消除异方差，分别对实际 GDP、实际 M2 取自然对数处理，如下式：

$$DLn(GDP_t) = Ln(GDP_t) - Ln(GDP_{t-1}) = Ln\left(\frac{GDP_t}{GDP_{t-1}}\right)$$

上式表示 GDP_t 序列的增长率，视其为波动状况。M2 序列同样处理。然后检验 LnGDP、LnM2 和 R 的平稳性。本文采用 ADF 检验，检验结果如表 3 - 1 所示。

表 3 - 1　变量序列的平稳性检验

变　量	ADF 值	Prob	平稳性
Ln（GDP_ TC/CPI）	1.629044	0.9995	非平稳
D（Ln（GDP_ TC/CPI））	- 3.215592 **	0.0232	一阶差分后平稳
Ln（M2_ TC/CPI）	- 0.140243	0.9400	非平稳
D（Ln（M2/CPI））	- 4.243921 *	0.0012	一阶差分后平稳
R	- 3.001831	0.1395	非平稳
DI	- 3.474466	0.0116	一阶差分后平稳

注：* 表示在 1% 的置信水平下是显著的，** 表示在 5% 的置信水平下是显著的。

表 3 - 1 显示 Ln（GDP_ TC/CPI）、Ln（M2_ TC/CPI）、R 都是 I（1）时间序列。

图 3 - 2 是三个时间序列的趋势情况。

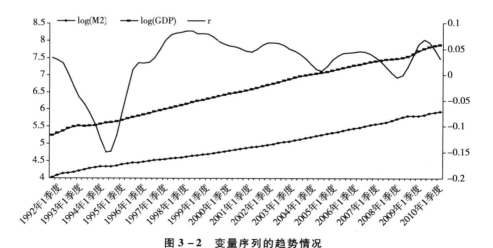

图 3 - 2　变量序列的趋势情况

从图 3 - 2 可以看出，受国际金融危机影响，三组时间序列在 2008 年第 3 季度开始都出现明显的拐点。

（二）协整检验

协整是指虽然单个时间序列是非平稳的，但同阶单整的两个或两个以上的时间序列可能存在某种平稳的线性组合关系，这个线性组合关系即协整（Cointegration）关系。协整的意义就在于它揭示了一种长期稳定的均衡关系，满足协整的经济变量之间不会相互分离太远，一次冲击只能使它们短时间内偏离均衡位置，在长期会自动回复到均衡位置。

本节采用 Johansen 协整检验法检验 Ln（GDP）、Ln（M2）、R 之间的协整关系。Johansen 协整检验是一种以 VAR 模型为基础的检验回归系数的方法，是一种进行多变量协整检验的较好的方法。对于三个时间序列 y_3 =（Ln（GDP），Ln（M2），n），已知 Ln（GDP）、Ln（M2）、R 都是一阶单整的，如果存在非零向量 β，使得 $\beta`y_3 \sim$（0），则称 y_3 =（Ln（GDP），Ln（M2），R）是协整的，向量 β 又称为协整向量。在进行 Johansen 检验之前，必须首先确定 VAR 模型的结构，即确定最优的滞后阶数。为了保持合理的自由度，使模型参数具有较强的解释力，同时又要消除误差项的自相关，本部分使用 AIC、SC 信息准则和 LR 统计量作为选择最优滞后阶数的检验标准，并用 Q 统计量检验残差序列有无自相关，怀特（White）检验和 ARCH 统计量检验异方差性，JB 检验残差的正态性，检验结果显示最优的滞后阶数为 4，具体检验结果如表 3 - 2 所示。

表 3 - 2　变量序列的最优滞后阶数检验

Lag	LnL	LR	FPE	AIC	SC	HQ
0	616. 9275	NA	2. 21E - 12	- 18. 3262	- 18. 22748	- 18. 28713
1	708. 5814	172. 364	1. 87E - 13	- 20. 79348	- 20. 39861	- 20. 63722
2	781. 3725	130. 3721	2. 79E - 14	- 22. 69769	- 22. 00666	- 22. 42425
3	821. 6027	68. 45126	1. 10E - 14	- 23. 62993	- 22. 64275	- 23. 2393
4	837. 9191	26. 30105	8. 95E - 15 *	- 23. 84833	- 22. 865 *	- 23. 34051 *
5	850. 5601	19. 24455 *	8. 99e - 15	- 23. 95702 *	- 22. 37754	- 23. 33201

在 VAR（4）的基础上进行协整检验，结果如表 3 - 3 所示。

表 3 - 3　变量序列的协整关系检验

Hypothesized No. of CE（s）	Eigenvalue	Trace Statistic	0.05 Critical Value	Prob.**
None *	0.307971	31.61136	29.79707	0.0306
At most 1	0.082355	6.578718	15.49471	0.6271
At most 2	0.010743	0.734505	3.841466	0.3914

注：* 表示在 5% 的置信水平下，拒绝原假设。

表 3 - 3 说明 LnGDP、LnM2、R 之间存在一个协整关系。

协整关系表达式为：

$$\text{LnM2} = -1.544292R + 0.950923\text{LnGDP} - 1.974471 + v_t \qquad (1)$$
$$(2.25) \qquad\qquad (-11.74)$$

其中 v_t 表示长期稳定的偏差。

$$\Delta\text{LnGDP}_t = 0.0143ECM_{t-1} - 0.426\Delta\text{Ln}M2_{t-1} + \cdots + 0.0992\Delta\text{LnGDP}_{t-4}$$
$$+ 0.028979 + e_{1t} \qquad (2)$$
$$(2.15)$$

$$\Delta\text{Ln}M2_t = -0.0055ECM_{t-1} + 1.8363\Delta\text{Ln}M2_{t-1} + \cdots +$$
$$0.0835\Delta\text{LnGDP}_{t-4} + 0.000997 + e_{2t} \qquad (3)$$
$$(-0.87)$$

$$\Delta\text{Ln}R_t = -0.019ECM_{t-1} + 0.1992\Delta\text{Ln}M2_{t-1} + \cdots +$$
$$0.389\Delta\text{LnGDP}_{t-4} + 0.028979 + e_{3t} \qquad (4)$$
$$(-1.56)$$

我国货币政策委员会所确定的货币政策目标是促进经济增长和保持物价稳定。用协整来分析我国货币政策的目标可以解释为：如果影响货币需求的主要变量之间存在协整关系，即存在长期的稳定关系，则这种协整关系会对货币需求产生有效的调节作用，迫使货币需求量在长期趋于均衡状态，从而达到物价稳定和经济增长的货币政策效果。

根据上面的协整检验结果，（$\text{Ln}M_2$，R，LnGDP）之间的协整关系 $\beta =$（1，4.54，- 0.95，- 1.97）和调整系数 $\alpha =$ ［ - 0.0055（ - 0.87），- 0.019（ - 4.56），0.014（2.15）］较为明显地反映了我国货币政策的效应。具体表现为：（1）在方程（2）中，非均衡误差的调整系数为 0.014，

t 值为 2.15（统计上显著），这表明协整关系对产出有正向显著的调节作用，即当货币供应量超过均衡水平时，在调整系数的上拉作用下，经济系统将以经济增长的方式重新回到一个更高水平的均衡状态上；（2）在方程（3）中，非均衡误差的调整系数为 -0.0055，这表明协整关系对货币需求量 M2 能产生抑制作用，即当货币需求的增长速度超过产出时，在非均衡误差调整系数的下拉作用下，经济系统通过减少货币需求来回归均衡状态。但遗憾的是该非均衡误差调整系数的 t 值为 -0.87，统计上不显著，这表明我国货币需求为协整向量的弱外生变量。尽管我国货币需求存在协整关系，但这种协整关系对货币需求量的抑制作用并不显著。因此从经济学角度可以认为，我国货币政策效应主要体现为促进经济增长，但对货币需求和物价上涨缺乏显著的抑制作用。

国际金融危机以来，我国实施了一揽子宽松的货币政策。2009 年初以来，各项贷款迅猛增长，2009 年末金融机构人民币各项贷款总额为 39.97 万亿元，比年初增加了 9.623 万亿元，远远超过往年全年新增贷款；广义货币供应量 M2 余额为 60.62 万亿元，同比增长 27.85%，创下近些年新高。针对金融危机以来货币供给量的强劲增长态势，根据以上的协整检验结论，虽然宽松的货币政策有利于经济增长，但是因为我国现存的协整关系不能对货币供应量以及物价水平产生显著的抑制效应，因此建议在后金融危机时期，要注意调整货币政策，逐步回收过多的流动性，以防止通货膨胀风险。

（三）Granger 因果关系检验

协整检验能够检验变量之间是否存在长期的均衡关系，但是这种关系是否构成因果关系还需要进一步使用 Grange 验证。Granger 因果关系检验是 VAR 模型的一个重要应用，用来检验时间变量之间的因果关系。其实质是检验一个变量的滞后变量是否可以引入其他变量方程中，一个变量如果受到其他变量滞后值的影响，则称它们具有 Grange 因果关系。因为 $\Delta LnGDP$、$\Delta LnM2$ 和 ΔR 是平稳变量，因此可以做 Granger 因果关系检验。表 3-4、表 3-5、表 3-6 是基于 VAR 模型的 Granger 因果关系检验结果。

表 3 – 4　**ΔLnGDP 与其他变量序列的 Granger 因果关系检验**

类　　别	原假设	χ^2 统计量	自由度	Prob	结论
ΔLnM2	ΔLnM2 不是 ΔLnGDP 的 Granger 原因	1.620571	2	0.4447	接受原假设
ΔR	ΔR 不是 ΔLnGDP 的 Granger 原因	1.900469	2	0.3867	接受原假设
联合检验	ΔLnM2、ΔLnR 不是 ΔLnGDP 的 Granger	5.301591	4	0.2577	接受原假设

表 3 – 5　**ΔLnM2 与其他变量序列的 Granger 因果关系检验**

类　　别	原假设	χ^2 统计量	自由度	Prob	结论
ΔLnGDP	ΔLnGDP 不是 ΔLnM2 的 Granger 原因	9.038887	2	0.0109	拒绝原假设
ΔR	ΔR 不是 ΔLnM2 的 Granger 原因	14.52649	2	0.0007	拒绝原假设
联合检验	ΔLnGDP、ΔR 不是 ΔLnM2 的 Granger 原因	20.2639	4	0.0004	拒绝原假设

表 3 – 6　**ΔR 与其他变量序列的 Granger 因果关系检验**

类　　别	原假设	χ^2 统计量	自由度	Prob	结论
ΔLnGDP	ΔLnGDP 不是 ΔR 的 Granger 原因	4.194837	2	0.1228	接受原假设
ΔLnM2	ΔLnM2 不是 ΔR 的 Granger 原因	5.556520	2	0.0621	接受原假设
联合检验	ΔLnGDP、ΔLnM2 不是 ΔLnR 的 Granger 原因	7.783952	4	0.0998	接受原假设

　　三个表中的结果说明，在实际利率方程中，不能拒绝实际 M2 的波动、实际 GDP 的波动不是实际利率 R 的 Granger 原因的原假设，而且两者的联合检验也不能拒绝原假设，这表明实际利率 R 外生于系统，这与我国实行的相对固定的利率制度的现实是符合的。在 M2 波动方程中，无论是单变量的 Granger 检验，还是两者联合的 Granger 检验，在 5% 的显著水平下都拒绝原假设，表明实际利率 R 和实际 GDP 的波动，以及两者的联合波动都是影响 M2 波动的原因。在实际 GDP 波动方程中，实际 M2 波动外生于实际 GDP 波动的概率为 0.3451，这可能是因为我国内需不足，大部分商品供过于求，因此当货币需求扩张时，会由于价格下调而抵消，不会形成对货币供应量的数量调整，加之时滞效应，使得短期内实际 M2 和利率 R 的波动不是实际 GDP 波动的 Granger 原因，这也表明货币政策的效应具有时滞性，往往不能起到立竿见影的效果，因此货币政策的制定需要具有前瞻性。

（四） 构建结构 VAR （SVAR） 模型

结构式向量自回归（SVAR） 方法由 Blanchard 和 Blanchard & Quah（1989） 首创。主要优点是：①SVAR 与 VAR 模型相比较，VAR 模型并没有给出变量之间当期相关关系的确切形式，即模型的右端不含内生变量的当期值，这些当期值的相关关系隐藏在误差项的相关结构之中，是无法解释的，而 SVAR 模型包含了变量之间的当期关系。②SVAR 模型可视为受经济理论约束的动态联立方程组，能够将一定的经济、金融理论之间的结构关系引入模型中，可以捕捉模型系统内各个变量的即时结构关系。③使用脉冲响应函数和方差分解，分解各变量对结构冲击和政策冲击的响应，并能显示跨期的传递效应，从而对经济变动和政策调整的影响和传递效应进行数量分析，即可将经济增长（GDP）分解成与 M2 和 R 相关联的影响，从而可以衡量货币政策对经济总产出的相互影响。

SVAR 模型的基本思想是：

一个含有 K 个变量的 P 阶结构向量自回归模型 SVAR（p） 可以表示为：

$$c_0 y_t = \Gamma_1 y_{t-1} + \Gamma_2 y_{t-2} + \cdots + \Gamma_p y_{t-p} + u_t \quad t = 1, 2, \cdots, T$$

$$c_0 = \begin{bmatrix} 1 & -c_{12} & \cdots & -c_{1k} \\ -c_{21} & 1 & \cdots & -c_{2k} \\ \vdots & \vdots & \ddots & \vdots \\ -c_{k1} & -c_{k2} & \cdots & 1 \end{bmatrix}, \Gamma_i = \begin{bmatrix} \gamma_{11}^i & \gamma_{12}^i & \cdots & \gamma_{1k}^i \\ \gamma_{21}^i & \gamma_{22}^i & \cdots & \gamma_{2k}^i \\ \vdots & \vdots & \ddots & \vdots \\ \gamma_{k1}^i & \gamma_{k2}^i & \cdots & \gamma_{kk}^i \end{bmatrix}, i = 1, 2, \cdots, p$$

$$u_t = \begin{bmatrix} u_{1t} \\ u_{2t} \\ \vdots \\ u_{kt} \end{bmatrix}$$

其中，c_0 为内生变量的系数矩阵，Γ 为滞后向量的矩阵，y 为系统中各变量组成的向量。其可以写成滞后算子的形式：$C（L） y_t = u_t$，$E（u_t u_t^{'}） = I_k$。

如果 $C（L）$ 是可逆的，SVAR 可以表示成无穷阶的 VMA（∞） 的形式：

$$y_t = B(L)u_t$$

$$B(L) = C(L) - 1, B(L) = B_0 + B_1 L + B_2 L^2 + \cdots, B_0 = C_0^{-1}$$

但是结构冲击 u_t 不可直接观察到，需要通过 y_t 各元素的响应才能观测到。

考虑 VAR 模型的简化形式 VAR（∞）：

$$y_t = A(L)\varepsilon_t,$$

由以上得：

$$B(L)u_t = A(L)\varepsilon_t$$

由于 $c_0 = I_k$，可得：$B_0 u_t = \varepsilon_t$

所以可以通过对 B_0 施加约束来识别 SVAR 模型。

基于这种思路，我们建立包括 ΔLnGDP、ΔLn$M2$ 和 ΔR 三个变量的 SVAR 模型。为了能估计出 SVAR 模型，要对模型做部分短期约束，同时考虑到受国际金融危机影响，我国货币政策向量和产出向量在 2008 年后都出现明显拐点，为了体现这个突发事件对我国的影响，在 SVAR 模型中加入一个外生的虚拟变量 $D(0\cdots0, 1\cdots1)^T$，即 1992 年第 1 季度至 2008 年第 2 季度为 0，2008 年第 3 季度至 2010 年第 1 季度为 1。为了保持合理的自由度，使模型参数具有较强的解释力，同时又要消除误差项的自相关，根据上文使用 AIC、SC 信息准则来确定的最优滞后长度，拟建立 SVAR（4）模型。

构建 SVAR（4）模型如下：

$$c_0 y_t = \Gamma_0 + \Gamma_1 y_{t-1} + \Gamma_2 y_{t-2} + \Gamma_3 y_{t-3} + \Gamma_4 y_{t-4} + D + u_t$$

其中：

$$y_t = \begin{bmatrix} DLn(GDP\_TCP) \\ DLn(M2\_TCP) \\ D(R\_TCP) \end{bmatrix}, c_0 = \begin{bmatrix} 1 & c_{12} & c_{13} \\ c_{21} & 1 & c_{23} \\ c_{31} & c_{32} & 1 \end{bmatrix}, \Gamma_0 = \begin{bmatrix} \gamma_{10} \\ \gamma_{20} \\ \gamma_{30} \end{bmatrix},$$

$$\Gamma_i = \begin{bmatrix} \Gamma_{11}^i & \Gamma_{12}^i & \Gamma_{13}^i \\ \Gamma_{21}^i & \Gamma_{22}^i & \Gamma_{23}^i \\ \Gamma_{31}^i & \Gamma_{32}^i & \Gamma_{33}^i \end{bmatrix}, u_t = \begin{bmatrix} u_{1t} \\ u_{2t} \\ u_{3t} \end{bmatrix}, i = 1, 2,$$

其中 u_{1t}、u_{2t}、u_{3t} 分别表示作用于 R、M2、GDP 的结构式冲击，即结构新息，$u_t \sim VWN\ (0_k,\ I_k)$。如果 c_0 是可逆的，可以将结构式方程转化为简化式方程：

$$y_t = c_0^{-1}\Gamma_0 + c_0^{-1}\Gamma_1 y_{t-1} + c_0^{-1}\Gamma_2 y_{t-2} + c_0^{-1}\Gamma_3 y_{t-3} + c_0^{-1}y_{t-4} + c_0^{-1}D + \varepsilon_t$$

其中 $\varepsilon_t = c_0^{-1}u_t$，$A\varepsilon_t = Bu_t$，$t = 1,\ 2,\ \cdots,\ T$

模型中有 3 个内生变量，因此需要添加 $k\ (k-1)\ /2 = 3$ 个约束才能满足模型的可识别条件。对矩阵施加约束，即对变量之间的同期相关关系的约束。根据经济学理论，此处施加三个约束条件：①当期实际利率对当期货币供应量波动的变化没有反应，即 $c_{12} = 0$。②当期实际利率对当期 GDP 的波动变化没有反应，即 $c_{13} = 0$。③当期货币供应量对 GDP 的波动变化没有反应，即 $c_{23} = 0$。

基于以上假设，$A\varepsilon_t = Bu_t$ 可以被识别。我们使用完全信息极大似然法（FIML）来估计 SVAR 的所有未知参数。运用 Eviews 软件得到 $\hat{c}_0$ 的估计矩阵：

$$\hat{c}_0 = \begin{bmatrix} 1 & 0 & 0 \\ -7.222251 & 1 & 235.4498 \\ -21.13855 & -248.0467 & 1 \end{bmatrix}$$

对模型的稳定性进行检验，如果全部根的倒数都在单位圆之内，表明模型是稳定的，图 3-3 和表 3-7 表明估计出来的模型系统是稳定的，可

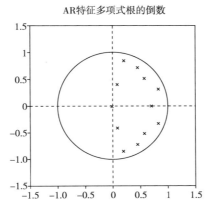

AR特征多项式根的倒数

图 3-3　VEC 模型的 AR 根

以进行脉冲响应函数分析和方差分解。

表 3 - 7   VEC 模型的 AR 根

根	模	根	模
0. 813710 - 0. 328576i	0. 877545	0. 563856 - 0. 522204i	0. 768525
0. 813710 + 0. 328576i	0. 877545	0. 563856 + 0. 522204i	0. 768525
0. 191147 - 0. 855233i	0. 876333	0. 705064	0. 705064
0. 191147 + 0. 855233i	0. 876333	0. 077713 - 0. 414681i	0. 421900
0. 446091 - 0. 722061i	0. 848746	0. 077713 + 0. 414681i	0. 421900
0. 446091 + 0. 722061i	0. 848746	0. 028701	0. 028701

注：没有根在单位圆外。

（五）脉冲响应函数分析

根据上文建立的结构 VAR 模型，可以分析利率 R 和 M2 冲击对 GDP 的影响，并进一步做脉冲响应函数分析。其基本思想是：分析模型中随机扰动项单位标准差冲击对各内生变量当前及未来的影响。图 3 - 4 是给各变量白噪声序列一个标准差大小的冲击后得到的相关变量的脉冲响应函数。

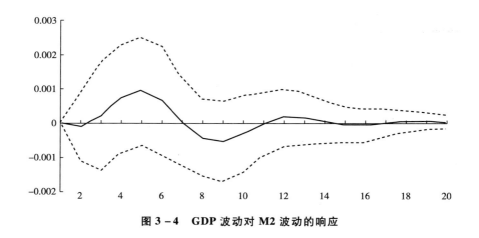

图 3 - 4   GDP 波动对 M2 波动的响应

图 3 - 4 表明，货币供应量的结构冲击对 GDP 都有效，但大约都有 7 个月的时滞效应，这个结论与郝雁（2004）的观点较为接近，他提出货币供应量对 GDP 的作用时滞期为 5 个月。从图 3 - 4 具体分析，给实际 M2 波

动一个正的冲击，在第 2 个季度与第 3 个季度之间会对实际 GDP 波动有一个正的影响，在第 5 个季度达到正的最大，然后逐渐减弱，直到第 7 个季度后渐渐趋于 0，这表明增加货币供应量的政策效果时滞期大约 7 个月，作用效果持续 4 个季度（12 个月）左右。

图 3-5 表明，利率 R 的结构冲击对 GDP 的波动有影响，但时滞期较货币供应量长，大约为 4 个季度，且作用效果不如货币供量明显。具体看，给 R 波动一个正的冲击，在第 4 个季度对实际 GDP 的波动有一个负的影响，在第 6 个季度负的影响达到最大，然后衰减，在第 8 个季度后减弱至 0。这表明利率政策的作用效果时滞期较长，大约有 4 个季度的时间，作用效果持续期较短，仅为 3 个季度（9 个月）左右的时间，并且 GDP 对利率 R 结构性冲击的反应较小。

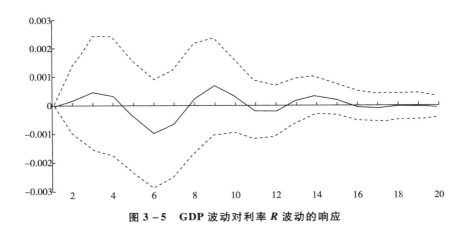

图 3-5　GDP 波动对利率 R 波动的响应

（六）方差分解

Granger 因果关系检验结果仅能说明变量之间的因果关系，但不能说明变量之间因果关系的强度。方差分解（Variance decomposition）是通过分析每一个结构冲击对内生变量变化（通常用方差来度量）的贡献度，进一步评价不同结构冲击的重要性。进一步运用方差分解法对 ΔLnGDP、ΔLnM2 和 R 的不同预测期限的预测误差的方差进行分解，从而得到对模型中的变量产生影响的每个随机扰动的相对重要的信息。近似的相对方差贡献率（RVC）定义如下：

$$RVC_{j \to i}(s) = \frac{\sum_{q=0}^{s-1} (a_{ij}^{(q)})^2 \sigma_{jj}}{\sum_{j=1}^{k} (\sum_{q=0}^{s-1} (a_{ij}^{(q)})^2 \sigma_{jj})}, i,j = 1,2,\cdots,k$$

其中 $0 \leqslant RVC_{j \to i}(s) \leqslant 1$，$\sum_{j=1}^{k} RVC_{j \to i}(s) = 1$。如果 $RVC_{j \to i}(s)$ 大时，意味着第 j 个变量的影响大；相反地，$RVC_{j \to i}(s)$ 小时，可以认为第 j 个变量对第 i 个变量的影响小。方差分解的结果如表 3-8 所示。

表 3-8　变量 ΔLnGDP 差分分解的结果

时　　期	S. E.	ΔLnGDP	ΔLnM2	ΔR
1	0.005039	100	0	0
2	0.008411	99.69124	0.278247	0.03051
3	0.009176	97.53387	2.204536	0.26159
4	0.009302	95.2946	4.33466	0.370742
5	0.009447	95.21552	4.223221	0.561257
6	0.00959	92.44935	5.934992	1.615659
7	0.009771	90.04499	7.967653	1.987362
8	0.009838	89.9041	8.070293	2.025605
9	0.009887	89.38156	8.141216	2.477226
10	0.0099	89.24768	8.17633	2.575994

表 3-8 表明，来自产出自身的信息对产出预测误差的贡献度最高，这说明产出的主要影响因素是其自身的滞后变量，产出的变化具有相当大的惯性。此外，来自 M2 的新息对产出预测误差的贡献度居于第二位，其贡献度是逐渐加强的，直到第 4 期才有较明显的影响，说明 M2 是产出的影响因素之一，但贡献度较小且有时滞效应；利率 R 对产出预测误差的贡献度很小，最高没有超过 5%，进一步说明利率政策对产出的影响还很有限，目前调节利率政策还不是货币政策实现产出效应的有效途径。

表 3-9 表明，GDP 波动和利率 R 波动对实际货币供应量的预测误差都有贡献，在开始第 1 期至第 4 期 M2 自身的贡献度达到 80% 以上，然后逐渐下降，但直至第 10 期还保持了 70% 以上的贡献度；利率的新息对货币供应量的预测误差贡献率较 GDP 稍高，从第 6 期开始达到 15% 左右，相

比之下产出的贡献度较小，最高没有超过 15%。

表 3 - 9　变量 ΔR 差分分解的结果

时　期	S. E.	ΔLnGDP	ΔLn$M2$	ΔR
1	0.004146	9.58177	90.41823	0
2	0.008595	8.187906	91.80486	0.007229
3	0.010765	6.554453	92.10174	1.343804
4	0.011377	6.193373	87.31564	6.490988
5	0.011906	9.200171	79.94137	10.85846
6	0.012297	11.67373	76.7546	11.57167
7	0.01243	11.53044	77.04927	11.42028
8	0.012617	12.05062	76.85329	11.09608
9	0.012798	12.39417	76.79928	10.80655
10	0.012888	12.23409	77.11037	10.65554

由表 3 - 10 可知，利率 R 的预测误差主要来自于自身，在前 5 期其自身贡献度始终维持在 80% 以上，然后缓慢衰减，在前 5 期来自 GDP 和 M2 的新息对利率预测误差的影响很小，均没有超过 10%，但从第 6 期开始来自 M2 的新信对利率预测误差的影响迅速增强，在第 8 期达到 30% 以上。这与我国的现实相印证，到目前为止我国利率尚未实现市场化，从长期看利率呈下降趋势，但是在短期内利率相对固定，波动幅度很小。

表 3 - 10　变量 Ln$M2$ 差分分解的结果

时　期	S. E.	ΔLnGDP	ΔLn$M2$	ΔR
1	0.004236	0.272372	8.859316	90.86831
2	0.008584	2.485893	9.14665	88.36746
3	0.010941	2.595963	8.252695	89.15134
4	0.011573	2.922193	7.389315	89.68849
5	0.011843	4.267313	9.562296	86.17039
6	0.012491	5.420236	16.78023	77.79954
7	0.013292	4.903389	25.57096	69.52565
8	0.013968	4.891707	31.44485	63.66345
9	0.014345	5.228307	33.84749	60.9242
10	0.014452	5.153137	34.30824	60.53862

（七）对实证结果的进一步分析

1. 我国利率时滞性较长的原因

理论上利率水平由货币的需求和供给均衡决定。利率作为货币政策工具，是货币当局影响金融市场资金供求，引导社会投资和消费的重要手段。但我国利率在政府管制下，由中国人民银行来确定存贷款利率水平。从整体趋势看，我国利率水平呈逐渐下降态势，剔除通货膨胀率，近几年甚至出现了存款负利率的现象。央行实行低利率政策目的在于降低企业和居民资金使用成本，以刺激投资和消费，从而增加产出。从上文的实证分析看，低利率政策对产出的确有效，但是时滞期较长，从而大大削弱了利率政策效果。

我国利率政策的时滞性原因在于：①从企业方面看，利率变动所形成的资金使用成本约束的主要对象是中小企业，而占市场主体的国有大型企业是各大商业银行资金的主要使用者，这些企业中有些由于存在公司治理和预算软约束等方面的缺陷，对贷款利率的调整不够敏感，这在一定程度上导致了利率政策效果的时滞性。②从银行角度看，国有控股商业银行和政策性银行掌控了绝大部分的信贷资金，这些银行的主要客户是少数经营较好且不缺信贷资金的大中型国有企业，而广大中小型企业有资金需求却不能通过银行贷款获得资金。此外，我国目前证券市场尚不完善，银行贷款是外源融资为主企业的主要资金来源，这容易导致信贷市场的供求扭曲。再加上信用配额等因素的影响，使得我国信贷资金低水平均衡，大大降低了利率对投资的刺激作用，这同样导致了利率政策时滞。

2. 增加货币供应量对产出的贡献度偏小的原因

因为我国实行的是有管制的利率政策，中国人民银行直接指定存贷款利率水平，所以增加货币供应量的货币政策主要不是通过利率传导渠道影响产出的，即不是由于货币量增加导致利率降低，进而影响投资、消费直至产出。其主要传导渠道在于信贷配给中的银行借贷途径，即增加或减少金融机构的贷款总额和财富效应来影响投资和消费，最终影响产出。但我国信贷配给传导渠道存在一些问题，从而影响了政策效果，主要表现在：

①我国长期以来居民存款总额庞大，银行基本不存在无钱可贷的局面，所以当货币供应量扩张，金融机构可贷资金在一定程度上增多，但这并不能代表金融机构发放的贷款在很大程度上增加。②虽然我国信贷配给已经开始从政府控制为特征的非均衡信贷配给向信贷、市场信息对称为特征的均衡信贷配给转化，但银行内部仍然保留着非均衡信贷配给的特点。加之我国整个银行系统存在着"惜贷"倾向，居民存款大量存入银行，银行吸收巨额资金，却找不到满足贷款条件的企业，往往是满足贷款条件的企业不需要贷款，需要贷款的企业因不满足贷款条件而得不到贷款，造成了资金的闲置浪费。这些因素都限制了货币政策的效果。这也是增加货币供应量对产出贡献较小的原因。

五　国际金融危机以来中国货币政策效应分析

以上通过实证分析检验了我国自 1992 年以来货币政策的产出效应，结果表明我国货币政策虽有效，但时滞较长，限制了政策效果。同时，SVAR 模型中添加的虚拟变量 D 是显著的，这表明自国际金融危机以来，我国实行的较为宽松的货币政策应对本轮危机的效用逐步增强。为了进一步分析国际金融危机后我国货币政策的效应，本节将运用 2006 年 1 月至 2010 年 5 月的月度数据，通过计量统计工具和数据挖掘分析，探讨货币供应量 M2 与产出、CPI、PPI、房价和股价之间的关系。

（一）指标体系设计和数据说明

1. 数据来源与变量选择

原始数据来源于国家统计局网站和凤凰财经网站。所采用的数据指标包括以下几个：

①代表货币政策的变量：M2。

②代表产出的变量：由于 GDP 没有月度数据，用工业增加值（industrial added value，以缩写 IAV 表示）代替产出变量。

③代表物价的变量：CPI 和 PPI 的同比增长率。

④代表房地产市场的变量：房价指数同比增长率（house index，以缩

写 HI 表示）。

⑤代表股票市场的变量：上证指数（Stock Index，以缩写 SI 表示）。

2. 计量方法

本部分采用的经济计量学分析方法是 Grange 因果检验。

3. 数据处理

分别对 M2、工业增加值和上证指数取对数以消除异方差。

4. 数据的平稳性检验

检验结果如表 3 – 11 所示。

表 3 – 11　变量序列的平稳性检验

变　量	ADF 值	Prob	平稳性
Ln（$M2_t$）	1.384205	0.9987	非平稳
ΔLn（$M2_t$）	– 5.810058 *	0.0000	一阶差分后平稳
Ln（SI_t）	– 2.037439	0.2704	非平稳
ΔLn（SI_t）	– 4.510891 *	0.0006	一阶差分后平稳
Ln（HI_t）	– 1.998282	0.2867	非平稳
ΔLn（HI_t）	– 3.364141 **	0.0171	一阶差分后平稳
Ln（CPI_t）	– 0.67752	0.8414	非平稳
ΔLn（CPI_t）	– 4.608648	0.0033	一阶差分后平稳
Ln（PPI_t）	– 3.324125 **	0.0188	平稳

注：* 表示在 1% 的置信水平下是显著的，** 表示在 5% 的置信水平下是显著的，*** 表示在 10% 的置信水平下是显著的。

表 3 – 11 中变量符号含义如下：

$$\Delta Ln(IAV_t) = Ln(IAV_t) - Ln(IAV_{t-1}) = Ln\left(\frac{IAV_t}{IAV_{t-1}}\right)，代表工业增加值增$$

长率。

$$\Delta Ln(M2_t) = Ln(M2_t) - Ln(M2_{t-1}) = Ln\left(\frac{M2_t}{M2_{t-1}}\right)，代表货币供应量的增$$

长率。

$$\Delta Ln(SI_t) = Ln(SI_t) - Ln(SI_{t-1}) = Ln\left(\frac{SI_t}{SI_{t-1}}\right)，代表上证指数的增长率。$$

上述三个变量取差分后是平稳的且具有经济学含义。又因为 CPI、PPI

和 HI 表示增长率，因此所有变量都有经济学含义，即表示增长率，而且都是平稳的，可以进行 Grange 因果检验。

（二）Grange 因果检验

下面分别运用 2006 年 1 月至 2010 年 5 月的月度数据，基于 VAR 模型，通过 Grange 因果检验，验证 $\Delta\mathrm{Ln}M2$、$\Delta\mathrm{Ln}(SI_t)$、$\Delta\mathrm{Ln}(HI_t)$、$\Delta\mathrm{Ln}(CPI_t)$ 和 PPI_t 的因果关系。检验结果如表 3-12 所示。

表 3-12　$\Delta\mathrm{Ln}M2$ 与其他变量之间的 Granger 因果关系检验

原假设	χ^2 统计量	自由度	Prob	结　论
$\Delta\mathrm{Ln}M2$ 不是 $\Delta\mathrm{Ln}(SI_t)$ 的 Granger 原因	28.02351	8	0.0005	拒绝原假设
$\Delta\mathrm{Ln}M2$ 不是 $\Delta\mathrm{Ln}(HI_t)$ 的 Granger 原因	18.03943	8	0.0209	拒绝原假设
$\Delta\mathrm{Ln}M2$ 不是 $\Delta\mathrm{Ln}(CPI_t)$ 的 Granger 原因	4.724068	8	0.7866	接受原假设
$\Delta\mathrm{Ln}M2$ 不是 PPI 的 Granger 原因	15.05964	8	0.058	接受（5%的置信水平） 拒绝（6%的置信水平）

表 3-12 显示，检验结果拒绝了 M2 波动不是房价指数、上证指数的 Grange 原因，表明增加货币供应量能导致房价指数、上证指数的变动。但是不能拒绝 M2 波动不是 CPI、PPI 变动的 Grange 原因。一般来讲，货币供应量与物价水平有共同的变化趋势，即货币供应量的增加会导致物价的上涨。上面接受原假设的原因可能是货币供应量波动对物价指数的冲击有一段时滞期，M2 的增加不能立即导致当期 CPI 和 PPI 的变动。在下文的分析中，将进一步分析货币供应量与物价指数的关系，以验证这个假设，并判断时滞期的长度。在此之前将结合市场实际表现，分析判断货币政策调整背景下的股市反应。

（三）存款准备金率和利率政策调整对股市的影响

为应对金融危机，我国政府实行了一揽子刺激经济的较为宽松的货币政策。从 2008 年 9 月起至 2008 年 12 月，中国人民银行 4 次下调存款准备金率，使存款准备金率从 2008 年 6 月的 17% 下降到 2008 年 12 月的 14%；

5 次下调贷款基准利率，3 次下调存款基准利率，2 次下调央行再贷款、再贴现利率。同时，央行为增加资金投放量，缓解金融机构的流动性不足，在 2008 年 11 月降低央票的发行频率，并在 12 月暂停 1 年期央票。此次央行调控执行力度之大、频率之高历史罕见。货币政策调整对股市有何影响？我们根据人民网提供的材料，整理出 2008 年第 3 季度至 2010 年第 2 季度央行历次利率和准备金率调整状况及对股市的即时影响，列于表 3 - 13。

表 3 - 13　金融危机以来央行利率和准备金率调整状况及对股市的影响

调整时间	调整内容	对股市的影响
2008 年 9 月 15 日	从 9 月 16 日起下调一年期人民币存贷款利率各 0.27 个百分点	9 月 16 日，大盘上午有所企稳后，下午跌势蔓延，银行股大面积跌停，拖累上证综指再度跌穿 2000 点，沪指在一轮跳水中再创盘中新低，最低跌至 1974.39 点。盘中个股受压明显，仅部分地产股、军工股、通信股等有所拉抬，而金融股、煤炭股、食品股等居跌幅前列，权重股表现偏弱，部分制约了指数
	从 9 月 25 日起，下调一年期人民币贷款基准利率 0.27 个百分点	
2008 年 10 月 8 日	从 2008 年 10 月 9 日起下调一年期人民币存贷款基准利率各 0.27 个百分点	10 月 9 日，早盘沪深股市双双高开，但指数并未高走，反而继续出现小幅下跌的局面。此后，多空围绕平盘位置展开争夺，沪指表现略强。午后，随着金融股的震荡回落，大盘重新出现翻绿走势，下跌家数逐渐增多，但普遍跌幅不大。临近收盘，沪深两市股指突然跳水，沪指失守 2100 点
	从 2008 年 10 月 15 日起下调存款类金融机构人民币存款准备金率 0.5 个百分点	
2008 年 10 月 29 日	从 2008 年 10 月 30 日起，一年期存款基准利率由现行的 3.87% 下调至 3.60%，下调 0.27 个百分点；一年期贷款基准利率由现行的 6.93% 下调至 6.66%，下调 0.27 个百分点；其他各档次存、贷款基准利率相应调整。个人住房公积金贷款利率保持不变	早盘 A 股受到降息的影响高开，随后围绕周三的收盘点位反复震荡。午后，受港股的急涨影响，中国平安等金融股、安徽马钢等钢铁股等品种出现大幅涨升行情，指数急速拉高，最高至 1788 点，但飙升后明显出现买盘不足的趋势，在此影响下，A 股尾盘冲高回落

续表

调整时间	调整内容	对股市的影响
2008 年 11 月 27 日	从 2008 年 11 月 27 日起，下调金融机构一年期人民币存贷款基准利率各 1.08 个百分点，其他期限档次存贷款基准利率作相应调整。同时，下调中央银行再贷款、再贴现等利率	两市股指大幅高开，三率齐降的利好一步将股指带上 2000 点，但随着中石化、工行、神华等权重股逐步回落，对股指有所拖累，大盘再度出现几波回落走势，并跌破 10 日均线支撑，部分个股在经过上午调整后有向上突破迹象，两市成交量再超千亿元
2008 年 12 月 22 日	从 2008 年 12 月 23 日起，下调一年期人民币存贷款基准利率各 0.27 个百分点，其他期限档次存贷款基准利率作相应调整。同时，下调中央银行再贷款、再贴现利率。从 2008 年 12 月 25 日起，下调金融机构人民币存款准备金率 0.5 个百分点	23 日早盘，两市呈现平稳开盘后单边走低格局，个股普遍下跌，上证指数下破所有均线系统，特别是跌破 1950 点多空分水岭。午后，大盘跌势有所减缓，维持低位弱势整理态势，但个股活跃度依然未见提升。临近收盘，沪指再次跌破 1900 点关口
2010 年 1 月 18 日	中国人民银行决定，从 2010 年 1 月 18 日起，上调存款类金融机构人民币存款准备金率 0.5 个百分点。为增强支农资金实力，支持春耕备耕，农村信用社等小型金融机构暂不上调	受存款准备金 18 日起上调影响，两市早盘低开，银行、券商等金融板块全线走低。午后市场继续维持早盘的震荡蓄势态势，地产股有所活跃。受消息面刺激，世博概念、迪斯尼板块等题材股也因利好刺激纷纷走强。临近尾盘两市双双翻红，然后展开窄幅震荡盘整态势，沪指再度站上 10 日线
2010 年 2 月 12 日	中国人民银行决定，从 2010 年 2 月 25 日起，上调存款类金融机构人民币存款准备金率 0.5 个百分点。为加大对"三农"和县域经济的支持力度，农村信用社等小型金融机构暂不上调	A 股市场小幅增高，开盘后股指快速上攻，银行、地产股集体飙涨。午后开盘，两市一直维持窄幅震荡格局。大盘波澜不惊，但是个股暗潮汹涌。区域板块全线爆发，新疆、西藏、海南、天津板块强者恒强，板块平均涨幅均超过了 2%。两市个股普涨，仅百余只个股下跌。两市成交量较前一个交易日放大

调整时间	调整内容	对股市的影响
2010 年 5 月 2 日	中国人民银行决定，从 2010 年 5 月 10 日起，上调存款类金融机构人民币存款准备金率 0.5 个百分点，农村信用社、村镇银行暂不上调	受上调存款准备金政策影响，沪指大幅低开 49 点，盘中一度逼近 2800 点，两市下跌个股近 7 成。盘面上，医药板块逆势上扬，黄金、智能电网和通信类股逆势小幅走高。地产板块重挫近 4.6%，其中万科大跌 4.49%。银行中板块跌幅近 2%，期货类股抛压沉重，西藏、IT 等板块弱于大势

（四）金融危机以来增加货币供应量的政策效应

从第三节的实证分析可知，由于我国目前利率尚未市场化，利率传导机制时滞较长，且对产出的贡献度不高。目前我国货币政策的传导主要是以信贷传导途径为主，下面对国际金融危机以来我国增加货币供应量的政策效应进行具体数量分析。

纵观 2009 年我国主要经济数据，反映出央行适度宽松的货币政策的效果已经得到体现。从 2009 年三大需求在 GDP 增长中的构成可看出：投资对经济增长的贡献率最高，达到 92.3%，拉动 GDP 增长 8 个百分点；最终消费对 GDP 的贡献率为 52.5%，拉动 GDP 增长 4.6 个百分点；净出口的贡献率为 - 44.8%，下拉 GDP3.9 个百分点。这说明虽然外需同比下降明显，但是在政府一系列宽松货币政策以及与之相配合的积极财政政策的推动下，国内投资和消费的增长弥补了出口下降的缺口。

图 3 - 6 表明 GDP 从 2008 年第 1 季度开始下滑，于 2009 年第 1 季度达到最低值 6.1%。在连续 4 个季度增速下降后，于 2009 年第 2 季度止跌回升，在 2010 年第 1 季度达到最大 11.9%。M2 同比增长率在 2008 年第 3 季度达到最低值（15.21%）后不断攀升，于 2009 年第 3 季度达到最大值（29.26%）。可见 GDP 增长滞后于 M2 增长大约 3 个季度，这与上文的实证分析相符合，说明货币政策作用于产出有 7 ~ 9 个月的时滞期。

1. 银行贷款较快增长

图 3 - 7 显示了 2006 年 1 月至 2010 年 5 月我国 M2 和各项贷款的增长趋势。2009 年，M2 和各项贷款增长率都呈现上升势头，而且两者的走势

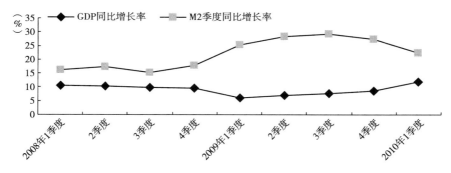

图 3 - 6　M2 与 GDP 的走势

极为相似。根据统计，2009 年 12 月末，金融机构人民币各项贷款总额为
39.97 万亿元，比年初增加了 9.623 万亿元，远远超过往年全年新增贷款。
贷款数量的快速增长是宽松货币政策起到作用的体现，保证了银行体系的
流动性，加快了包括基础设施和生产投资在内的实业投资，并能通过增加
消费作用需求市场共同刺激经济增长。因此信贷的增加反映了货币政策对
经济增长的支持作用。

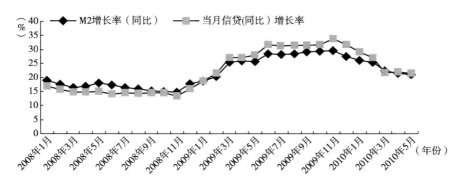

图 3 - 7　M2 和各项贷款的增长趋势

2. CPI 和 PPI 持续下行后反弹

　　受国际金融危机影响，我国 CPI 和 PPI 在 2008 年下半年和 2009 年上
半年总体均持续下降，一路走低，直到 2009 年 8 月，CPI 和 PPI 才止跌回
升。一般而言，货币供应量和物价水平之间存在同向的变动趋势，但在
2008 年下半年和 2009 年上半年大规模货币供应量激增的条件下，CPI 和
PPI 却一路走低，并未带来物价的上涨，这表明我国货币政策对物价的冲
击具有一定的时滞性，时滞期为一年左右（见图 3 - 8）。

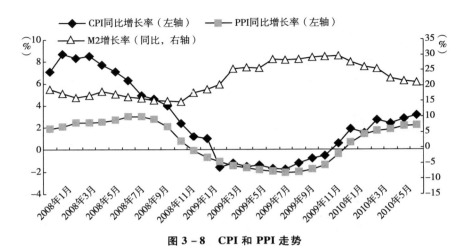

图 3 - 8　CPI 和 PPI 走势

3. 房价指数持续走高

图 3 - 9 显示了 2006 年 1 月至 2010 年 5 月期间我国 M2 与房价指数的走势对比情况。图 3 - 9 表明，房价指数与 M2 有共同的演进趋势。伴随2008 年下半年以来大规模的货币供应量，房价指数也一路飙升，这与Grange 因果关系检验的结论相一致，即在统计上不能拒绝 M2 是房价指数的 Grange 原因。从房地产市场看，2009 年全国商品房销售面积 93713.04万平方米，增速 42.1%，商品房销售额 43994.54 亿元，增速 75.5%，这表明大量投放的信贷有一部分进入了房地产市场，助长了房地产市场泡沫的滋生和蔓延。

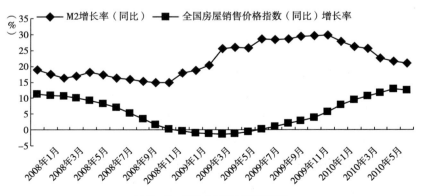

图 3 - 9　M2 月房价指数走势

4. 股市一路高歌

图 3 - 10 显示了 2006 年 1 月至 2010 年 5 月期间我国 M2 月股价指数（以上证指数为代表）的走势对比情况。图 3 - 10 反映出，M2 和上证指数有共同的走势。伴随着 M2 的急剧扩张，股市在 2009 年也一路走高，这与 Grange 因果检验的结论相吻合，即 M2 是上证指数的 Grange 原因。从股票市场看，A 股强劲反弹，2009 年上证指数上涨了 72.52%，代表沪深两市所有流通 A 股的中证指数上涨了 98.86%；从流通市值增长来源看，2008 年末，A 股流通市值缩水至 4.45 万亿元，而在 2009 年，A 股流通市值增长为 14.35 万亿元，这增加的 9.9 万亿元的流通市值中，新股发行贡献了 1987.96 亿元，存量流通股的股价变动贡献了 4.5 万亿元，剩下的 5.2 万亿元来源于解禁导致的流通股数的增加。这些数据说明 2009 年宽松的货币政策使一部分资金流入了股市，刺激了股市投机，推动了资产价格的高涨，助长了资产市场的泡沫。

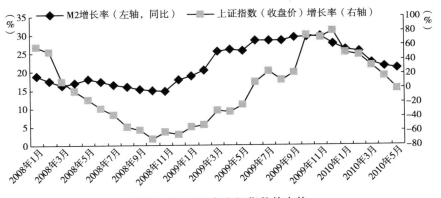

图 3 - 10　M2 与上证指数的走势

（五）小结

从以上 Grange 因果检验和数量分析来看，本轮金融危机以来，我国实行一系列宽松的货币政策，一方面，推动了 GDP 的止跌回升，并使得 GDP 在 2010 年出现了较快的增长速度；另一方面，2009 年的房市和股市在实体经济下滑的困境下出现了"量价齐升"的盛况，这与剧增的货币发行量和信贷不谋而合，表明由于货币量的扩张，部分贷款流入股市和房市，刺激了房地产市场和股票市场的投机。另外，由于货币政策对价格指数传导的时滞，使得 CPI 和 PPI 在 2008 年下半年和 2009 年上半年出现持续下滑的状态，但伴随时滞期的结束，从 2009 年下半年开始 CPI 和 PPI 止跌回升，出现较快上升的趋势，因此也产生了一定通货膨胀预期的压力。

六　基于 DSGE 模型的中国货币政策效应检验

本节通过建立 DSGE 模型对我国货币政策的效应进一步进行检验，模型是基于 Christiano，Motto 和 Rostagno（2002）（以下简称 CMR）框架的实证分析模型。CMR 模型有效地融合了现代货币经济学的主要理论进展，如金融加速器理论、内部货币和外部货币理论、价格黏性理论等。这些理论的发展有助于我们理解现实经济的运行，同时也为我们分析和评价货币政策提供理论依据。CMR 模型将这些理论统一到一个 DSGE 模型下，为分析经济的运行提供了一个很实用的工具。

理论模型是在对现实的简化和抽象过程中得来的。在对现实抽象的过程中，会忽略掉一些现实中的细节。同时，为了分析的方便会加入一些技术技巧。当用理论的模型对现实进行模拟的时候，不需要精确地描述经济发展变化的每个细节，只要能给出一些有用的结论就可以了。CMR 模型就是一个对经济现实进行了高度抽象和简化的模型。在这个模型系统里，部门被划分为厂商部门、资本生产商部门、企业家部门、银行部门、居民部门以及政策制定部门。其中厂商部门负责生产最终产品，这些产品主要被用作消费和投资，被用作消费和投资的产品分别称为消费品和投资品，但是作为商品二者之间是无差异的。资本生产商购买投资品和经过折旧的资本品以生产资本品，再将这些资本品通过企业家部门租借给厂商部门用以生产最终产品。一方面，企业家部门的构造是为了描述经济体中的融资部门，企业家提供资本服务，获取利息以及买卖资本以获得价差；另一方面，企业家需要偿付资本使用造成的消耗以及偿还银行贷款。银行部门吸收企业和居民存款，同时给厂商提供短期贷款，给企业家提供长期贷款。居民部门通过选择商品、闲暇、资产组合参与经济活动。最后政策制定部门通过调整货币增长速度、征收税收以及转移支付在适当的时候对经济进行干预。

以下详细描述各个部门的行为选择及其模型表达。

（一） DSGE 模型的一般框架

1. 居民

居民的寿命是无限期的，这样居民的最终目标是最优化无限生命期内的各种选择，包括劳动和闲暇的选择、消费品的选择以及资产组合的选择。这样消费者的行为方程为最大化下式：

$$E_t^j \sum_{l=0}^{\infty} \beta^{l-t} \left\{ u(C_{t+l} - bC_{t+l-1}) - \zeta_{t+l} z(h_{j,t+l}) + v_{t+l} \frac{\left[\left(\frac{P_{t+l} z_{t+l}}{M_{t+l}} \right)^{\theta_{t+l}} \left(\frac{P_{t+l} z_{t+l}}{D_{t+l}^h} \right)^{1-\theta_{t+l}} \right]^{1-\sigma_q}}{1 - \sigma_q} \right\}$$

$$(1)$$

其中，C_{t+l} 为 $t+l$ 期居民的消费量；b 是介于 0 和 1 之间的数值，代指消费者的消费惯性，b 越大代表消费者的消费惯性越大，当 b 等于 0 时消费惯性就不存在了。h_{t+l} 为居民的劳动时间；$\frac{P_{t+l} z_{t+l}}{M_{t+l}}$ 和 $\frac{P_{t+l} z_{t+l}}{D_{t+l}^h}$ 分别代指用现金交易和用存款转账在经济中的比例。σ_q 为交易发生时所带来的单位现金或存款的变动导致的效用的变动弹性。

居民在做出选择的时候，同时受到各种约束，其约束方程为：

$$[1 + (1 - \tau_t^D) R_{at}] (M_t^b - M_t + X_t) - T_t -$$
$$(1 + \tau_t^c) P_t C_t + (1 - \Theta)(1 - \gamma) V_t - W_t^e + Lump_t +$$
$$[1 + (1 - \tau_t^T) R_t^e] T_{t-1} + (1 - \tau_t^l) W_{j,t} h_{j,t} + M_t +$$
$$\prod_t^b + \prod_t^k + \int \prod_t^f df + A_{j,t} - M_{t+1}^b \geqslant 0$$

其中，R_{at} 为存款利率；$M_t^b - M_t + X_t$ 代指上期存款，详细说明见本节关于银行的介绍；T_t 代指 t 期的定期存款；V_t 和 W_t^e 分别代指金融企业家的净资产和金融企业家所获得的当期薪金收入；$\prod_t^b$、$\prod_t^k$ 和 $\int \prod_t^f df$ 分别为银行利润、企业家利润以及生产商利润。

依据最优化方程以及约束条件得到拉格朗日方程为：

$$L = \mathrm{E}_0^j \sum_{t=0}^{\infty} \beta^t \left\{ u(C_t - bC_{t-1}) - \zeta_t z(h_{j,t}) + v_t \frac{\left[P_t C_t \left(\frac{1}{M_t} \right)^{\theta_t} \left(\frac{1}{M_t^b - M_t + X_t} \right)^{1-\theta_t} \right]^{1-\sigma_q}}{1 - \sigma_q} \right\} +$$

$$\lambda_t \{ [1 + (1 - \tau_t^D) R_{at}] (M_t^b - M_t + X_t) - T_t - (1 + \tau_t^c) P_t C_t +$$

$$[1 + (1 - \tau_t^T) R_t^e] T_{t-1} + (1 - \tau_t^l) W_{j,t} h_{j,t} + M_t - M_{t+1}^b \}$$

2. 厂商

（1）最终产品生产商行为

公司生产的最终产品是一个混合品，它包括众多的商品，众多的商品以不变替代弹性的生产函数生产出最终产品。

$$Y_t = \left[\int_0^1 Y_{jt}^{\frac{1}{\lambda_f}} dj \right]^{\lambda_f} \tag{2}$$

其中，$1 \le \lambda_f < \infty$，Y_t 为在 t 期最终产品，Y_{jt} 表示在 t 期中间产品 j 的投入数量。另 P_t 和 P_{jt} 分别表示最后产品和中间产品 j 在 t 期的价格。假定最终产品面临完全竞争市场，可以对企业的利润最大化行为用以下数理模型表示：

$$\max P_t Y_t - \int_0^1 P_{jt} Y_{jt} dj$$

$$s. t. \quad Y_t = \left[\int_0^1 Y_{jt}^{\frac{1}{\lambda_f}} dj \right]^{\lambda_f}$$

构造连续时间的拉格朗日方程：

$$L = P_t Y_t - \int_0^1 P_{jt} Y_{jt} dj - \lambda \left\{ Y_t - \left[\int_0^1 Y_{jt}^{\frac{1}{\lambda_f}} dj \right]^{\lambda_f} \right\}$$

一阶条件：

$$\frac{\partial L}{\partial Y_t} = P_t - \lambda = 0$$

$$\frac{\partial L}{\partial Y_{jt}} = -P_{jt} + \lambda Y_t^{\frac{\lambda_f - 1}{\lambda_f}} Y_{jt}^{\frac{1-\lambda_f}{\lambda_f}} = 0$$

$$\frac{\partial L}{\partial \lambda} = Y_t - \left[\int_0^1 Y_{jt}^{\frac{1}{\lambda_f}} dj \right]^{\lambda_f} = 0$$

由以上一阶条件得到：

$$\left(\frac{P_t}{P_{jt}}\right)^{\frac{\lambda_f}{\lambda_f - 1}} = \frac{Y_{jt}}{Y_t} \qquad (3)$$

该公式是局部均衡下最终产品生产厂商对中间产品的需求函数,表示中间需求量随着价格的上涨而减少,随着价格的下降而增加。但是由于各种产品之间存在着边际替代率递增的假定,导致产品需求量的变动小于价格变动幅度。

(2) 中间产品生产者行为

假定生产最终产品的企业是垄断行业,其生产技术是 C – D 生产函数,具体形式如下:

$$Y_{jt} = \begin{cases} k_{jt}^{\alpha} L_{jt}^{1-\alpha} - \phi & if \quad k_{jt}^{\alpha} L_{jt}^{1-\alpha} \geqslant \phi \\ 0, & 否则 \end{cases}$$

其中,$0 < \alpha < 1$。L_{jt} 和 k_{jt} 分别表示在 t 时期生产第 j 个中间产品时所用到的劳动和资本。在稳态条件下,各行业的利润趋于均等,而超额利润为 0。ϕ 就是稳态条件下超额利润为 0 的值。

生产中间产品的厂商在完全竞争市场上租用资本和雇佣劳动力,而最终的利润会分配到居民家中去。在现有技术下,依据企业最小化成本的生产原理,得到以下数理模型:

$$\min \quad R_t W_t L_{jt} + R_t^k k_{jt}$$

$$s.t. \quad Y_{jt} = \begin{cases} k_{jt}^{\alpha} L_{jt}^{1-\alpha} - \phi & if \quad k_{jt}^{\alpha} L_{jt}^{1-\alpha} \geqslant \phi \\ 0, & 否则 \end{cases}$$

构造拉格朗日函数得:$L = R_t W_t L_{jt} + R_t^k k_{jt} + \lambda \left(Y_{jt} - k_{jt}^{\alpha} L_{jt}^{1-\alpha} + \phi \right)$

对 L_{jt} 和 k_{jt} 以及 λ 求一阶条件得:

$$\frac{\partial L}{\partial L_{jt}} = R_t W_t - \lambda (1 - \alpha) k_{jt}^{\alpha} L_{jt}^{-\alpha} = 0$$

$$\frac{\partial L}{\partial k_{jt}} = R_t^k - \lambda \alpha k_{jt}^{\alpha-1} L_{jt}^{1-\alpha} = 0$$

$$\frac{\partial L}{\partial \lambda} = Y_{jt} - k_{jt}^{\alpha} L_{jt}^{1-\alpha} + \phi = 0$$

由以上三个等式可以得出：

$$\lambda_t = \left(\frac{1}{1-\alpha}\right)^{1-\alpha} \left(\frac{1}{\alpha}\right)^\alpha (R_t^k)^\alpha (R_t W_t)^{1-\alpha}$$

λ 的经济学含义是生产的边际成本，它代表企业每生产一单位 Y_{jt} 所需要花费的名义成本。将其换算成实际工资和实际利率的函数得出企业的实际边际成本：

$$s_t = \frac{\lambda}{P_t} = \left(\frac{1}{1-\alpha}\right)^{1-\alpha} \left(\frac{1}{\alpha}\right)^\alpha \left(\frac{R_t^k}{P_t}\right)^\alpha \left(R_t \frac{W_t}{P_t}\right)^{1-\alpha} \tag{4}$$

将（3）式积分并将（2）式代入得到：

$$P_t = \left[\int_0^1 P_{jt}^{\frac{1}{1-\lambda_f}} dj\right]^{(1-\lambda_f)} \tag{5}$$

假定厂商设定价格同家庭设定工资一样，假定在 t 期收到调整价格信号的概率为 $1-\xi_p$，而在没有收到价格调整信号时工资的设定则由以下规则决定：$P_{j,t} = \pi_{t-1} P_{j,t-1}$，其中 π_{t-1} 为上期通胀指数。

令 j 企业的边际成本等于平均成本，这样企业利润最大的行为表示如下：

$$\max \quad E_{t-1} \sum_{l=0}^\infty (\beta\xi_F)^l v_{t+l} [\tilde{P}_t X_{tl} - s_{t+l} P_{t+l}] Y_{j,t+l}$$

$$s.t. \quad \left(\frac{P_t}{P_{jt}}\right)^{\frac{\lambda_f}{\lambda_f-1}} = \frac{Y_{jt}}{Y_t}$$

$$s_t = \frac{\lambda}{P_t} = \left(\frac{1}{1-\alpha}\right)^{1-\alpha} \left(\frac{1}{\alpha}\right)^\alpha \left(\frac{R_t^k}{P_t}\right)^\alpha \left(R_t \frac{W_t}{P_t}\right)^{1-\alpha}$$

$$X_{tl} = \prod_{i=1}^l \pi_{t-i}$$

将 $\left(\frac{P_t}{P_{jt}}\right)^{\frac{\lambda_f}{\lambda_f-1}} = \frac{Y_{jt}}{Y_t}$ 代入最大化条件中去，对 $Y_{j,t+l}$ 求一阶条件得到：

$$E_{t-1} \sum_{l=0}^\infty (\beta\xi_p)^l v_{t+l} [\tilde{P}_t X_{tl} - \lambda_f s_{t+l} P_{t+l}] Y_{j,t+l} = 0$$

3. 资本生产商

市场上存在着大量的固定数量的同质资本生产商，他们将价格视为给定，属于居民的任何利润和损失都以加总的形式转移给居民。T 期内，在识别出货币冲击之前，非货币冲击之后，资本生产商都会提供一定的投资 I_t 在资本的生产上。实际上投资品是在商品市场上购买的，这也符合货币冲击不影响其决策的假定。投资品的价格是 P_t，而价格是在受到货币冲击之后决定的，也就是说价格是货币冲击的一个函数。资本生产商购买一定数量 x 的旧资本，连同新的投资品一起，以某种生产函数形式结合，形成下期资本。生产函数的具体形式为：

$$x' = x + F(I_t, I_{t-1})$$

其中的投资品有上一期投资在里面，暗含着改变投资会形成一定的成本。我们将新资本 x' 的假定表示为 $Q_{\bar{K},t}$，它是货币冲击的函数。这样资本生产商的利润为：

$$\prod_t^k = Q_{\bar{K},t}[x + F(I_t, I_{t-1})] - Q_{\bar{K},t}x - P_t I_t$$

该种形式的利润是在识别了货币冲击之后的函数，因为 $Q_{\bar{K},t}$、x、P_t 是当期货币政策的函数。因为选择投资品的数量会影响下一期的利润，因此企业会将该决定考虑进来。所以企业的最优化决策函数应该是无限期界的利润函数形式，具体如下：

$$\max_{I_{t+j}, x_{t+j}} \mathrm{E}\Big\{ \sum_{j=0}^{\infty} \beta^j \lambda_{t+j} (Q_{\bar{K},t+j}[x_{t+j} + F(I_{t+j}, I_{t+j-1})] - Q_{\bar{K},t+j}x_{t+j} - P_{t+j}I_{t+j}) \mid \Omega_t \Big\}$$

从以上出发，可以知道，对于 x_{t+j} 的任何值而言，都是最优化的结果，所以令 $x_{t+j} = (1-\delta)\bar{K}_{t+j}$ 也是最优化的结果，其符合企业的最优化和市场出清的条件。

对于 I_t 求一阶条件得：

$$E[\lambda_t P_t q_t F_{1,t} - \lambda_t P_t + \lambda_{t+1} P_{t+1} q_{t+1} F_{2,t+1} \mid \Omega_t] = 0$$

其中，q_t 是托宾 q：

$$q_t = \frac{Q_{\bar{K},t}}{P_t}$$

4. 企业家

假定存在大量的企业家。企业家拥有净资产，这种净资产是绝对购买权利，也是以当期货币来衡量。该净资产是由以下途径得来：一方面，该净资产的来源主要是在资本市场上提供资本服务的租金以及与商品生产商买卖资本的收益；另一方面，净资产的消费来自归还银行利息和赔付资本使用所产生的费用。

假定企业中 $1-\gamma$ 比率的企业家破产，而 γ 比率的企业家胜出。γ 比率的企业家以及新生的 $1-\gamma$ 比率的企业家购买资本。胜出的企业家依靠自身的净资产和银行贷款来为购买资本品融资，而新生的企业家需要政府的转移支付和贷款融资。实际上允许 γ 是可变的，但是为了明晰起见，该处省略了时间脚注。

对于第 j 个企业家来说，t 时期以 $Q_{\bar{K}',t-1}$ 价格购买的资本 $\bar{K}_{t+1}^{j}$ 会遭遇一个冲击。购买之后资产从 $\bar{K}_{t+1}^{j}$ 变为 $\omega\bar{K}_{t+1}^{j}$，此处 ω 是一个均值为1、非负的独立于各个企业家的随机变量。意识到非货币冲击，但是没有意识到货币冲击之时，该企业决定 $t+1$ 时期的资本使用率，然后提供资本服务，而在 $t+1$ 时期期末，企业家决定在商品市场上卖出其没有折旧的资本。此时，即 $t+1$ 时期期末，企业家的自有资产 N_{t+1}^{j} 即为 $t+1$ 时期的租金收入减去资本使用产生的费用和银行贷款本息，加上卖掉的未折旧资本的收入 $(1-\delta)\,\omega\bar{K}_{t+1}^{j}$。

与之前一样，企业中 $1-\gamma$ 比率的企业家破产，而 γ 比率的企业家胜出。γ 比率的企业家以及新生的 $1-\gamma$ 比率的企业家受到一个补贴 W_{t}^{e}。这是一个技术设置，因为在标准的借贷合同中，没有净资产就不能得到贷款，就没法成为企业家来进行资产的购买。另外，即使是那些胜出的企业，若其企业利润也为0，也就没法存在一个大量企业存在的资本租赁市场了。这部分补贴来源于政府向居民征税。

（1）企业家的生产技术

现在转而讨论企业家的细节问题。第 j 个企业家以资本生产资本服务 K_{t+1}^{j}，使用的生产技术为：$K_{t+1}^{j}=u_{t+1}^{j}\omega\bar{K}_{t+1}^{j}$

其中 u_{t+1}^{j} 表示第 j 个企业家所选择的资本使用率；ω 的概率函数为：

$$\Pr[\,\omega < x\,] = F(x)$$

每个企业家在购买资本 $\bar{K}_{t+1}^{j}$ 后就会决定 ω 的大小，但是这两者的关系式是独立的。由于提供了资本服务，企业会在 $t+1$ 时期收到租金 r_{t+1}^{k}。

高的资本使用率导致高的资本费用，这样资本成本为：

$$P_{t+1}a(u_{t+1}^{j})\,\omega\bar{K}_{t+1}^{j}, \quad a' > 0, \quad a'' > 0$$

企业选择资本使用率的最优化方程为：

$$\max_{u_{t+1}^{j}}\mathrm{E}\{[\,u_{t+1}^{j}r_{t+1}^{k} - a(u_{t+1}^{j})\,]P_{t+1}\omega\bar{K}_{t+1}^{j}\mid \Omega_{t+1}\}$$

关于选择资本使用率的一阶条件为：

$$\mathrm{E}_{t}[\,r_{t}^{k} - a'(u_{t})\,] = 0$$

（2）企业家的融资决策

第 j 个企业家的资本 $\bar{K}_{t+1}^{j}$ 是如何决定的呢？在某刻起，企业家进入借贷市场，而其状态变量是其净资产，没有其他任何东西，比如不拥有资产。除了净资产外，企业家的其他历史方面和借贷无关。

市场上存在大量的企业家，其净资产是不同的。我们假定净资产的任何一个值都有很多的企业家。他们为了贷款而相互竞争，也就是说，对于每个 N_{t+1} 的企业家而言，贷款市场是完全竞争的。在信贷市场上，借贷合约是以不同的利率和不同金额的贷款交易的。合约市场是一个完全竞争市场。也就是说，银行的利率为 0，而企业是以利润最大化为目标的。因为自由进入，所以利润不可能不为正；因为可以自由退出，所以利润不能为负。另外，对于企业来说，由于竞争，所以合约是在最优化下签订的。均衡的条件要求合约必须以这种形式出现，否则，如果银行可以提供更好的条件，该银行很容易就掌控整个信贷市场。

现在我们考虑在均衡状态下，拥有净财富为 N_{t+1} 的企业家的合同。这样的企业家购买的资产水平为 $\bar{K}_{t+1}^{N}$。为了购买这些资产，企业家需要借贷的数额为：

$$B_{t+1}^N = Q_{\overline{K'},t}\overline{K}_{t+1}^N - N_{t+1}$$

标准的借贷合同会列出具体的贷款数额 B_{t+1}^N 和总体的利率水平 Z_{t+1}^N，如果 ω 足够高的话。如果企业家的 ω 不够高，这样做就需要把其所有的财富转移给银行。标准的 N_{t+1} 类型贷款合同暗含着这样一个关系：

$$\bar{\omega}_{t+1}^N(1 + R_{t+1}^k)Q_{\overline{K'},t}\overline{K}_{t+1}^N = Z_{t+1}^N B_{t+1}^N$$

贷款金额是在 $t+1$ 期冲击之前决定的，但是利率 Z_{t+1}^N 是受到 $t+1$ 期冲击影响的。因为 R_{t+1}^k、Z_{t+1}^N 是受冲击影响的，所以原则上 $\bar{\omega}_{t+1}^N$ 也是受冲击影响的。

对于 $\omega < \bar{\omega}_{t+1}^N$，企业家要把下式表示的所有的利润转移给银行：

$$(1 + R_{t+1}^k)\omega Q_{\overline{K'},t}\overline{K}_{t+1}^N$$

这个数额小于 $Z_{t+1}^N B_{t+1}^N$。这样银行就需要监管企业家的行为，其成本为：

$$\mu(1 + R_{t+1}^k)\omega Q_{\overline{K'},t}\overline{K}_{t+1}^N$$

进一步讨论 Z_{t+1}^N 和 B_{t+1}^N 是如何决定的。

假设银行可以一个名义利率 R_{t+1}^e 来集资。银行于 t 时刻在商品市场上发行定期存款，从而借贷给企业家，企业家用以购买资本 $\overline{K}_{t+1}^N$。0 利润的银行利润意味着：

$$[1 - F(\bar{\omega}_{t+1}^N)]Z_{t+1}^N B_{t+1}^N + (1-\mu)\int_0^{\bar{\omega}_{t+1}^N}\omega dF(\omega)(1 + R_{t+1}^k)Q_{\overline{K'},t}\overline{K}_{t+1}^N = (1 + R_{t+1}^e)B_{t+1}^N$$

或者，

$$[1 - F(\bar{\omega}_{t+1}^N)]\bar{\omega}_{t+1}^N + (1-\mu)\int_0^{\bar{\omega}_{t+1}^N}\omega dF(\omega) = \frac{1 + R_{t+1}^e}{1 + R_{t+1}^k}\frac{B_{t+1}^N}{Q_{\overline{K'},t}\overline{K}_{t+1}^N} \qquad (6)$$

正如以上分析的，完全竞争从企业家角度看意味着借贷合约只有一个。也就是说，最优化企业家的效用，约束条件是 0 利润。在标准的信贷合同期间内企业家的利润为：

$$\mathrm{E}\left\{\int_{\bar{\omega}_{t+1}^{N}}^{\infty}\left[(1+R_{t+1}^{k})\omega Q_{\bar{K}',t}\bar{K}_{t+1}^{N}-Z_{t+1}^{N}B_{t+1}^{N}\right]dF(\omega)\mid\Omega_{t},X_{t}\right\}$$

$$=\mathrm{E}\left\{\int_{\bar{\omega}_{t+1}^{N}}^{\infty}\left[\omega-\bar{\omega}_{t+1}^{N}\right]dF(\omega)(1+R_{t+1}^{k})\mid\Omega_{t},X_{t}\right\}Q_{\bar{K}',t}\bar{K}_{t+1}^{N} \qquad (7)$$

因为 $1=\int_{0}^{\infty}\omega dF(\omega)=\int_{\bar{\omega}_{t+1}^{N}}^{\infty}\omega dF(\omega)+G(\bar{\omega}_{t+1}^{N})$

其中,

$$G(\bar{\omega}_{t+1}^{N})=\int_{0}^{\bar{\omega}_{t+1}^{N}}\omega dF(\omega)$$

$$\Gamma(\bar{\omega}_{t+1}^{N})=\bar{\omega}_{t+1}^{N}\left[1-F(\bar{\omega}_{t+1}^{N})\right]+G(\bar{\omega}_{t+1}^{N})$$

所以以上目标函数可以写成:

$$\max\mathrm{E}\left\{\left[1-\Gamma(\bar{\omega}_{t+1}^{N})\right](1+R_{t+1}^{k})\mid\Omega_{t}\right\}Q_{\bar{K}',t}\bar{K}_{t+1}^{N}$$

将上式除以 $(1+R_{t+1}^{e})N_{t+1}$,

得到公式:

$$\mathrm{E}\left\{\left[1-\Gamma(\bar{\omega}_{t+1}^{N})\right]\tilde{u}_{t+1}\mid\Omega_{t}\right\}s_{t+1}\frac{Q_{\bar{K}',t}\bar{K}_{t+1}^{N}}{N_{t+1}} \qquad (8)$$

令 $k_{t+1}^{N}=\dfrac{Q_{\bar{K}',t}\bar{K}_{t+1}^{N}}{N_{t+1}}$,

以拉格朗日的形式重新整理最优化方程得:

$$\max_{\bar{\omega}_{t+1}^{N},k_{t+1}^{N}}\mathrm{E}\left\{\left[1-\Gamma(\bar{\omega}_{t+1}^{N})\right]\tilde{u}_{t+1}s_{t+1}k_{t+1}^{N}+\lambda^{N}\left[k_{t+1}^{N}\tilde{u}_{t+1}s_{t+1}(\Gamma(\bar{\omega}_{t+1}^{N})-\mu G(\bar{\omega}_{t+1}^{N}))-k_{t+1}^{N}+1\right]\mid\Omega_{t}\right\}$$

因为该公式不是跨期优化的函数形式,所以可以省略其时间下标,这样对三个变量求一阶条件得:

$$\left[1-\Gamma(\bar{\omega})\right]\tilde{u}s+\lambda\tilde{u}s(\Gamma(\bar{\omega})-\mu G(\bar{\omega}))=0 \qquad (9)$$

$$\Gamma'(\bar{\omega})=\lambda\left[\Gamma'(\bar{\omega})-\mu G'(\bar{\omega})\right] \qquad (10)$$

$$k\tilde{u}s(\Gamma(\bar{\omega})-\mu G(\bar{\omega}))-k+1=0 \qquad (11)$$

(3)企业家净财富

企业的净利润,也就是付给银行的利息为:

$$V_t^N = (1 + R_t^k) \, Q_{\bar{K}',t-1} \bar{K}_t^N - \Gamma(\bar{\omega}_t^N)(1 + R_t^k) \, Q_{\bar{K}',t-1} \bar{K}_t^N$$

给定 R_t^k 和 $\bar{\omega}_t$ 与 N_t 无关，这样得到：

$$V_t \equiv \int_0^\infty V_t^N f_t(N) \, dN = (1 + R_t^k) \, Q_{\bar{K}',t-1} \bar{K}_t - \Gamma(\bar{\omega}_t^N)(1 + R_t^k) \, Q_{\bar{K}',t-1} \bar{K}_t$$

注意到大括号中的前两项等于银行的收入 $(1 + R_t^e)(Q_{\bar{K}',t-1} \bar{K}_t - \bar{N}_t)$，写得更详细一些可得：

$$V_t = (1 + R_t^k) \, Q_{\bar{K}',t-1} \bar{K}_t - \left\{ 1 + R_t^e + \frac{\mu \int_0^{\bar{\omega}_t} \omega dF(\omega)(1 + R_t^k) \, Q_{\bar{K}',t-1} \bar{K}_t}{Q_{\bar{K}',t-1} \bar{K}_t - \bar{N}_t} \right\}$$

$$(Q_{\bar{K}',t-1} \bar{K}_t - \bar{N}_t)$$

这样，因为企业的死亡概率是 γ，所以净资产的演化方程为：

$$\bar{N}_{t+1} = \gamma \left\{ (1 + R_t^k) \, Q_{\bar{K}',t-1} \bar{K}_t - \left[1 + R_t^e + \frac{\mu \int_0^{\bar{\omega}_t} \omega dF(\omega)(1 + R_t^k) \, Q_{\bar{K}',t-1} \bar{K}_t}{Q_{\bar{K}',t-1} \bar{K}_t - \bar{N}_t} \right] \right.$$

$$\left. (Q_{\bar{K}',t-1} \bar{K}_t - \bar{N}_t) \right\} + W_t^e \tag{12}$$

其中的 W_t^e 是政府的企业转移支付。死亡企业的当期消费为：

$$P_t C_t^e = \Theta (1 - \gamma) V_t$$

5. 银行

假定存在大量相互竞争的银行，银行的所有决定是在识别了所有冲击之后。银行的生产函数为：

$$\frac{D_t}{P_t} = a^b x_t^b ((K_t^b)^\alpha (z_t l_t^b)^{1-\alpha})^{\xi_t} \left(\frac{E_t^r}{P_t} \right)^{1-\xi_t} \tag{13}$$

这里 a^b 是小于 1 大于 0 的正实数，而 x_t^b 是均值为 1 的银行的技术冲击。其中 $\xi_t \in (0,1)$ 是和 E_t^r 相关的一个值。在生产函数中加入超额储备是用以描述银行应对居民挤提的谨慎行为。

现在研究一下典型银行的资产负债表。银行的资产主要是现金储备和贷款。两种资源需要现金储备：一是居民的存款 A_t；二是央行因为查询居民账户而付给居民的费用 X_t。因此银行体系的整个存款储备就是 $A_t + X_t$。银行贷款主要是借给生产商和银行以给付工作资本的需要，以及借给企业家以满足其购买资本设备。

银行有两种负债：一是短期存款 D_t；二是定期存款 T_t。短期存款的利率是 R_{at}。短期存款有两个来源：一是居民的存款 $A_t + X_t$，以 D_t^h 表示；二是有银行贷给企业的工作资本贷款也是以短期存款的形式出现的，以 D_t^f 表示工作资本。总的存款为：

$$D_t = D_t^h + D_t^f$$

定期存款是银行签发给企业家的标准债务合同。定期存款和需求存款主要有三点不同：第一，短期存款产生交易费用，而定期存款没有；第二，定期存款有很长的期限结构；第三，短期存款由工作资本和超额储备支持，而定期存款是由企业家的贷款合同支持。

现在讨论存款需求。我们假定短期存款的利息是付给贷款的。工资真正的给付是在商品交易完成之后而不是之前。

付给工作资本的真实利息以 R_t 表示。既然借款者会收到短期存款的利息，贷款的整个利息实际上是 $R_t + R_{at}$。为了区分，工作资本的利息和短期存款的利息之差为 R_t。

工作资本贷款和短期存款负债的期限结构是相同的。也就是说，工作资本贷款发生在生产之前，而还款时间是发生在生产之后；存款需求也是发生在生产之前，居民提款是发生在生产之后。

关于定期存款负债，和短期存款不同，我们假定定期存款的成本为 0，也就是说银行不需要给付定期存款利息。竞争性的银行在争夺定期存款和企业家贷款资源时，导致银行对于定期存款所得的利息是 R_t^e。定期存款的期限结构和标准借贷合同是一致的，但是与短期存款和工作资本贷款的期限结构不同。定期存款和企业家贷款发生在一期结尾，企业家用以在商品市场上购买投资品，而还款发生在下一期商品买完之后，企业家出售其资本。因为贷款时间存在着竞争，从而使定期存款和企业家贷款的期限结构一致。

存款需求和定期存款的成熟期不同，暗含着后者存在未来风险。对于存款需求来说，风险是不存在的。对于定期存款来说，存款产生以及给付之间存在着不确定性。

现在更为细致地探讨银行的资产和负债。我们在给定时间内两个重要的时间点描述银行负债表：商品进入市场之前，对工作资本贷款和存款需求是开放的；商品进入市场之后，定期存款和企业家贷款是开放的。所以在商品进入市场之前，银行的资产负债结构如下式所示：

$$D_t + T_{t-1} = A_t + X_t + S_t^\omega + B_t \qquad 14)$$

其中，S_t^ω 是工作资本贷款。中央银行制度下，中央银行强制商业银行对短期存款实施法定存款准备金制度，法定存款准备金率为 τ。这样，商业银行名义存款储备就是：

$$E_t^r = A_t + X_t - \tau_t D_t \qquad (15)$$

商品进入市场之后，短期存款是流动的，所以 $D_t = 0$，而 $A_t + X_t$ 返还给了居民，所以这三项将不出现在等式中。同样的，短期贷款 S_t^ω 和企业家贷款 B_t 也不出现在等式中，取而代之的是企业家贷款 B_{t+1}，这时有新的定期存款 T_t。

商品市场出清后，银行开始处理发生在商品市场上的上一期企业家贷款以及定期存款市场上产生的交易成本。所以短期贷款等于实际中所耗费的资本，其形式如下：

$$(1 + R_t)S_t^\omega = (1 + R_t)(\psi_{l,t}W_t l_t + \psi_{k,t}P_t r_t^k K_t)$$

长期贷款合同到期后，银行所获得的资金等于上期名义资产需求减去监管成本后乘以资本回报率：

$$(1 + R_t^e)(Q_{K',t-1}^- \bar{K}_t - \bar{N}_t)$$

银行基金的运用主要有：①给付短期存款和定期存款的利息分别为 $(1 + R_{at})$ D_t 和 $(1 + R_t^e)$ T_{t-1}。②给付处理工作资本的利息和规则费用。这些利息和费用的处理方式同商品部门一样。特别地，银行需要事先为该部门的资本和劳动力融资，所以期末整个要素成本为 $(1 + \psi_{k,t}R_t)$ $P_t r_t^k K_t^b$。这样银行基金的净值为：

$$\prod_t^b = (A_t + X_t) + (1 + R_t + R_{at})S_t^\omega - (1 + R_{at})D_t$$

$$- \left[(1 + \psi_{k,t} R_t) P_t r_t^k K_t^b \right] - \left[(1 + \psi_{l,t} R_t) W_t l_t^b \right]$$

$$+ \left[1 + R_t^e + \frac{\mu \int_0^{\bar{\omega}_t} \omega dF(\omega)(1 + R_t^k) Q_{\bar{K}',t-1} \bar{K}_t}{Q_{\bar{K}',t-1} \bar{K}_t - \bar{N}_t} \right] B_t$$

$$- \mu \int_0^{\bar{\omega}_t} \omega dF(\omega)(1 + R_t^k) Q_{\bar{K}',t-1} \bar{K}_t - (1 + R_t^e) T_{t-1}$$

$$+ T_t - B_{t+1}$$

因为竞争的原因，对于银行来说，工资、价格和利率是给定的，不受其自身控制。

现在来讨论银行的最优化行为。银行以分红的形式付给居民 $\prod_t^b$，决策目标是选择合适利率，以最大化银行的利润，最优化目标为：

$$E_0 \sum_{t=0}^{\infty} \beta^t \lambda_t \prod_t^b$$

其中 λ_t 是居民最优化行为中对 $\prod_t^b$ 的乘数。在银行行为中，该值为给定的常数。在约束条件（13）～（15）下，选择 $\{S_t^{\omega}, B_{t+1}, D_t, T_t, K_t^b, l_t^b, E_t^r; t \geq 0\}$，最优化其行为决策。

银行最优化行为的拉格朗日形式为：

$$\max_{A_t, S_t^{\omega}, K_t^b, l_t^b} \{ R_t S_t^{\omega} - R_{at}(A_t + X_t) - \left[(1 + \psi_{k,t} R_t) P_t r_t^k K_t^b \right] - \left[(1 + \psi_{l,t} R_t) W_t l_t^b \right] \} +$$

$$\lambda_t^b \left[h \left(x_t^b, K_t^b, l_t^b, \frac{A_t + X_t - \tau_t(A_t + X_t + S_t^{\omega})}{P_t}, \xi_t, z_t \right), \frac{A_t + X_t + S_t^{\omega}}{P_t} \right]$$

式中：

$$R_t^b = \lambda_t^b h_{e,t} \frac{1}{P_t} = \frac{R_t h_{e,t}}{\tau_t h_{e,t} + 1}$$

其中，

$$h(x_t^b, K_t^b, l_t^b, e_t^r, \xi_t, z_t) = a^b x_t^b ((K_t^b)^{\alpha} (z_t l_t^b)^{1-\alpha})^{\xi_t} (e_t^r)^{1-\xi_t}$$

$$e_t^r = \frac{E_t^r}{P_t} = \frac{A_t + X_t - \tau_t(A_t + X_t + S_t^{\omega})}{P_t}$$

对 A_t, S_t^ω, K_t^b, l_t^b 的一阶条件为：

$$- R_{at} + \lambda_t^b \frac{1}{P_t} \big[(1 - \tau_t) h_{e^r, t} - 1 \big] = 0 \tag{16}$$

$$R_t - \lambda_t^b \frac{1}{P_t} \big[\tau_t h_{e^r, t} + 1 \big] = 0 \tag{17}$$

$$- (1 + \psi_{k,t} R_t) P_t r_t^k + \lambda_t^b h_{K_t^b, t} = 0 \tag{18}$$

$$- (1 + \psi_{l,t} R_t) W_t + \lambda_t^b h_{l_t^b, t} = 0 \tag{19}$$

利用公式（17）取代式（18）和式（19）中的 λ_t^b，得到：

$$(1 + \psi_{k,t} R_t) r_t^k = \frac{R_t h_{K_t^b, t}}{1 + \tau_t h_{e^r, t}}$$

和

$$(1 + \psi_{l,t} R_t) \frac{W_t}{P_t} = \frac{R_t h_{l_t^b, t}}{1 + \tau_t h_{e^r, t}}$$

这是与银行选择资本和劳动有关的一阶条件。两个方程都表示银行在选择投入要素时会试图使每个要素的边际产出等于边际成本。在贷款时的边际产出必须考虑两个因素：短期贷款的增加要求等额的短期存款增加，而短期存款增加同时要求储备增加。第一个因素以生产函数中的要素的边际产出增加贷款，而储备反之。为了看出银行和中间产品市场的资本劳动比率一致性，我们将以上比率代入方程中得到：

$$\frac{(1 + \psi_{k,t} R_t) r_t^k}{(1 + \psi_{l,t} R_t) \frac{W_t}{P_t}} = \frac{R_t h_{K_t^b, t}}{R_t h_{l_t^b, t}} = \frac{\alpha \xi_t a^b x_t^b \big((K_t^b)^\alpha (z_t l_t^b)^{1-\alpha} \big)^{\xi_t - 1} \left(\frac{E_t^r}{P_t} \right)^{1-\xi_t} (K_t^b)^{\alpha-1} (z_t l_t^b)^{1-\alpha}}{(1-\alpha) \xi_t a^b x_t^b \big((K_t^b)^\alpha (z_t l_t^b)^{1-\alpha} \big)^{\xi_t - 1} \left(\frac{E_t^r}{P_t} \right)^{1-\xi_t} (K_t^b)^\alpha (z_t l_t^b)^{1-\alpha} z_t}$$

$$= \frac{\alpha}{(1-\alpha) z_t} \left(\frac{\mu_{z,t} (1 - \nu_t^l) l_t}{(1 - \nu_t^k) k_t} \right)$$

将公式（17）代入公式（16）中得到：

$$R_{at} = \frac{(1 - \tau_t) h_{e^r, t} - 1}{\tau_t h_{e^r, t} + 1} R_t \tag{20}$$

该公式可以看作银行选择居民存款的一阶条件。乘数是指随着单位存款增加导致的短期贷款增加的产出。上式右边的公式说明的是这些贷款的净利率，而左边是成本。

为了进行线性化处理，我们需要一个和资本、劳动以及储备相关的表达式。该表达式为：

$$e_{v,t} = \cfrac{\cfrac{A_t + X_t - \tau_t(A_t + X_t + S_t^\omega)}{P_t}}{\left(z_t \dfrac{z_{t-1}}{z_t} k_t^b\right)^\alpha (z_t l_t^b)^{1-\alpha}}$$

$$= \cfrac{\cfrac{A_t + X_t - \tau_t(A_t + X_t + S_t^\omega)}{z_t P_t}}{\left(\dfrac{1}{\mu_{z,t}} k_t^b\right)^\alpha (l_t^b)^{1-\alpha}}$$

$$= \cfrac{\cfrac{M_t^b - M_t + X_t - \tau_t(M_t^b - M_t + X_t + S_t^\omega)}{z_t P_t}}{\left(\dfrac{1}{\mu_{z,t}} k_t^b\right)^\alpha (l_t^b)^{1-\alpha}}$$

$$= \frac{M_t^b}{z_t P_t} \cdot \cfrac{1 - m_t + x_t - \tau_t(1 - m_t + x_t + S_t^\omega)}{\left(\dfrac{1}{\mu_{z,t}} k_t^b\right)^\alpha (l_t^b)^{1-\alpha}}$$

6. 政策制定部门

货币政策是以控制基础货币的投放为主要操作对象的，其演化路径为：

$$M_{t+1}^b = M_t^b(1 + x_t)$$

其中 x_t 为基础货币的净增长率（在居民账户中的 X_t 和 x_t 的关系为 $x_t = X_t / M_t^b$）。将以上标准化有 $m_{t+1}^b = M_t^b / (P_t z_t)$。所以，以上货币规则就变为：

$$\frac{M_{t+1}^b}{P_{t+1} z_{t+1}} = \frac{P_t z_t}{P_{t+1} z_{t+1}} \frac{M_t^b}{P_t z_t}(1 + x_t)$$

或者，

$$m_{t+1}^b = \frac{1}{\pi_{t+1} \mu_{t+1}} m_t^b(1 + x_t)$$

7. 商品市场出清

对商品的需求主要来源于以下几个方面：死亡的企业家要消耗同净资

产价值相当的一部分商品，存活下来的企业家消耗资产成本，居民消费商品，资产生产商购买投资品，银行的监管费用，等等。

企业家的死亡概率为 $1-\gamma$，其消耗的净资产的比率为 Θ，这样其消耗的商品为 $\dfrac{\Theta(1-\gamma)V_t}{P_t}$，企业家的资本使用成本为 $a(u_t)\bar{K}_t$，居民的消费为 C_t，资本生产商的投资为 I_t，隐含监管成本为 $\mu\int_0^{\bar{\omega}_t}\omega dF(\omega)(1+R^k)Q_{\bar{K},t-1}\bar{K}_t$。

居民的预算约束为

$$Q_{t+1}=[1+R_{at}](M_t^b-M_t+X_t)-T_t-P_tC_t+(1-\Theta)(1-\gamma)V_t-W_t^e+$$
$$[1+R_t^e]T_{t-1}+W_{j,t}h_{j,t}+M_t+\prod_t^b+\prod_t^k+\int\prod_t^f df+A_{j,t}$$

资本生产商和银行的利润为

$$\prod_t^k=Q_{\bar{K},t}[x+F(I_t,I_{t-1})]-Q_{\bar{K},t}x-P_tI_t$$

$$\prod_t^b=(A_t+X_t)+(1+R_t+R_{at})S_t^\omega-(1+R_{at})D_t-[(1+\psi_{k,t}R_t)P_tr_t^kK_t^b]+$$
$$\left[1+R_t^e+\frac{\mu\int_0^{\bar{\omega}_t}\omega dF(\omega)(1+R^k)Q_{\bar{K},t-1}\bar{K}_t}{Q_{\bar{K},t-1}\bar{K}_t-N_t}\right]B_t-$$
$$\mu\int_0^{\bar{\omega}_t}\omega dF(\omega)(1+R^k)Q_{\bar{K},t-1}\bar{K}_t-[1+R_t^e]T_{t-1}+T_t-B_{t+1}$$

因此，

$$\prod_t^k+\prod_t^b=(A_t+X_t)+R_tS_t^\omega-(1+R_{at})(A_t+X_t)-[(1+\psi_{k,t}R_t)P_tr_t^kK_t^b]$$

其中，运用了 $D_t=A_t+X_t+S_t^\omega$，$T_{t-1}=B_t$，$T_t=B_{t+1}$，$B_t=Q_{\bar{K},t-1}\bar{K}_t-N_t$

（二）线性方程系统

1. 生产商

和物价相关的方程：

$$\mathrm{E}\left[\widehat{\pi}_t-\frac{1}{1+\beta}\widehat{\pi}_{t-1}-\frac{\beta}{1+\beta}\widehat{\pi}_{t+1}-\frac{(1-\beta\xi_p)(1-\xi_p)}{(1+\beta)\xi_p}(\widehat{s}_t+\widehat{\lambda}_{f,t})\,|\,\Omega_t\right]=0 \qquad (1)$$

边际成本的线性化方程为

$$\alpha \hat{r}_t^k + \frac{\alpha \psi_k R}{1 + \psi_k R} \hat{\psi}_{k,t} + (1 - \alpha) \hat{w}_t + \frac{(1 - \alpha) \psi_l R}{1 + \psi_l R} \hat{\psi}_{l,t} +$$

$$\left[\frac{\alpha \psi_k R}{1 + \psi_k R} + \frac{(1 - \alpha) \psi_l R}{1 + \psi_l R} \right] \hat{R}_t - \hat{\varepsilon}_t^f - \hat{s}_t = 0 \quad (2)$$

边际成本必须满足的另外一个条件是，边际成本需要等于单位资本服务的边际成本除以单位资本服务的边际产品。线性化之后为

$$\hat{r}_t^k + \frac{\psi_k R}{1 + \psi_k R} (\hat{\psi}_{k,t} + \hat{R}_t) - \hat{\varepsilon}_t^f - (1 - \alpha)(\hat{\mu}_{z,t} + \hat{l}_t - [\hat{k}_t + \hat{u}_t]) - \hat{s}_t = 0 \quad (3)$$

2. 资本生产商

托宾 q 的方程式：

$$E\{\hat{q}_t - S''\mu_z^2(1 + \beta)\hat{i}_t - S''\mu_z^2\hat{\mu}_{z,t} + S''\mu_z^2\hat{i}_{t-1} + \beta S''\mu_z^2\hat{i}_{t+1} + \beta S''\mu_z^2\hat{\mu}_{\mu,t+1} \mid \Omega_t\} = 0 \quad (4)$$

3. 企业家

资本使用率方程为

$$E[\hat{r}_t^k - \sigma_a \hat{u}_t \mid \Omega_t] = 0 \quad (5)$$

其中 $\hat{r}_t^k$ 表示资本的租金。标准的借款合同有两个变量：借款额度和 $\hat{\omega}_{t+1}$。和借款额度有关的一阶条件为

$$E\left\{ \lambda \left(\frac{R^k}{1 + R^k} \hat{R}_{t+1}^k - \frac{R^e}{1 + R^e} \hat{R}_{t+1}^e \right) - \right.$$

$$\left. [1 - \Gamma(\bar{\omega})] \frac{1 + R^k}{1 + R^e} \left[\frac{\Gamma''(\bar{\omega})\bar{\omega}}{\Gamma'(\bar{\omega})} - \frac{\lambda[\Gamma''(\bar{\omega}) - \mu G''(\bar{\omega})]\bar{\omega}}{\Gamma'(\bar{\omega})} \right] \hat{\omega}_{t+1} \mid \Omega_t^\mu \right\} = 0 \quad (6)$$

这不是一个关于 $t + 1$ 期不确定的方程。同样，当 $\mu = 0$ 时，$\lambda = 0$，这个方程变为 $E[\hat{R}_{t+1}^k \mid \Omega_t^\mu] = \hat{R}_{t+1}^e$。线性化后的利润条件是

$$\left(\frac{\bar{k}}{n} - 1 \right) \frac{R^k}{1 + R^k} \hat{R}_t^k - \left(\frac{\bar{k}}{n} - 1 \right) \frac{R^e}{1 + R^e} \hat{R}_t^e +$$

$$\left(\frac{\bar{k}}{n} - 1 \right) \frac{\Gamma'(\bar{\omega}) - \mu G'(\bar{\omega})\bar{\omega}}{\Gamma(\bar{\omega}) - \mu G(\bar{\omega})} \hat{\omega}_t - (\hat{q}_{t-1} + \hat{k}_t - \hat{n}_t) = 0 \quad (7)$$

净财富的积累方程为

$$- \widehat{n}_{t+1} + \alpha_0 \widehat{R}_t^k + \alpha_1 \widehat{R}_t^e + \alpha_2 \widehat{\overline{k}}_t + \alpha_3 \widehat{\omega}_t^e - \alpha_4 \widehat{\gamma}_t + \alpha_5 \widehat{\pi}_t + \alpha_6 \widehat{\mu}_{z,t} + \alpha_7 \widehat{q}_{t-1} + \alpha_8 \widehat{\omega}_t + \alpha_9 \widehat{n}_t = 0$$

$$\tag{8}$$

资本回报率的定义为：

$$\widehat{R}_{t+1}^k - \frac{(1-\tau^k) r^k + (1-\delta) q}{R^k q} \pi$$

$$\left[\frac{(1-\tau^k) r^k \widehat{r}_{t+1}^k - \tau^k r^k \widehat{\tau}_t^k + (1-\delta) q \widehat{q}_{t+1}}{(1-\tau^k) r^k + (1-\delta) q} + \widehat{\pi}_{t+1} - \widehat{q}_t \right] - \frac{\delta \tau^k \widehat{\tau}_t^k}{R^k} = 0 \tag{9}$$

4. 银行部门

在银行部门的方程中，资本服务不是资本存量，资本服务和资本存量之间的关系为：

$$\widehat{k}_t = \widehat{\overline{k}}_t + \widehat{u}_t$$

银行储备增加值比的方程为：

$$- \widehat{e}_{v,t} + n_\tau \widehat{\tau}_t + n_{mb} \widehat{m}_t^b + n_m \widehat{m}_t + n_x \widehat{x}_t + n_{\psi_l} \widehat{\psi}_{l,t} + n_{\psi_k} \widehat{\psi}_{k,t} + (n_k - d_k)(\widehat{\overline{k}}_t + \widehat{u}_t)$$

$$+ n_{rk} \widehat{r}_t^k + n_w \widehat{w}_t + (n_l - d_l) \widehat{l}_t + (n_{\mu_z} - d_{\mu_z}) \widehat{\mu}_{z,t} - d_{\nu k} \widehat{\nu}_t^k - d_{\nu l} \widehat{\nu}_t^l = 0 \tag{10}$$

其中，m_t^b 是规模化的基础货币，m_t 是现金基础货币比，x_t 是基础货币增长率。

银行部门中关于资本的一阶条件因为和企业相同，所以整个系统重复包括该部门了。

银行部门中关于劳动力的一阶条件为：

$$l_R \widehat{R}_t + l_\xi \widehat{\xi}_t - \widehat{w}_t + l_x \widehat{x}_t^b + l_e \widehat{e}_{v,t} + l_\mu \widehat{\mu}_{z,t} + l_{\nu l} \widehat{\nu}_t^l + l_{\nu k} \widehat{\nu}_t^k + l_l \widehat{l}_t + l_k (\widehat{\overline{k}}_t + \widehat{u}_t) + l_\tau \widehat{\tau}_t + l_{\psi_l} \widehat{\psi}_{l,t} = 0$$

$$\tag{11}$$

银行部门的生产函数为：

$$\widehat{x}_t^b - \widehat{\xi} \widehat{e}_{v,t} - \log(e_{v,t}) \xi \widehat{\xi}_t - \frac{\tau(m_1^* + m_2)}{(1-\tau) m_1 - \tau m_2} \widehat{\tau}_t$$

$$= \left[\frac{m_1}{m_1 + m_2} - \frac{(1-\tau) m_1}{(1-\tau) m_1 - \tau m_2} \right] \left[\widehat{m}_t^b + \frac{- m \widehat{m}_t + x \widehat{x}_t}{1 - m - x} \right] +$$

$$\left[\frac{m_2}{m_1 + m_2} + \frac{\tau m_2}{(1 - \tau) m_1 - \tau m_2} \right] \left[\frac{\psi_l wl}{\psi_l wl + \psi_k r^k k/\mu_z} (\widehat{\psi}_{l,t} + \widehat{w}_t + l_x) + \right.$$

$$\left. \frac{\psi_k r^k k/\mu_z}{\psi_l wl + \psi_k r^k k/\mu_z} (\widehat{\psi}_{k,t} + \widehat{r}_t^k + \widehat{k}_t - \widehat{\mu}_{z,t}) \right] \tag{12}$$

其中，$m_1 + m_2$ 是总的存款，$m_1 - \tau (m_1 + m_2)$ 是超额储备。

$$\widehat{R}_{at} - \left[\frac{h_{er} - \tau h_{er}}{(1 - \tau) h_{er} - 1} - \frac{\tau h_{er}}{\tau h_{er} + 1} \right] \left[-\left(\frac{1}{1 - \xi} + \log(e_v) \right) \xi \widehat{\xi}_t + \widehat{x}_t^b - \xi \widehat{e}_{v,t} \right] +$$

$$\left[\frac{\tau h_{er}}{(1 - \tau) h_{er} - 1} + \frac{\tau h_{er}}{\tau h_{er} + 1} \right] \widehat{\tau}_t - \widehat{R}_t = 0 \tag{13}$$

在没有银行部门的模型中，我们有借贷市场出清的条件：

$$\psi_{l,t} W_t l_t + \psi_{k,t} P_t r_t^k K_t = M_t^b - M_t + X_t$$

方程的右边是为了借贷目的的基础货币供给，而方程的左边是相应的需求。用 $P_t z_t$ 标准化以上公式得：

$$\psi_{l,t} w_t l_t + \psi_{k,t} r_t^k u_t \frac{\bar{k}_t}{\mu_{z,t}} = m_t^b (1 - m_t + x_t)$$

对以上公式线性化得到：

$$\psi_l wl \left[\widehat{\psi}_{l,t} + \widehat{w}_t + \widehat{l}_t \right] + \psi_k r^k \frac{\bar{k}}{\mu_2} \left[\widehat{\psi}_{kz} + \widehat{r}_t^k + \widehat{u}_t + \widehat{k}_t - \widehat{\mu}_{z,t} \right] -$$

$$m^b (1 - m + x) \left[\widehat{m}_t^b + \frac{-m\widehat{m}_t + x\widehat{x}_t}{1 - m_t + x_t} \right] = 0$$

5. 居民

对于居民，效用 u_c^z 的定义为：

$$E\left\{ u_c^z \widehat{u}_{c,t}^z - \left[\frac{\mu_z}{c(\mu_z - b)} - \frac{\mu_z^2 c}{c^2 (\mu_z - b)^2} \right] \widehat{\mu}_{z,t} - b\beta \frac{\mu_z c}{c^2 (\mu_z - b)^2} \widehat{\mu}_{z,t+1} + \right.$$

$$\left. \frac{\mu_z^2 + \beta b^2}{c^2 (\mu_z - b)^2} \widehat{cc}_t - \frac{b\beta \mu_z}{c^2 (\mu_z - b)^2} \widehat{cc}_{t+1} - \frac{b\mu_z}{c^2 (\mu_z - b)^2} \widehat{cc}_{t-1} \mid \Omega_t^\mu \right\} = 0 \tag{14}$$

对于时间存款的一阶条件是：

$$E\left\{ -\widehat{\lambda}_{z,t} + \widehat{\lambda}_{z,t+1} - \widehat{\mu}_{z,t+1} - \widehat{\pi}_{t+1} - \frac{R^e \tau^T}{1 + (1 - \tau^T) R^e} \widehat{\tau}_{t+1}^T + \frac{R^e (1 - \tau^T)}{1 + (1 - \tau^T) R^e} \widehat{R}_{t+1}^e \mid \Omega_t^\mu \right\} = 0$$

$$\tag{15}$$

居民的资本选择的一阶条件为：

$$E\left\{-\widehat{\lambda}_{z,t}+\left[\frac{R^{k}}{1+R^{k}}\widehat{R}_{t+1}^{k}+\widehat{\lambda}_{z,t+1}-\widehat{\mu}_{z,t+1}-\widehat{\pi}_{t+1}\right]\bigg|\Omega_{t}\right\}$$

居民的关于现金持有的一阶条件为：

$$\widehat{v}_{t}+(1-\sigma_{q})\widehat{c}_{t}+\left[-(1-\sigma_{q})\left(\theta-(1-\theta)\frac{m}{1-m+x}\right)-\frac{\frac{\theta}{m}+\frac{1-\theta}{(1-m+x)^{2}}m}{\frac{\theta}{m}-\frac{1-\theta}{1-m+x}}\right]\widehat{m}_{t}-$$

$$\left[\frac{(1-\sigma_{q})(1-\theta)x}{1-m+x}-\frac{\frac{1-\theta}{(1-m+x)^{2}}x}{\frac{\theta}{m}-\frac{1-\theta}{1-m+x}}\right]\widehat{x}_{t}+$$

$$\left[-(1-\sigma_{q})(\log(m)-\log(1-m+x))+\frac{(1+x)}{\theta(1+x)-m}\right]\theta\widehat{\theta}_{t}$$

$$-(2-\sigma_{q})\widehat{m}_{t}^{b}-\left[\widehat{\lambda}_{z,t}+\frac{-\tau^{D}}{1-\tau^{D}}\widehat{\tau}_{t}^{D}+\widehat{R}_{a,t}\right]=0 \tag{16}$$

根据消费者的最优化方程，将 $\widehat{c}_{t}$ 的系数设置为 0，得到关于 M_{t+1}^{b} 的一阶条件为：

$$E\left\{\frac{\beta}{\pi\mu_{z}}v(1-\theta)\left[c\left(\frac{1}{m}\right)^{\theta}\right]^{(1-\sigma_{q})}\left(\frac{1}{1-m+x}\right)^{(1-\sigma_{q})(1-\theta)+1}\left(\frac{1}{m^{b}}\right)^{(2-\sigma_{q})}\times\right.$$

$$\left\{\widehat{v}_{t+1}-\frac{\theta}{1-\theta}\widehat{\theta}_{t+1}+(1-\sigma_{q})\widehat{c}_{t+1}-(1-\sigma_{q})\log(m)\theta\widehat{\theta}_{t+1}-\theta(1-\sigma_{q})\widehat{m}_{t+1}-\right.$$

$$\left[(1-\sigma_{q})(1-\theta)+1\right]\left(\frac{1}{1-m+x}\right)\left[x\widehat{x}_{t+1}-m\widehat{m}_{t+1}\right]+$$

$$(1-\sigma_{q})(-\log(1-m+x))\theta\widehat{\theta}_{t+1}-(2-\sigma_{q})\widehat{m}_{t+1}\right\}$$

$$+\frac{\beta}{\pi\mu_{z}}\lambda_{z}\left[1+(1-\tau^{D})R_{a}\right]\widehat{\lambda}_{z,t+1}+$$

$$\frac{\beta}{\pi\mu_{z}}\lambda_{z}\left[(1-\tau^{D})R_{a}\widehat{R}_{a,t+1}-\tau^{D}R_{a}\widehat{\tau}_{t+1}^{D}\right]-\lambda_{z}\left[\widehat{\lambda}_{z,t}+\widehat{\pi}_{t+1}+\widehat{\mu}_{z,t+1}\right]\big|\Omega_{t}^{\mu}\right\}$$

$$=0$$

关于消费的一阶条件为：

$$E\left\{u_{c}^{z}\widehat{u}_{c,t}^{z}-vc^{-\sigma_{q}}\left[\frac{1}{m^{b}}\left(\frac{1}{m}\right)^{\theta}\left(\frac{1}{1-m+x}\right)^{(1-\theta)}\right]^{(1-\sigma_{q})}\times\right.$$

$$\left[\widehat{v}_{t}-\sigma_{q}\widehat{c}_{t}+(1-\sigma_{q})\left(-\widehat{m}_{t}^{b}-\theta\widehat{m}_{t}-(1-\theta)\left(\frac{-m}{1-m+x}\widehat{m}_{t}+\frac{x}{1-m+x}\widehat{x}_{t}\right)\right)+\right.$$

$$(1 - \sigma_q)\left[\log\left(\frac{1}{m}\right) - \log\left(\frac{1}{1-m+x}\right)\right]\theta\widehat{\theta}_t -$$

$$(1 + \tau^c)\lambda_z\left[\frac{\tau^c}{(1+\tau^c)}\widehat{\tau}_t^c + \widehat{\lambda}_{z,t}\right] \Big| \Omega_t\Big\} = 0$$

工资的简化方程为：

$$\mathrm{E}\Big\{ \eta_0\widehat{w}_{t-1} + \eta_1\widehat{w}_t + \eta_2\widehat{w}_{t+1} + \eta_{\bar{3}}\widehat{\pi}_{t-1} + \eta_3\widehat{\pi}_t + \eta_4\widehat{\pi}_{t+1} + \eta_5\widehat{l}_t +$$

$$\eta_6\left[\widehat{\lambda}_{z,t} - \frac{\tau^l}{1-\tau^l}\widehat{\tau}_t^l\right] + \eta_7\widehat{\zeta}_t \Big| \Omega_t\Big\} = 0 \tag{19}$$

其中，

$$\eta = \begin{pmatrix} b_\omega\xi_\omega \\ -b_\omega(1+\beta\xi_\omega^2) + \sigma_L\lambda_\omega \\ \beta\xi_\omega b_\omega \\ b_\omega\xi_\omega \\ -\xi_\omega b_\omega(1+\beta) \\ b_\omega\beta\xi_\omega \\ -\sigma_L(1-\lambda_\omega) \\ 1-\lambda_\omega \\ -(1-\lambda_\omega) \end{pmatrix} = \begin{pmatrix} \eta_0 \\ \eta_1 \\ \eta_2 \\ \eta_{\bar{3}} \\ \eta_3 \\ \eta_4 \\ \eta_5 \\ \eta_6 \\ \eta_7 \end{pmatrix}$$

6. 总体约束

资源约束方程：

$$d_y\left[\frac{G''(\bar{\omega})}{G(\bar{\omega})}\bar{\omega}\widehat{\omega}_t + \frac{R^k}{1+R^k}\widehat{R}_t^k + \widehat{q}_{t-1} + \widehat{\bar{k}}_t - \widehat{\mu}_{z,t} - \widehat{\pi}_t\right] + u_y\widehat{u}_t + g_y\widehat{g}_t + c_y\widehat{c}_t + k_y\frac{i}{y}\widehat{i}_t +$$

$$\Theta(1-\gamma)v_y\widehat{v}_t - \alpha(\widehat{u}_t - \widehat{\mu}_{z,t} + \widehat{\bar{k}}_t + \widehat{v}_t^k) - (1-\alpha)(\widehat{l}_t + \widehat{v}_t^l) - \widehat{\varepsilon}_t = 0 \tag{20}$$

在方括号中的是银行的监管费用，监管过程中被消耗掉。

$$\widehat{\bar{k}}_{t+1} - \frac{1-\delta}{\mu_z}(\widehat{\bar{k}}_t - \widehat{\mu}_{z,t}) - \frac{i}{y}\widehat{i}_t = 0 \tag{21}$$

货币政策的演化方程为：

$$\widehat{m}_t^b + \frac{x}{1+x}\widehat{x}_t - \widehat{\pi}_{t+1} - \widehat{\mu}_{z,t+1} - \widehat{m}_{t+1}^b = 0 \tag{22}$$

货币政策的演化方程也可以转化为：

$$\widehat{m}_{t-1}^b + \frac{x}{1+x}\widehat{x}_{t-1} - \widehat{\pi}_t - \widehat{\mu}_{z,t} - \widehat{m}_t^b = 0 \tag{22}''$$

7. 货币政策

货币政策是由以下方程表示的：

$$\widehat{x}_t = \sum_{i=1}^p x_{it} \tag{23}$$

其中，x_{it}是一系列的冲击束。

（三）各种变量的脉冲响应分析

在以上模型框架下，我们通过 matlab 软件中的 Dynare 工具箱进行模拟，以分析我国法定存款准备金率和货币供应量的变动（主要反映的是从紧的货币政策）对经济的影响。结构参数主要来源于现实经济数据，所用到的稳态参数是稳态校准得来。具体的方案可参见 CMR（2002）。选用产出、消费、投资、通货膨胀、各种利率、租金、工资作为经济的主要观测指标，作为货币政策冲击对经济影响的指示变量，时间区间为 1997 年 1 月至 2011 年 2 月。DSGE 蕴含两点结论。首先，货币政策冲击对实体经济（以消费、投资和产出为主要指示指标）在长期内是没有影响的，所以货币政策冲击会在长期内向稳态收敛。其次，作为一种外部冲击，存款准备金率和货币供应量的变动在短期内会对经济带来一定的影响，而这些影响会因为模型的不同而有所不同。

1. 存款准备金率变动对经济的影响

当存款准备金率提高一个百分点时，各种经济指标的变动如图 3 - 11 所示。图 3 - 11a 是实体经济对存款准备金上调的反应。从波动方向来讲，期初，产出、消费和投资对提高存款准备金的反应是负向的，也就是说提高存款准备金率在短期内会有效平抑经济的过热状态。从波动幅度的角度来分析，投资对提高存款准备金率的冲击响应最剧烈，消费由于跨期替代效应的存在波动幅度最小，而产出介于二者之间。以上结果和现实的经济直觉是一致的。现实经济中，从紧的货币政策会对经济产生负向影响，而相对于产出和消费而言，投资对冲击的影响最为迅速。

图3－11b显示的是提高存款准备金率对物价和工资的影响。对于物价而言，提高存款准备金率以后，物价指数的波动方向是先提高而后在第二个月之后下降。这个现象的存在是由于两种机制相互作用的结果。一是价格黏性机制的存在，二是产出减少的影响。由于预期产出的减少，消费者会加大购买量。然而，随着产出的减少，消费者的收入也减少，由此带来的收入效应最终会使消费者的购买力降低，进而物价指数跟着下降。由于价格黏性机制的存在，这些效应和产出的变动不总是一致，所以产出机制只是部分地解释了物价地变动。工资的迅速下降可以由产出变动很好地解释。也就是说，提高存款准备金率的同时，生产者产出减少，同时会使得工资迅速减少。由于消费者在一期购买力上升，工资会有反向变动，但最终由于工资黏性的存在，工资的变动会趋于平稳。

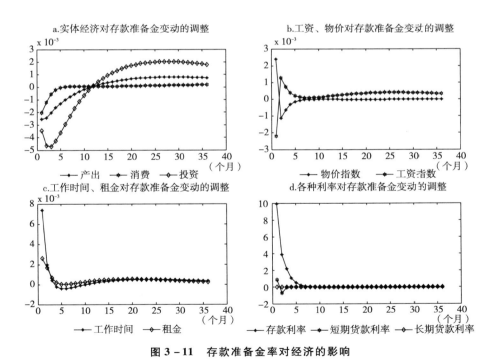

图3－11　存款准备金率对经济的影响

图3－11c显示的是工作时间和租金对存款准备金率的调整过程。随着

工资的下降，消费者为了维持以前水平的收入，会增加工作时间的投入。这就解释了为什么图 3 - 11c 中工作时间是正的。租金的上升则是一个比较复杂的经济现象。工作时间的变长会促使生产厂商多租资本，但是资本本身是一个较为稳定的量，所以租金会随之上升。

图 3 - 11d 作为提高存款准备金率的直接影响结果不需要太多的解释。存款准备金率提高，银行的可贷资金减少。为了吸收更多的存款，存款利率必然提高。存款利率的提高必然导致贷款利率的相应提高，但这是对短期贷款利率而言。对于长期贷款利率来说，真正起作用的是更为宏观和长期的因素，这种短期冲击对长期贷款利率影响不大。

2. 货币供应量的脉冲响应分析

图 3 - 12 显示的是货币供应量减少 1 个百分点引起经济的变动情况。图 3 - 12a 是实体经济对货币供应量减少 1 个百分点的反应。从波动方向来讲，期初，产出、消费和投资对减少货币供应量的反应是负向的。也就是说，货币供应量减少 1 个百分点在短期内会有效平抑经济的过热状态。从波动幅度的角度来分析，投资对货币供应量减少 1 个百分点的冲击响应最剧烈，消费由于跨期替代效应的存在波动幅度最小，而产出介于二者之间。以上结果和现实的经济直觉是一致的。现实经济中从紧的货币政策会对经济产生负向影响，而相对于产出和消费而言，投资对冲击的影响最为迅速。

图 3 - 12b 显示的是物价和工资对货币供应量减少 1 个百分点的响应。对于物价而言，货币供应量减少 1 个百分点以后，物价指数的波动方向是先提高而后趋于平稳。这个现象的存在是两种机制相互作用的结果：一是价格黏性机制的存在；二是产出减少的影响。由于预期产出减少，消费者会加大购买量，然而随着产出减少，消费者的收入也相应减少，由此带来的收入效应最终会使消费者的购买力降低，进而使物价指数跟着下降。由于价格黏性机制的存在，这些效应和产出的变动不总是一致，所以产出机制只是部分地解释了物价的变动。工资的迅速下降可以由产出变动很好地解释。也就是说，货币供应量减少 1 个百分点的同时，生产者产出减少，同时会使得工资迅速减少。由于消费者一期购买力的上升使得工资会有反向变动，但最终由于工资黏性的存在，工资的变动会趋于平稳。

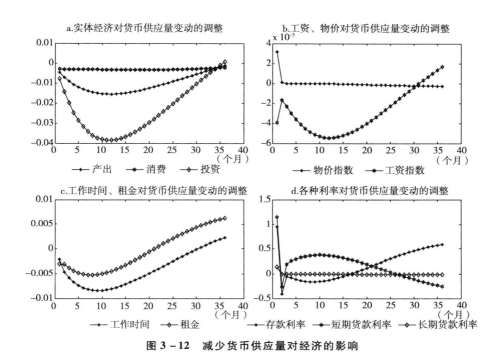

图 3 - 12 减少货币供应量对经济的影响

图 3 - 12c 显示的是工作时间和租金对货币供应量减少 1 个百分点的调整过程。由于货币供应量减少，货币的购买力实际上是提高的。这样随着货币购买力的提高，消费者趋于减少工作时间，但是工资减少势必抵消这一效果，最终消费者会增加工作时间以维持以前的收入水平。这样工作时间的变动会有一个先下降后上升的过程，但从更长期来讲，工作时间会趋于平稳。图中只是显示了 36 个月的调整期。对于租金而言，随着生产商产出的下降，资本市场的需求减少，从而租金下降以维持资本市场的供应水平，但长期内资本市场会恢复到稳态的均衡状态。

图 3 - 12d 显示的是减少货币供应量对信贷市场有着较为复杂的影响，尤其体现在短期贷款利率和存款利率的变动上。货币供应量变动期初，银行的可贷资金减少，为了吸收更多的存款，存款利率必然提高。存款利率的提高必然导致贷款利率的相应提高，但是随着货币供应量的减少，货币的购买力实际上是提高的。货币购买力提高，意味着货币需求减少，这样银行的可贷资金实际上不是短缺，而是有些许

剩余了，这会使银行降低存款利率，进而使得短期贷款利率也降低。这种相反的结果会持续一段时间，进而使得短期信贷市场表现比较复杂的波动形态。

（四）小结

本节通过 DSGE 模型的实证模拟分析得到以下几点结论。

第一，货币政策对实体经济有着显著的影响。

DSGE 模型的模拟结果显示，短期内，适度从紧的货币政策对于有效平抑经济过热现象有着明显的效果，尤其是对投资、消费和产出而言，不管是通过提高存款准备金率直接压缩实体经济中的货币存量，还是通过直接减少货币供应量的增加。当货币政策目标为抑制经济过热现象时，货币政策效果明显。

第二，价格型货币政策和数量型货币政策对经济波动影响的强度和持续期限存在显著差异。

价格型货币政策的效应较强但持续期较短，而数量型货币政策效应较为温和但影响相对持久。其原因在于，提高利率和减少货币供应量对经济的作用机制不同。提高利率是通过提高生产成本直接抑制投资者的积极性来影响投资，而减少货币供应量是通过影响消费者的交易成本来影响投资。由于消费者的消费具有跨期平滑的特征，波动性较小，而利率的提高直接影响投资的多少，故而变动较为强烈。无论是投资还是消费都是总需求的一部分，需求的变动必然导致价格的联动，从而无论是从实体经济来看还是从价格变动来看，价格型货币政策都会呈现持续期短、作用效果强的特点。数量型货币政策效应的持续性长会影响中国人民银行对现实经济中其他非货币政策冲击的判断，因此较之于价格型货币政策，数量型货币政策效应的持续性长会加大中国人民银行政策制定的难度。

第三，对于抑制通货膨胀来说，适度从紧的货币政策不是速效的手段，但随着时间的推延，政策效果会逐步显现。

在短期内，适度从紧的货币政策不但不能有效抑制通货膨胀上升趋势，反而会加强前期的波动，在随后 2 ~ 3 个月内货币政策的效果才开始显现。

第四，完全市场化条件下利率可以有效发挥调控作用。

本节的 DSGE 模型建立在完全市场化经济体的假设前提之上，所以利率是不受管制的。实际上，我国的利率尤其是银行存贷款利率尚存在管制。存在利率管制的结果之一是货币政策的效果无法通过影响利率得以表达，使得市场效率降低。

七　结论和政策建议

货币政策有效性是指货币管理当局运用特定的货币政策工具与手段，并通过特定的传导机制来达到有效地影响实际产出和稳定物价的预定目标。本章利用经济计量工具，通过实证分析检验了我国货币政策的产出效应，通过 DSGE 模型模拟货币政策对主要经济变量的影响，得出以下主要结论。

第一，增加货币供应量的政策能促进产出增长，但贡献度偏低，大约有 7 个月时滞效应，其传导渠道主要是信贷配给中的银行借贷途径，即通过信用渠道增加金融机构的贷款总额和增强财富效应来影响投资和消费，最终影响产出。但是由于长期以来我国居民存款量大，金融机构可贷资金充足，在一定程度上抑制了贷款数量随金融机构可贷款总额的增加而增加。不仅如此，银行系统的"惜贷"倾向和信贷分配不均也阻碍了货币政策效用的发挥。

第二，利率政策的时滞较长，传导机制的阻塞较大，大约有 5 个季度的时滞效应，从而限制了利率政策效果的发挥。我国利率政策存在时滞效应的原因在于，作为银行贷款主体的大型国有企业由于存在预算软约束等特点，对利率反应不敏感，而对利率反应敏感的广大中小企业却较少或不能获得银行贷款。

第三，国际金融危机以来，我国一揽子宽松货币政策有效地促进了经济止跌回升，但是有部分信贷流入房地产市场和股票市场，刺激了房市和股市投机，使房价指数和股价指数逆市高歌，增大了房地产市场和资本市场泡沫，同时由于货币供应量急剧上涨，也产生了通货膨胀预期的压力。

第四，完全竞争市场经济条件下，货币政策的金融加速器效应明显。金融危机背景下刺激经济增长的货币政策退出，或经济过热情况下抑制经济过热的货币政策调整，都需要提前做出预判，把握时机和节奏。

当前是我国经济处在企稳回升的关键时期，面对全球经济旧患未除新患又至的复杂局面，保持经济平稳较快发展仍然是我国面临的首要任务。为夯实经济稳固发展的基础，需要货币政策的积极支持。

针对目前存在的问题，基于上文的实证分析，就国际金融危机后如何进一步发挥我国货币政策的有效性提出以下建议。

第一，坚持信贷投放适度增长，优化信贷结构，引导资金进入实体经济，逐步回收过多的流动性。

当前，我国经济企稳回升的基础尚不牢固，在国际形势复杂多变的情况下，需要继续坚持适度宽松的货币政策，但要积极引导商业银行优化信贷结构，使信贷向民生投资和消费增长倾斜，加大对节能减排、"三农"、助学、就业等的信贷扶持力度，防止信贷资金大量流入股市和房地产市场进行投机投资。信贷大量流入股市和房市，很可能引发资产价格再膨胀，催生不良资产反弹。资产价格的单边上涨会对短期国际资本构成极大的吸引力，这对我国已有的庞大外汇储备来说无疑是雪上加霜，将进一步引发外汇储备大量增加，而外汇占款的增加会直接增加基础货币的投放，进而导致流动性剧增，不利于经济稳定增长和宏观调控。对于已经产生的通货膨胀预期，货币政策也应适度微调，将货币政策目标的重心由保持经济增长回归到维护物价稳定上来，逐步回收过多的流动性，防止通货膨胀的发生。

第二，加快利率市场化改革，加强利率政策对宏观调控的作用。

利率政策应该作为今后我国货币政策的关键部分。虽然目前货币供应量仍然是我国货币政策的中介目标，但是经过金融危机后大规模的货币供应量扩张，我国 M2 的增长率已经处在高位，中国人民银行坚持货币供应量增长的这一目标实现起来将越来越难。利率成为货币政策的中介目标将是大势所趋。由于利率政策的传导机制直接依赖于金融资本市场的完善，利率市场化是必然要求。

第三，改善以商业银行为主体的信贷市场，以完善货币政策的传导机制。

银行体系是我国货币政策传导的主要渠道，银行体系对资本的配置合理与否直接关系到货币政策的执行效果。一方面，金融机构要对现行的信贷经营思路进行改进，要按市场规律办事，发放贷款时，要对国有企业和非国有企业、大企业和中小型企业一视同仁，严格以信用等级和还款能力作为标准发放贷款；另一方面，要健全中小企业的融资渠道，增强中小企业与银行的互信与合作，使广大中小企业能及时地得到较为充足的信贷支持，从而使宽松的货币政策更为有效地刺激实体经济的发展。

参考文献

[1] Bernanke, Ben, and Alan Bliner (1992), The federal funds rate and the channels of monetary transmission, *American Economic Review* 82: 901 – 921.

[2] Christiano, L. J., R, Motto and M. Rostagno (2002), Banking and Financial Frictions in a Dynamic General Equilibrium Model, Manuscript, Northwestern University.

[3] Gali J. (2002), New Perspectives on Monetary Policy, Inflation, and the Business Cycle Model. NBER Woeking Paper.

[4] Mishkin, A. (2001), Monetary policy Actions, Intervention and Exchange rates: A reexamination of the Empirical Relationships Using FederalFunds Rate Target Data, Journal of Business 71, 147 – 177.

[5] Morgan, D. (1993), Asymmetry Effects of Monetary Policy, *Economic Review* 2: 21 – 33.

[6] 刘斌：《我国货币供应量与产出、物价间相互关系的实证研究》，《金融研究》2002 年第 7 期。

[7] 刘金全：《时变参数与货币政策的时变反应分析》，《中国社会科学》2002 年第 4 期。

[8] 谢平：《中国货币政策分析：1998～2002》，《金融研究》2004 年第 8 期。

[9] 周锦林：《关于我国货币"中性"问题的实证研究》，《经济科学》2002 年第 1 期。

[10] 孙小丽、杨晓光：《基于金融机构流动性的中国货币政策传导机制实证研究》，《经济经纬》2008 年第 3 期。

[11] 郝雁：《对中国货币政策效应时滞的实证分析》，《南开经济研究》2004 年第 3 期。

[12] 王少平、李子奈：《我国货币需求的协整分析及其货币政策建议》，《经济研究》2004 年第 7 期。

[13] 高云峰：《金融发展中的货币需求稳定性研究——基于 1994～2005 年的协整分

析》，《数量经济技术经济研究》2006 年第 5 期，第 31~40 页。

[14] 吴振信、许宁：《货币政策对投指影响的 GARCH – M 效应研究》，《经济问题》2006 年第 8 期，第 65~66 页。

[15] 杨新松、龙革：《货币政策是否影响股票市场：基于中国股市的实证分析》，《中央财经大学学报》2006 年第 3 期，第 39~44 页。

[16] 梁云芳、高铁梅、贺书平：《房地产市场与国民经济协调发展的实证分析》，《中国社会科学》2006 年第 3 期，第 74~84 页。

[17] 周京奎：《货币政策、银行贷款与住宅价格——对中国 4 个直辖市的实证研究》，《财贸经济》2005 年第 5 期，第 12~22 页。

[18] 何德旭、张捷：《经济周期与金融危机：金融加速器理论的现实解释》，《财经问题研究》2009 年第 10 期。

[19] 王钰、宋文飞、韩先锋：《财政政策、货币政策与通货膨胀》，《贵州财经学院学报》2010 年第 3 期，第 59~63 页。

[20] 徐洪才：《2010 年我国货币政策的挑战与对策》，《经济视角》2010 年第 3 期，第 3~5 页。

[21] 潘敏、缪海斌：《银行信贷、经济增长与通货膨胀压力》，《经济评论》2010 年第 2 期，第 62~70 页。

[22] 曹协和、吴竞择、何志强：《货币政策、货币缺口与通货膨胀：基于中国的实证分析》，《国际金融研究》2010 年第 4 期，第 12~21 页。

[23] 王小广：《通胀压力不大，货币政策要注重调控资产泡沫》，《中国金融》2010 年第 8 期，第 28~29 页。

[24] 马永波：《流动性新趋势与"超宽松"货币政策退出探讨》，《农村金融研究》2010 年第 2 期，第 29~35 页。

[25] 邢哲：《对我国宽松货币政策退出策略的思考》，《经济论坛》2010 年第 2 期，第 22~25 页。

[26] 高铁梅、王金明、吴桂珍、刘玉红：《计量经济分析方法与建模：Eviews 应用及实例（第二版）》，清华大学出版社，2009。

[27] 中国人民银行《中国货币政策执行报告二〇〇八年第四季度》，http://www.pbc.gov.cn/。

[28] 中国人民银行《中国货币政策执行报告二〇〇九年第四季度》，http://www.pbc.gov.cn/。

[29] 中国人民银行《中国货币政策执行报告二〇一〇年第一季度》，http://www.pbc.gov.cn/。

第四章　产业振兴规划的实施及投资效应分析

由美国次贷危机所引发的金融风暴致使全球经济遭到严重打击，世界经济至今仍在缓慢恢复之中。危机的多米诺骨牌效应也使持续拉动中国经济快速增长的主要力量——制造业遇到了近 30 年来少有的困难。尤其是 2008 年，数以万计的中小企业由于外部总需求减少及人民币升值、银根紧缩等而破产，中国的许多行业面临着前所未有的挑战。在这一背景下，中国政府推出了一系列措施，力图降低世界金融危机对中国经济的影响，振兴中国的产业经济。国务院于 2009 年出台的"十大产业振兴规划"和 2010 年出台的《关于加快培育和发展战略性新兴产业的决定》以及增加 4 万亿元投资都是这一背景下的产物。本章阐述产业振兴规划的思路与措施，分析产业振兴规划的实施效应，以及战略性新兴产业的发展思路、带动效应与集聚效应。

一　产业振兴规划的思路与措施

目前，全球制造业主要集中在北美、欧洲和东亚三大区域，其中东亚地区是以中、日、韩三国为代表。自 20 世纪 90 年代以来，以制造业为主的中国经济得到了长足发展，中国制造业在全球制造业中的比重到 2007 年已提高到 13.2%。中国从 2006 年开始出口额大于进口额，制造业的出口额已占到全国贸易总额的近 42%，进口额占 40%。事实上，最近几年中国制造业出口呈现一种"井喷"态势，只是在 2008 年国际金融危机的影响下有所放缓。

在金融危机的冲击下，世界三大经济体——欧盟、美国和日本几乎同时进入衰退期。中国对美国、欧盟和日本三大经济体的直接和间接出口占出口总额的近60%。美、欧、日等主要市场的经济形势不容乐观，将直接影响中国制造业的国际市场需求。据测算，美国经济增长率每下降1%，中国对美国的出口就会下降5%～6%。因此，金融危机的爆发使中国的许多行业，特别是制造业面临严峻的形势。

任何事物都具有两面性。一方面，金融危机会使中国产业相关部门的外部需求有所减弱，部分行业产能面临重新调整；另一方面，金融危机会促使全球产业进行重新布局，在生存和利润的压力下，西方国家产业将加速向亚太新兴市场转移，这势必推进中国产业部门尤其是制造业结构的优化。同时，中国强劲的经济增长、雄厚的外汇储备以及庞大的国内市场，中国产业势必会抵御金融危机所带来的各种消极因素，迎来前所未有的发展机遇。在这种背景下，2009年，国务院陆续出台了振兴钢铁、汽车、纺织、装备制造、船舶、电子信息、轻工业、石化、有色金属、物流等产业规划，以图减缓金融危机对中国产业经济的影响。

要分析产业振兴规划的实施效果，有必要先回顾各产业振兴规划的思路和措施。

（一）钢铁、汽车、纺织产业

国家首先出台了钢铁、汽车、纺织产业的振兴规划。其中，振兴钢铁产业的基本思路是：以控制总量、淘汰落后、联合重组、技术改造、优化布局为重点，推动钢铁产业由大变强。其主要措施是：统筹国内外两个市场，落实扩大内需措施，拉动国内钢材消费，实施适度灵活的出口税收政策，稳定国际市场份额；控制钢铁总量，淘汰落后产能，不再上单纯扩大产能的钢铁项目；发挥大集团的带动作用，推进企业联合重组，培育具有国际竞争力的大型和特大型钢铁集团，优化产业布局，提高集中度；加大技术改造、研发和引进力度，在中央预算内基建投资中列支专项资金，推动钢铁产业技术进步，调整品种结构，提升钢材质量。

调整振兴汽车产业的基本思路是：实施积极的消费政策，稳定和扩大汽车消费需求，以结构调整为主线，推进企业联合重组，以新能源汽车为突破口，加强自主创新，形成新的竞争优势。主要措施是：培育汽车消费市场，从 2009 年 3 月 1 日至 12 月 31 日，国家安排 50 亿元对农民报废三轮汽车和低速货车换购轻型载货车以及购买 1.3 升以下排量的微型客车给予一次性财政补贴，增加老旧汽车报废更新补贴资金，并清理取消限购汽车的不合理规定；推进汽车产业重组，支持大型汽车企业集团进行兼并重组，支持汽车零部件骨干企业通过兼并重组扩大规模；支持企业自主创新和技术改造，中央安排 100 亿元专项资金重点支持企业技术创新、技术改造和新能源汽车及零部件发展；实施新能源汽车战略，推动电动汽车及其关键零部件产业化；支持汽车生产企业发展自主品牌，加快汽车及零部件出口基地建设，发展现代汽车服务业，完善汽车消费信贷。

调整振兴纺织产业的基本思路是：以自主创新、技术改造、淘汰落后、优化布局为重点，推进结构调整和产业升级，巩固和加强对就业和惠农的支撑地位，推进中国纺织工业由大到强的转变。主要措施是：统筹国际国内两个市场，积极扩大国内消费，开发新产品，开拓农村市场，促进产业用纺织品的应用，同时拓展多元化出口市场，稳定国际市场份额；加强技术改造和自主品牌建设，在新增中央投资中设立专项资金，重点支持纺纱织造、印染、化纤等行业技术进步，推进高新技术纤维产业化，提高纺织装备自主化水平，培育具有国际影响力的自主知名品牌；加快淘汰落后产能，淘汰能耗高、污染重等落后生产工艺和设备，对优势骨干企业兼并重组困难企业给予优惠支持；优化区域布局，在东部沿海地区重点发展技术含量高、附加值高、资源消耗低的纺织产品，推动和引导纺织服装加工企业向中西部转移；加大财税金融支持，将纺织品服装出口退税率由 14% 提高至 15%，对基本面较好但暂时出现经营和财务困难的企业给予信贷支持。

（二）装备制造、船舶、电子信息产业

国家调整振兴装备制造业的基本思路是：依托国家重点建设工程，大规模开展重大技术装备自主化工作，通过加大技术改造投入，增强企业自主创新能力，大幅度提高基础配套件和基础工艺水平，加快企业兼并重组

和产品更新换代，促进产业结构优化升级，全面提升产业竞争力。主要措施是：依托高效清洁发电、特高压输变电、煤矿与金属矿采掘、天然气管道输送和液化储运、高速铁路、城市轨道交通等领域的重点工程，有针对性地实现重点产品国内制造；结合钢铁、汽车、纺织等大产业的重点项目，推进装备自主化；提升大型铸锻件、基础部件、加工辅具、特种原材料等配套产品的技术水平，夯实产业发展基础；推进结构调整，转变产业增长方式，支持装备制造骨干企业进行联合重组，发展具有工程总承包、系统集成、国际贸易和融资能力的大型企业集团；加快完善产品标准体系，发展现代制造服务业；充分利用增值税转型政策，推动企业技术进步，在新增中央投资中安排产业振兴和技术改造专项；鼓励开展引进消化吸收再创新，对部分确有必要进口的关键部件及原材料，免征关税和进口环节增值税；加强企业管理和职工培训，改进生产组织方式，提高生产效率和产品质量，推进以企业为主体的产学研结合，支持企业培养壮大研发队伍。

调整振兴船舶工业的基本思路是：采取积极的支持措施，稳定造船订单，化解经营风险，控制新增造船能力，推进产业结构调整，提高大型企业综合实力，形成新的竞争优势，开发高技术高附加值船舶，发展海洋工程装备，培育新的经济增长点。主要措施是：加大信贷融资支持力度，支持大型船舶企业和航运企业按期履行造船合同，稳定船舶企业生产，保持生产连续性；扩大船舶市场需求，积极发展远洋渔船、特种船、工程船、工作船等专用船舶，开拓国际市场，扩大高技术高附加值船舶、海洋工程装备国际市场份额；发展海洋工程装备，鼓励开发海洋工程动力及传动系统等关键系统和配套设备；拓展修船业务，鼓励造船企业利用现有造船设施开展修船业务，增强大型船舶、特种船舶、海洋工程装备修理和改装能力；支持企业兼并重组，鼓励骨干船舶制造企业实施兼并重组，推动大型船舶企业与上下游企业组成战略联盟，引导中小船舶企业调整业务结构；加强技术改造，提高自主创新能力，对散货船、油船、集装箱船三大主流船型进行优化升级，提升高技术高附加值船舶设计开发能力，支持填补国内空白、节能环保效果显著及产能不能满足市场需求的船舶、海洋工程装备和配套产品研发。

调整振兴电子信息产业的基本思路是：强化自主创新，完善产业发展环境，加快信息化与工业化融合，着力以重大工程带动技术突破，以新的应用推动产业发展。其主要措施是：完善产业体系，确保骨干产业稳定增长，着重增强计算机产业竞争力，加快电子元器件产品升级，推进视听产业数字化转型；立足自主创新，突破关键技术，建立自主可控的集成电路产业体系，突破新型显示产业发展瓶颈，提高软件产业自主发展能力；以应用带发展，推动业务创新和服务模式创新，强化信息技术在经济社会各领域的运用，着重在通信设备、信息服务和信息技术应用等领域培育新的增长点；集中力量实施集成电路升级、新型显示和彩电工业转型、第三代移动通信产业新跨越、数字电视推广、计算机提升和下一代互联网应用、软件及信息服务培育六大工程，鼓励引导社会资金投向电子信息产业；落实数字电视产业政策，推进"三网融合"。

（三）轻工、石化、有色金属、物流业

国家调整振兴轻工业的基本思路是：采取综合措施扩大城乡市场需求，巩固和开拓国际市场，加快自主创新，推动结构调整和产业升级，走绿色生态、质量安全和循环经济的新型发展之路。主要措施是：积极扩大城乡消费，增加国内有效供给，改善外贸服务，保持出口市场份额；加快技术进步，重点推进装备自主化和关键技术产业化，加快造纸、家电、塑料等行业的技术改造，建立产业退出机制，推进节能减排和环境保护；强化食品安全，整顿食品加工行业，提高准入门槛，健全召回和退市制度；加强自主品牌建设，支持优势品牌企业跨地区兼并重组，提高产业集中度；加强产业政策引导，推动产业转移，培育发展轻工业特色区域和产业集群。

国家调整振兴石化产业的基本思路是：加快结构调整，优化产业布局，着力提高创新能力和管理水平，不断增强产业竞争力。主要措施是：保持产业平稳运行，落实国家扩大内需、振兴重点产业和粮食增产等综合措施，拉动石化产品消费；提高农资保障能力，调整化肥农药生产结构，优化资源配置，降低成本，增加供给；统筹重大项目布局，大力推进技术改造，抓紧组织实施在建炼油、乙烯重大项目，推广资源综合利用和废弃

物资源化技术，发展循环经济；控制总量，淘汰落后产能，停止审批单纯扩大产能的焦炭、电石等煤化工项目，遏制煤化工盲目发展势头；落实成品油储备，完善税收政策，增加技改投入，加大对石化企业的信贷支持。

国家调整振兴有色金属产业的基本思路是：以控制总量、淘汰落后、技术改造、企业重组为重点，推动产业结构调整和优化升级。主要措施是：稳定和扩大国内市场，改善出口环境，调整产品结构，支持技术含量和附加值高的深加工产品出口；控制总量，加快淘汰落后产能；加大技术改造和研发力度，推动技术进步，开发前沿共性技术，提高装备工艺水平和关键材料加工能力；促进企业重组，优化产业布局，加强企业管理和安全监管，提高产业竞争力；建设覆盖全社会的有色金属再生利用体系，发展循环经济，提高资源综合利用水平。

国家调整振兴物流业的基本思路是：建立现代物流服务体系，以物流服务促进其他产业发展。其主要措施是：扩大物流市场需求，促进物流企业与生产、商贸企业互动发展，推进物流服务社会化和专业化；加快企业兼并重组，培育一批服务水平高、国际竞争力强的大型现代物流企业；推动能源、矿产、汽车、农产品、医药等重点领域物流发展，加快发展国际物流和保税物流；加强物流基础设施建设，提高物流标准化程度和信息化水平。

全球性金融危机中，十大产业振兴措施的陆续出台和 4 万亿元投资的刺激，对保证中国经济的持续增长起到了重要作用。

二　产业振兴规划的实施效应

（一）实施效应的分行业分析

作为扭转国际金融危机对中国经济发展的不利影响，实现"保增长、调结构"的宏观经济发展目标的举措，十大产业振兴规划的实施使中国经济度过了困难的 2009 年，成功实现了 8% 的经济增长目标。国家统计局的数据显示，2009 年中国规模以上工业增加值同比增长 10.3%，比上年同期回落 3.4 个百分点，比 1～10 月加快 0.9 个百分点，连续 7 个月同比增速加快。除物流业之外的上述九大工业的增加值，占全部工业增加值的近80%，占 GDP 的比重达 33%。十大产业振兴规划实施的效应如表 4 – 1 所示。

表 4 – 1 十大产业振兴规划实施效果评析

产 业	实施效果	存在问题	未来前景
钢铁产业	2009 年前三季度，A 股钢铁类上市公司均已实现扭亏为盈；钢铁类上市公司第 3 季度实现净利润 160 亿元，同比增长高达 238%。2009 年上半年成品钢材产量累计同比增长了 7.6%，粗钢产量累计增长了 2.9%	总体回升增长的态势不稳定；价格多次出现反复，时而大涨、时而大跌。板材轧制能力严重过剩的局面并没有得到根本改善	到 2015 年，全国将形成 1～2 个规模达亿吨级的具有国际竞争力的特大型钢铁集团，形成若干个 5000 万吨以上具有较强竞争力的集团
汽车产业	2009 年全国汽车产销分别完成 1379.10 万辆和 1364.48 万辆，同比分别增长 48% 和 46%，成为全球产销最大的国家；2009 年全国汽车产业结构调整取得很大成效，乘用车销售比重达到 76%，比 2008 年提高 4 个百分点；自主品牌乘用车共销售 457.70 万辆，占乘用车销售总量的 44%，比上年提高 4 个百分点	增长过快，产品需要转型，需要掌握核心技术	预计年销售规模能够达到并超过 1500 万辆；将重点发展新能源电动汽车
纺织业	2009 年行业内销增速屡创新高，超出市场预期；2009 年秋季广交会纺织服装成交额增幅回升，服装出口订单 PMI 指数向好，企业订单量涨价升	行业利润总额与 2008 年基本持平，但销售利润率则出现轻微下滑	内销强势，增幅有望达到 25%，出口增幅加大
装备制造业	2009 年 1～11 月规模以上装备制造企业工业增加值同比增长 12.8%，其中 11 月同比增长 20.8%；1～10 月，装备工业固定资产投资增长 39.2%，高于全国城镇固定资产投资增速 6.1 个百分点。其中，装备工业改扩建项目的投资增速远快于新建项目	缺乏国际知名品牌，某些重要产品缺少核心技术	3 年内实现装备制造行业平稳增长，重大装备取得突破，基础配套水平提高；组织结构优化升级，增长方式明显转变，严格控制产能过剩

续表

产　业	实施效果	存在问题	未来前景
船舶产业	2009 年 1~11 月全国造船完工量 3654 万载重吨，承接新船订单 2294 万载重吨，手持船舶订单 1.89 亿载重吨，分别占世界市场份额的 33%、61.1% 和 38.3%，比 2008 年底分别提高了 3.5 个、23.4 个和 2.8 个百分点。2009 年全年造船完工总量突破 4000 万载重吨大关，占全球造船份额达 33%	航运市场运力过剩，船舶工业产能过剩，成为制约造船市场复苏的巨大阻力	未来较长时间内手持订单量仍会逐渐下降；有效需求不足仍将是船舶工业所面临的最大挑战；行业真正转暖，还要靠出口复苏
电子信息产业	2009 年 1~10 月，规模以上制造业工业增加值同比增长 2.5%，软件产业同比增长 20.2%；3G 发展总体进展顺利，3G 用户总数达到 977 万户，其中中国移动 TD 用户达到 394 万户	产业结构不合理，核心技术相对缺失	电子信息产业将成为政策重点扶持的新产业，位列六大新兴产业之首
轻工业	2009 年前三季度全国家电在农村市场保持 8.6% 的增长率，其中 80% 的销售额来自家电下乡；冰箱、彩电、空调等行业已摆脱 2008 年增长放缓的困境；优势家电企业盈利继续快速增长	家电下乡政策拉动效应与预期尚有差距	增加下乡的家电种类，放开家电补贴的价格限制；设定补贴上线，改进补贴流程；农村市场仍将保持较快增长
石化产业	2009 年石化产业开工率普遍大幅提高；炼油行业扭亏为盈；化工行业也出现了利润率回升的态势，表现好于预期	原油开采业利润下滑，重复建设的现象仍然存在	继续进行产业结构调整，全行业要以结构调整促进产业升级，以科技创新带动产业发展
有色金属产业	2009 年有色金属矿采选业实现利润 256.75 亿元，有色金属冶炼及压延加工业实现利润 552.65 亿元，累计利润总额同比降幅变小，有色金属行业加速回暖态势明显	有色金属产能仍然有所过剩，但过剩量减小	有色金属价格将受到快速增长的需求和通胀预期共同推动，金属价格仍将上行
物流业	2009 年物流企业业务收入比 2007 年略有增长；大型物流企业均预计全年业务收入同比增长 3.5% 左右	业态复杂，第三方物流分散竞争，行业集中度低	利用新技术，构建统一信息平台，形成物畅其流、快捷准时、经济合理的"物联网"物流服务体系，向高端物流服务发展

资料来源：李坤，湘企网（http://www.xqw.gov.cn，2010-01-14）；刘菊花、陈玉明、何宗渝，中国质量新闻网（http://www.sina.com.cn，2010 年 01 月 22 日）。

表4-1的数据和资料显示，十大产业振兴规划的实施对促进相关产业的发展发挥了较明显的作用，对遏制金融危机给中国经济的冲击也产生了积极的影响。

第一，十大产业中，汽车产业受益最明显，钢铁、有色金属、纺织、船舶、石化、物流等产业回升不稳定。在全球车市都出现不同程度下滑的情况下，受到购车减税、以旧换新、"汽车下乡"等政策的刺激，中国汽车市场出现了显著的增长，全年汽车销量不仅首次突破千万辆大关，而且一举超越美国成为全球销量最大的国家，产销增长分别超过4成，全年总销量达到1364.48万辆，这与欧、美、日等国家汽车巨头大多举步维艰的状况形成鲜明对比。

家电、电子信息、装备制造等也是受益于产业振兴规划效果比较明显的产业。行业内一大批优势企业不仅实现了营业收入的快速增长，而且盈利能力也得到很大提升，品牌影响力和竞争实力明显增强。石化、装备制造、轻工行业工业增加值增长超过10%。纺织业增加值增速达9.5%，纺织品服装出口占美国市场份额不降反升，由2008年的34.5%上升到2009年的38.6%。电子信息行业受金融危机冲击较大，增加值同比增长5.3%。其中，笔记本计算机增长38.8%，手机增长9.8%，彩电增长9.3%，其中液晶电视机增长85.2%，成绩明显。

相比之下，钢铁、有色金属、纺织、船舶、石化、物流等产业虽然在振兴政策的刺激下也出现了一定程度的业务回升和增长，但是总体回升增长的态势并不稳定。2009年，中国淘汰落后炼钢产能691万吨、炼铁产能2113万吨、水泥产能7416万吨，平板玻璃、电解铝、焦炭、电石、铁合金、造纸、酒精、味精、柠檬酸等行业基本完成年内下达的淘汰任务。

2009年节能减排成效也很显著，全年规模以上工业单位增加值能耗比上年下降9%左右，用水量降低8.3%左右，工业固体废物综合利用率达到65%。然而，钢铁、有色金属以及石油、化工产品的价格多次出现反复，时而大涨，时而大跌，各企业对产品的定价也经常性调整。纺织、造船、物流等对外需依存度极高的产业虽然出现恢复性增长，不过回升的速度、增幅明显逊于其他产业。

第二，由于十大产业反弹带领，全国工业运行呈现"前低后高"走势，增长态势良好①。2009 年，全国规模以上工业增加值同比增长 11%。其中，第 1 季度增长 5.1%，第 2 季度增长 9.1%，第 3 季度增长 12.4%，第 4 季度增长 18%；12 月，规模以上工业增加值同比增长 18.5%，环比增长 1.3%。

轻工业增长平稳，重工业反弹强劲。轻工业受国内消费需求拉动运行平稳，全年增长 9.7%；重工业从第 2 季度开始表现强劲回升势头，全年增长 11.5%。同时，产销衔接较好。全国工业产品销售率 97.7%，与 2008 年持平；12 月，全国产销率 99.3%，同比提高 0.9 个百分点。

工业品出口下降。全年规模以上工业完成出口交货值 72882 亿元，同比下降 10.1%，其中前 8 个月降幅均在 13% 以上，9 月、10 月分别下降 9.9% 和 7.3%，11 月、12 月转为增长 5.3% 和 12.4%。据海关统计数据，2009 年中国外贸出口额 12017 亿美元，同比下降 16%，其中 12 月增长 17.7%。

工业投资持续增长。工业投资 8.04 万亿元，同比增长 26.2%，占城镇固定资产投资的比重为 41.4%，其中制造业投资 5.88 万亿元，增长 26.8%。同时，工业品出厂价格持续回升。工业品出厂价格从 2008 年第 4 季度开始大幅下滑后，2009 年 4 月开始回升，12 月累计比 3 月上涨 4.7%。全年工业品平均出厂价格同比下降 5.4%，其中 11 月同比下降 2.1%，12 月增长 1.7%。

企业效益状况也明显改观。1～11 月规模以上工业企业实现利润 25891 亿元，同比增长 7.8%。从 3 月开始企业效益状况明显改善，规模以上工业企业亏损面 17.4%，亏损企业亏损额 3270 亿元，同比下降 33.5%。11 月末，产成品资金占用 2.4 万亿元，同比增长 0.2%，应收账款 5.3 万亿元，增长 14%，增幅比 8 月末上升 4.8 个百分点。

第三，经济回升主要靠投资拉动和政策支撑，民间投资意愿不强。一个不容忽视的问题是，产业振兴规划实施过程中，地方筹措资金困难，城乡居民收入短期内难以较大幅度提高，刺激国内消费和投资增长的政策效

---

① 工业和信息化部：《2009 年中国工业经济运行情况》，中华机械网（www，jx. cn），2010 年 2 月 1 日。

应减弱。在外需方面，世界经济复苏的基础仍比较脆弱，国际市场需求依然疲软，贸易保护主义倾向更趋明显，中国实现出口较快回升困难较大。

此外，企业效益回升中，减税、退税、抵免税等结构性减税和全面实施增值税转型等因素起到了重要作用。如果政策力度减弱，企业经营状况仍有可能遇到较大困难。中国的内需在 2008 年较高基数上继续大幅增长存在着较大制约，出口受外部需求疲软等因素影响，形势仍不乐观。

（二）实施效应的整体分析

前文分析表明，产业振兴规划的实施对各个行业的增长均程度不同地产生了影响，那么，总体看，这一措施对国民经济各产业的影响程度如何呢？本部分运用方差分析进行产业振兴规划实施的整体效应分析。

1. 方差分析的基本思想

方差分析的基本思想是：假设总体自变量 A 共分为 m 类：$A1$，$A2$，$\cdots$，Am，现从 $A1$ 类中随机抽样 $n1$ 个，$A2$ 类中随机抽样 $n2$ 个，$\cdots Am$ 类中随机抽样 nm 个。根据抽样的观测值，可以得到不同类别样本的均值 $\bar{y}_1$，$\bar{y}_2$，$\cdots$，$\bar{y}_m$。方差分析的目的就是通过样本均值的比较，推论总体变量间是否存在差异。方差分析的原假设 $H0$ 和备择假设 $H1$ 为：

原假设 $H0$：$\mu_1 = \mu_2 = \cdots = \mu_m$

备择假设 $H1$：有一个以上的类别，均值不相等。

有了原假设和备择假设，进一步是要确定检验的统计量。其中，基本变量是：

观测总数 n：$n = \sum\limits_{i=1}^{m} n_i$

第 i 类样本的组平均值 $\bar{y}_i$：$\bar{y}_i = \dfrac{1}{n_i} \sum\limits_{j=1}^{n_i} y_{ij}$

总平均值 $\bar{y}$：$\bar{y} = \dfrac{1}{n} \sum\limits_{i=1}^{m} \sum\limits_{j=1}^{n_i} y_{ij} = \dfrac{1}{n} \sum\limits_{i=1}^{m} n_i \bar{y}_i$

总离差平方和 TSS：$TSS = \sum\limits_{i=1}^{m} \sum\limits_{j=1}^{n_i} (y_{ij} - \bar{y})^2$

组内平方和（剩余平方和）RSS：$RSS = \sum\limits_{i=1}^{m} \sum\limits_{j=1}^{n_i} (y_{ij} - \bar{y}_i)^2$

组间平方和 BSS：$BSS = \sum_{i=1}^{m} \sum_{j=1}^{n_i} (\bar{y}_i - \bar{y})^2 = \sum_{i=1}^{m} n_i (\bar{y}_i - \bar{y})^2$

三个平方和之间有如下的关系式：$TSS = RSS + BSS$

总离差平方和 TSS 是由 BSS 和 RSS 两部分平方和组成的。其中 BSS 反映了各组或各类样本之间的差异程度，它是由自变量 Ai 之不同所引起的，因此又称已被自变量解释掉的误差，而 RSS 则是由其他未知因素所引起的误差，又称未被自变量解释的误差。

如果总体中各类 μ_i 是无差别（$\mu_1 = \mu_2 = \cdots = \mu_m$）的，那么从这样的总体中所抽取的样本，其各类均值 $\bar{y}_i$ 距离总均值 $\bar{y}$ 出现偏差很大的可能性是很小的。同时，还应该考虑到剩余误差 RSS 的大小。经过数学计算，在原假设 $H0$：$\mu_1 = \mu_2 = \cdots = \mu_m$ 成立的条件下，以下统计量将满足分子自由度 $K1 = m - 1$，分母自由度 $K2 = n - m$ 的 F 分布，

$$F = \frac{BSS/m - 1}{RSS/n - m} \sim F \ (m - 1, \ n - m)$$

当根据样本计算的 F 值大于临界值 Fa 时，则在 a 显著性水平下，拒绝原假设 $H0$，即认为总体中自变量 A 对因变量 y 是有影响的，不同类别总体的均值并非完全相同。反之，当 F 值小于临界值 Fa 时，则在 a 显著性水平下，接受原假设 $H0$，即认为总体中自变量 A 对因变量 y 没有显著影响。

2. 总产值变动情况的分析

根据方差分析的思想，我们选取产业数据如表 4 - 2 所示。

表 4 - 2　部分行业总产值变动情况

单位：亿元

年份 行业	2005	2006	2007	2008	2009
煤炭开采和洗选业	5722.77	7207.61	9201.82	14625.92	16404.27
石油和天然气开采业	6286.27	7718.80	8300.05	10615.96	7517.54
黑色金属矿采选业	989.59	1388.28	2130.61	3760.65	3802.45
有色金属矿采选业	1140.41	1671.73	2288.75	2727.83	2814.67
非金属矿采选业	756.51	1029.44	1365.63	1869.49	2302.36

续表

行 业 ＼ 年 份	2005	2006	2007	2008	2009
纺织业	12671.64	15315.50	18733.31	21393.12	22971.38
纺织服装、鞋、帽制造业	4974.63	6159.40	7600.38	9435.76	10444.80
造纸及纸制品业	4161.33	5034.92	6325.45	7873.87	8264.36
石油加工、炼焦及核燃料加工业	12000.49	15149.04	17850.88	22628.68	21492.59
化学原料及化学制品制造业	16359.66	20448.69	26798.80	33955.07	36908.63
医药制造业	4250.45	5018.94	6361.90	7874.97	9443.30
化学纤维制造业	2608.39	3205.62	4120.79	3970.16	3828.31
非金属矿物制品业	9195.24	11721.51	15559.44	20943.45	24843.90
黑色金属冶炼及压延加工业	21470.98	25403.77	33703.01	44727.96	42636.15
有色金属冶炼及压延加工业	7937.95	12936.48	18031.88	20948.74	20567.21
金属制品业	6556.76	8529.47	11447.08	15029.61	16082.95
通用设备制造业	10610.36	13734.76	18415.52	24687.56	27361.52
专用设备制造业	6085.43	7953.31	10591.98	14521.30	16784.40
交通运输设备制造业	15714.85	20382.92	27147.40	33395.28	41730.33
电气机械及器材制造业	13901.28	18165.52	24019.07	30428.84	33757.99
通信设备、计算机及其他电子设备制造	26994.38	33077.58	39223.77	43902.82	44562.63

资料来源：根据中国统计数据应用支持系统（http：//gov. acmr. cn）整理。

由表4－2可绘制统计分析图4－1。

由表4－2和图4－1可看出，2009年各行业总产值波动形状和幅度与前几年相同，除个别行业的总产值下降外，多数行业的总产值仍然保持了增长状态。这表明，产业振兴规划的实施至少保持了2009年的状况基本稳定。

进一步，5年间总产值方差分析的结果如表4－3a、表4－3b所示。

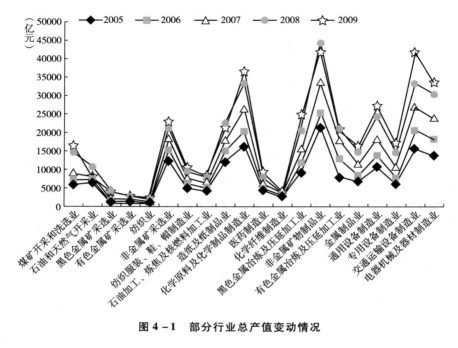

图 4 - 1　部分行业总产值变动情况

表 4 - 3a　总产值无重复双因素分析结果

组　数	观测数	求　和	平　均	方　差
行 1	5	53162. 39	10632. 478	21785724. 42
行 2	5	40438. 62	8087. 724	2535877. 707
行 3	5	12071. 58	2414. 316	1725653. 596
行 4	5	10643. 39	2128. 678	510166. 5757
行 5	5	7323. 43	1464. 686	391582. 1068
行 6	5	91084. 95	18216. 99	18032040. 81
行 7	5	38614. 97	7722. 994	5088790. 085
行 8	5	31659. 93	6331. 986	3126411. 486
行 9	5	89121. 68	17824. 336	19403226. 05
行 10	5	134470. 85	26894. 17	75668731. 68
行 11	5	32949. 56	6589. 912	4446555. 522
行 12	5	17733. 27	3546. 654	396240. 7759
行 13	5	82263. 54	16452. 708	41607967. 72
行 14	5	167941. 87	33588. 374	104946187
行 15	5	80422. 26	16084. 452	30956028. 85

续表

组 数	观测数	求 和	平 均	方 差
行 16	5	57645.87	11529.174	16679948.14
行 17	5	94809.72	18961.944	50176635.66
行 18	5	55936.42	11187.284	19821314.78
行 19	5	138370.78	27674.156	106692970.4
行 20	5	120272.7	24054.54	68139786.43
行 21	5	187761.18	37552.236	55940109.18
列 1	21	190389.37	9066.160476	47912079.24
列 2	21	241253.29	11488.2519	72050913.69
列 3	21	309217.52	14724.64381	114649178.6
列 4	21	389317.04	18538.90667	168928922.3
列 5	21	414521.74	19739.13048	190901796.4

表 4 - 3b 总产值无重复双因素分析结果

差异源	SS	df	MS	F	P - value	Fcrit
行	11022464865	20	551123243.2	50.88898747	3.36881	1.70316
列	1725894856	4	431473714.1	39.84092614	2.52736	2.485885
误差	866392939.8	80	10829911.75	—	—	—
总 计	13614752661	104	—	—	—	—

如果对 2008 年、2009 年两年的总产值数值进行方差分析，则得结果如表 4 - 4a、表 4 - 4b 所示。

表 4 - 4a 2008 年与 2009 年总产值单因素方差分析结果

组	观测数	求 和	平 均	方 差
列 1	21	389317	18538.90667	168928922.3
列 2	21	414521.7	19739.13048	190901796.4

表 4 - 4b 2008 年与 2009 年总产值单因素方差分析结果

差异源	SS	df	MS	F	P - value	Fcrit
组 间	15125640.53	1	15125640.53	0.084070869	0.773352	4.084745651
组 内	7196614374	40	179915359.4	—	—	—
总 计	7211740015	41	—	—	—	—

从表4-3与表4-4的结果看，整体上看，5年间总产值有明显的差异，但仅以2008年和2009年两年的数据看，总产值没有明显的变化。这表明，尽管有金融危机冲击，但2009年中国工业行业总产值增长情况没有显著变化。

3. 亏损企业数的变动分析

进一步，我们选取近5年中国部分行业亏损企业进行方差分析，数据如表4-5所示。

表4-5 部分行业总亏损企业数变动情况

单位：个

年份 行业	2005	2006	2007	2008	2009
煤炭开采和洗选业	634	894	983	1045	1383
石油和天然气开采业	15	18	16	38	55
黑色金属矿采选业	341	423	255	517	840
有色金属矿采选业	177	203	236	439	406
非金属矿采选业	243	277	258	288	386
纺织业	3607	3620	3703	5079	4143
纺织服装、鞋、帽制造业	2202	2066	2365	3320	2807
造纸及纸制品业	1334	1247	1224	1642	1396
石油加工、炼焦及核燃料加工业	540	561	384	519	491
化学原料及化学制品制造业	3150	2981	2915	3977	3880
医药制造业	1147	1248	1145	1185	1015
化学纤维制造业	291	262	242	415	265
非金属矿物制品业	4159	3802	3391	4207	4131
黑色金属冶炼及压延加工业	1731	1614	1085	1772	1753
有色金属冶炼及压延加工业	1026	939	1074	1759	1401
金属制品业	1977	1943	2048	3421	3322
通用设备制造业	2601	2505	2517	4243	4175
专用设备制造业	1677	1628	1582	2720	2594
交通运输设备制造业	2107	2061	1957	2985	2544
电气机械及器材制造业	2528	2437	2417	3863	3591
通信设备、计算机及其他电子设备制造	2084	2006	2223	3377	3041

资料来源：根据中国统计数据应用支持系统（http://gov.acmr.cn）整理。

由表4-5可绘制分析图4-2。

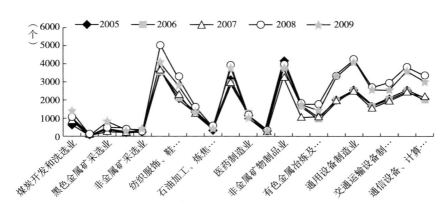

图4-2　部分行业总亏损企业数变动情况
资料来源：中国统计数据应用支持系统。

由表4-5和图4-2可看出，2009年除个别行业的亏损企业数有增加外，多数行业的亏损企业数均有程度不同的减少。

进一步进行方差分析，得结果如表4-6a、表4-6b所示。

表4-6a　5年间部分行业亏损企业数无重复双因素方差分析结果

组	观测数	求　和	平　均	方　差
行1	5	4939	987.8	73362.7
行2	5	142	28.4	310.3
行3	5	2376	475.2	51012.2
行4	5	1461	292.2	14721.7
行5	5	1452	290.4	3155.3
行6	5	20152	4030.4	391781.8
行7	5	12760	2552	262128.5
行8	5	6843	1368.6	28097.8
行9	5	2495	499	4803.5
行10	5	16903	3380.6	258683.3
行11	5	5740	1148	7267
行12	5	1475	295	4803.5
行13	5	19690	3938	119039
行14	5	7955	1591	83792.5

组	观测数	求 和	平 均	方 差
行 15	5	6199	1239.8	114808.7
行 16	5	12711	2542.2	575775.7
行 17	5	16041	3208.2	836613.2
行 18	5	10201	2040.2	320148.2
行 19	5	11654	2330.8	184009.2
行 20	5	14836	2967.2	492078.2
行 21	5	12731	2546.2	386239.7
列 1	21	33571	1598.619048	1410023.248
列 2	21	32735	1558.809524	1233854.862
列 3	21	32020	1524.761905	1231209.99
列 4	21	46811	2229.095238	2537105.89
列 5	21	43619	2077.095238	2081689.39

表 4 – 6b 5 年部分行业亏损企业数无重复双因素方差分析结果

差异源	SS	df	MS	F	P – value	Fcrit
行	162169713	20	8108485.65	84.15706672	2.5645	1.70316
列	9142573.371	4	2285643.343	23.72243692	5.8813	2.485885
误 差	7707954.629	80	96349.43286	—	—	—
总 计	179020241	104	—	—	—	—

如果对 2008 年、2009 年两年的亏损企业数进行方差分析，则得结果如表 4 – 7a、表 4 – 7b 所示。

表 4 – 7a 2008 年与 2009 年总亏损企业单因素方差分析结果

组	观测数	求 和	平 均	方 差
列 1	21	46811	2229.095	2537106
列 2	21	43619	2077.095	2081689

表 4 – 7b 2008 年与 2009 年总亏损企业单因素方差分析结果

差异源	SS	df	MS	F	P – value	Fcrit
组 间	242592	1	242592	0.105046	0.747546	4.084745651
组 内	92375905.62	40	2309398	—	—	—
总 计	92618497.62	41	—	—	—	—

从表 4-5 与表 4-6 的结果看，整体上看，5 年间中国工业部分行业亏损企业数有明显的差异，但仅以 2008 年和 2009 年两年的数据看，总亏损企业数没有明显的变化。这表明，尽管有金融危机冲击，但 2009 年中国工业部分行业亏损企业数没有明显变化。这从一个侧面表明产业振兴规划的实施是有较明显成效的。

（三）4 万亿元投资的刺激效应

为有效化解金融危机的影响，在实施产业振兴规划的同时，政府同时出台了增加 4 万亿元投资刺激计划，以求保持中国经济的持续增长。两年过去了，4 万亿元投资也产生了明显的刺激效应。

2011 年 2 月，国务院发展研究中心与世界自然基金会联合发布了《中国经济刺激计划对气候和能源的影响》报告，首次详细地解释了 4 万亿元投资对中国经济以及近期和长期节能减排的影响。

据统计，4 万亿元投资的去向是[1]：住房保障 0.4 万亿元，农村建设 0.37 万亿元，节能与碳减排 0.21 万亿元，基础设施建设 1.5 万亿元，社会事业 0.15 万亿元，产业结构调整 0.37 万亿元，汶川灾后重建 1 万亿元。数据显示，4 万亿元的 81% 都投向了新建住宅和基础建设设施，带动了大量的钢铁、有色金属和水泥等高耗能产业的增长。在基础设施投资中，6000 亿元的铁路投资带动了 2830 万吨钢铁和 1.2 亿吨的水泥消费，折算成能耗量为 3060 万吨标煤；6000 亿元的公路投资带动了 1500 万吨钢铁、13350 万吨水泥和 2835 万吨沥青的消费，折算成能耗量为 2925.7 万吨标煤；3000 亿元的地铁和机场投资带动了 555 万吨钢铁、1120 万吨水泥和 3220 万方混凝土的消费，折算成能耗量为 810 万吨标煤。

投资结构上，投向偏重于新建住宅和基础设施，总投资额高达 3.25 亿元。这些基础设施尤其是机场、地铁带来的 GDP 回报比一般的固定资产投资更低，因此短期内节能减排压力很大。2009 年，中国铁路、公路和城市公共交通三类项目投资总额高达 19241.8 亿元，创历史最高。由这些基础

---

[1]　国务院发展研究中心、世界自然基金会：《中国经济刺激计划对气候和能源的影响》，2011 年 2 月。

设施建设拉动的高耗能工业，在金融危机中经历了最严重的几个月的短暂减缓后迅速反转。与此同时，从 2009 年 6 月开始，原煤产量和发电量超过了最高水平。

有数据显示，4 万亿元当中 2100 亿元直接投到了节能环保领域，如"十大重点节能工程"等，其中 1000 亿元用于核电建设，407.9 亿元用于节能领域。后者的带动作用不容低估。有研究表明，中央财政用于节能的每 1 个单位支出可以带动 10 个单位的社会投资，即带动系数为 10。以此推算，未来几年政府节能投资将会带动社会投资 4079 亿元，这笔逐步投放到市场的资金将促进节能产业长期快速发展。但是，由于 4 万亿元投资主要集中在高能耗领域，这给中国节能减排带来了较大压力。一个不争的事实是，近年来，不合理的产业结构和出口结构已经给中国经济发展和资源环境带来巨大挑战。一方面，低附加值的钢铁、有色金属、化纤等产品大量出口，利润较低但耗能高，使得"效用外部化，污染内部化"严重，同时产能过剩还促使出口企业竞相压价，让这一问题更加严重；另一方面，高耗能商品大量出口还造成了剧烈的贸易摩擦，使中国面临的外贸环境更加复杂。可见，在后 4 万亿元投资时代，经济增长速度明显回升，促进产业结构调整、提升经济增长质量成为主要任务，节能与碳减排作为国家的长期战略被放到了更突出的位置。

可以相信，高耗能行业的投资高峰只是短期现象，长远来看，通过行业兼并重组、淘汰落后产能、推动节能技术改造，中国高耗能行业的产能将维持在一个合理区间，其能耗水平可控。但同时中国必须加快产业结构调整，适度限制高耗能产业过快发展。今后，政府有关部门宜严格审批高耗能领域的新增项目，特别是黑色金属、有色金属、化工、水泥四大行业。在节能领域，在继续加大投资力度的同时，提高新建项目的节能标准，并建立高能低效企业的惩罚和淘汰制度。在建筑、钢铁、有色金属、建材、电力生产、石化与化工、交通占全国能耗近 90% 的七大领域，争取取得节能工作突破。

三 战略性新兴产业的发展思路与启示

在实施产业振兴规划、4 万亿元投资刺激计划的同时，2010 年，国家又审时度势，出台了《加快培育和发展战略性新兴产业的决定》，以期在日趋激烈的国际竞争中保持领先优势。

（一）战略性新兴产业的甄别

伴随着经济全球化的推进，科学知识、信息技术的迅速传播对世界各国的产业结构、增长方式、国际竞争力正发挥着越来越深刻的影响。一方面，科学技术全面渗透于传统产业的升级改造；另一方面，以知识为基础的新兴产业不断兴起，引领世界经济发展的方向。近十余年，一些发达国家通过消费需求不断拉动经济的增长，而一些发展中国家和地区则通过工业制品的加工和出口带动本国的工业化进程和经济增长。特别是近年来，国际上兴起了一股产业转移浪潮，一些著名跨国公司凭借国外直接投资（FDI）不断进行全球性的生产布局，将劳动密集型产业、资本密集或技术密集型产业中的劳动密集型生产环节大量转移到发展中国家，并在移入国家或地区形成程度不同的产业集聚。这使得全球产业链更细，增值环节更多，给移入国家的生产和经济发展带来巨大压力和挑战。

世界经济的发展背景和中国经济发展的现实，促使中国提出了加快经济发展方式转变、促进产业结构升级、缓解资源环境瓶颈制约和增强国际竞争优势的战略。为此，国家出台了一系列进行产业升级和结构调整的政策和技术法规。2010年10月，国务院颁布了《关于加快培育和发展战略性新兴产业的决定》（以下简称《决定》），提出要用20年左右的时间，重点发展节能环保、新一代信息技术、生物、高端装备制造、新能源、新材料以及新能源汽车产业；到2015年，中国战略性新兴产业形成健康发展、协调推进的基本格局，其增加值占国内生产总值的比重达到8%左右；到2020年，战略性新兴产业增加值占国内生产总值的比重达到15%左右，吸纳、带动就业能力显著提高；节能环保、新一代信息技术、生物、高端装备制造产业成为国民经济的支柱产业，新能源、新材料、新能源汽车产业成为国民经济的先导产业。同时，国家创新能力大幅提升，掌握一批关键核心技术，在局部领域达到世界领先水平；形成一批具有国际影响力的大企业和一批创新活力旺盛的中小企业；建成一批产业链完善、创新能力强、特色鲜明的战略性新兴产业集聚区。

国家虽然推出了战略性新兴产业的发展规划，但关于战略性新兴产业还存在理解上的分歧。阐释什么是战略性新兴产业，不能回避两个相关的概念，即战略性产业和新兴产业。早先，美国发展经济学家赫希曼（A. O. Hirschman）提出了著名的"不平衡增长战略"。他认为，增长在国家间或区域间的不平等是增长本身不可避免的伴生物和前提条件，核心区或增长点的增长动力主要来源于"核心"内所出现的集聚经济效益和"动态增长气氛"，在投入产出关系中关联最密切的经济体系是"战略部门"，这可以理解为战略产业。美国著名管理学家迈克尔·波特（Michael E. Porter）界定过新兴产业的概念，即新建立的或重新塑型的产业，它是采用新兴技术进行生产，产品技术含量高的产业，其出现的前提是社会科技创新、产业本身相对成本降低。保罗·克鲁格曼（Paul Krugman）提出了识别战略性产业的两项标准，一是看该产业是否有大量的"租"① 存在，二是看该产业是否存在着外部经济。他认为，战略性新兴产业应该具有较大的"租"，其资本或劳动的回报率应特别高，且存在较广泛的外部经济；战略性新兴产业要真正掌握关键核心技术，否则就会受制于人，因而必须做好战略决策储备、科技创新储备、领军人才储备和产业化储备。

经济学、管理学大师们对战略性产业、新兴产业的论述应该说只是一般理论意义上的阐述，有着其特定的经济社会发展背景，而中国政府当今提出的战略性新兴产业在内涵和外延上都对已存的理论有较大发展。官方的认识是，战略性新兴产业是以重大技术突破和重大发展需求为基础，对经济社会全局和长远发展具有重大引领带动作用，知识技术密集、物质资源消耗少、成长潜力大、综合效益好的产业。万钢对此的理解是，战略性新兴产业在国民经济中具有战略地位，对国家安全产生重要影响，且有可能成为未来国家经济发展的支柱产业。肖兴志等认为，战略性新兴产业是前沿性主导产业，不仅具有创新特征，而且能通过关联效应将新技术扩散到整个产业系统，能引起整个产业技术基础的更新，并在此基础上建立起新的产业间技术经济联系，带动产业结构转换。宋河发等认为，战略性新

---

① 在经济学中，"租"是指"某种要素所得到的高于该要素用于其他用途所获得的收益"。它可以是某个产业所获得的高于其他部门相同熟练程度的工人所能获得的工资。

兴产业首先是新兴产业，是处在发展最初阶段的行业，是伴随着生物、信息、医疗、新能源、海洋和环保等新技术的发展而产生的一系列新兴产业部门，它能够振兴经济增长和就业，激励环境与先进技术开发。笔者以为，战略性新兴产业既是战略性产业，又是新兴产业，一个产业之所以能被称为战略性新兴产业，首先应该是新兴产业，且同时具备战略性产业和新兴产业的共同特质。不同的时代背景下，战略性产业和新兴产业的内涵是有区别和差异的，应结合战略性新兴产业的产生背景动态地理解其特征。在经济全球化、一体化，科学技术高度发达，产业结构不断革新、不断升级的大背景下，战略性新兴产业应该同时具备五个方面的特征。

第一，战略性、全局性。战略性新兴产业应该是对国民经济起着关键作用，关乎国计民生、国家经济安全或军事安全的产业，其主要产品应能体现国家综合实力，体现国际竞争实力和科学技术发展水平，未来有可能成为国民经济的支柱产业。

第二，新兴性、前瞻性。战略性新兴产业应该体现现代科技创新方向，体现世界产业发展趋势。其产品科技含量高、附加值大，市场需求大。理论上，战略性新兴产业应该处于高新技术产业的顶端或前沿，知识密集、技术密集、资本密集，生产核心技术上有革命性的突破。

第三，具备很强的带动效应和渗透力。战略性新兴产业应该依托现代科学技术的重大突破，带有产业革命的性质，具备很强的拓展性、延伸性和渗透力，对一国的传统产业具有较大的影响力和改造作用。延伸开来，战略性新兴产业要有较强的影响力和感应度，具备较长的产业链，产品的生产或技术开发能带动相关产业的发展，优化产业的结构，提升产业的水平，促进本部门或为其服务的相关产业部门的就业。

第四，增长潜力大，综合效益好。战略性新兴产业应有较好的发展潜质，代表消费的需求方向，有良好的国内国际市场前景，一段时期内有较大的增长潜力，且生产效率高、经济效益好、社会效益佳。

第五，符合现代生产标准，增长速度较高，且具有一定的可持续性。现代战略性新兴产业应该符合绿色生产的标准，生产过程能合理消耗原材料和燃料，有效利用和开发二次资源，资源消耗少，污染物排放少，资源利用效率高；起步快，增长快。

战略性新兴产业的提出源于全球经济发展的现实和背景。此处归纳出的五个特征，正是基于对世界经济发展背景、产业经济发展态势和科学技术的革命性作用的认识。我们认为，一个产业能被认定为战略性新兴产业，应同时具备这五个方面的特征。

前文对战略性新兴产业特征的分析虽是一种理论上的阐释，但这有着重要的实践意义。因为对战略性新兴产业的理解和认识不同，则对战略性新兴产业发展的模式、路径和政策支撑体系的选择就会不同。应该注意的是，战略性新兴产业是一个动态概念，需要以发展的态度理解其内涵和特征。一个行业，一段时期是战略性新兴产业，而另一段时间不一定是战略性新兴产业；对于特定地区，某个行业是战略性新兴产业，而在其他地域则不一定是战略性新兴产业。经济的发展水平、发展环境变了，战略性新兴产业可能随之发生相应的变化。

在实践中甄别选择战略性新兴产业，探讨战略性新兴产业的发展模式和行动方案，比理论上的分析和阐释更有意义。中国地域辽阔，环境资源分布差异大，地区经济发展也不平衡，这形成了战略性新兴产业发展的不同环境。要使战略性新兴产业发展规划得到落实，真正取得效果，需要政府的统筹和把控。这就需要按照特征和标准，选准战略性新兴产业，综合原材料提供、动力供应、劳动力配置、市场区位、交通运输、土地水源等多种因素，布局战略性新兴产业的培育、投资和发展，有目标地构建若干有战略意义的战略性新兴产业集聚区，如现代装备制造集聚区、先进能源和材料生产集聚区、现代生物医药制品生产集聚区、先进计算机和信息技术制造集聚区等。这是战略性新兴产业发展的目标，也是战略性新兴产业发展成功的标志。

（二）战略性新兴产业国际对比的启示

与中国国内一样，国际上对战略性新兴产业的内涵、特征的认识存在一定的差异。部分国家特别是发达国家为应对产业革命浪潮和现代科学技术的飞速发展，不约而同地推出了战略性产业或新兴产业的发展规划。由于各国的经济发展水平不同，所处发展阶段各异，所以对战略性新兴产业的理解、发展策略也不尽相同。对此，有必要进行比较分析，以作为发展中国战略性新兴产业的借鉴。我们将美、日、英、韩4个国家的战略性新兴产业发展规划及相关核心内容列表如下（见表4-7）。

表4-7　战略性新兴产业国际对比

		名称或核心内容
美国	出台方案	2008年10月，《美国：国家生物燃料行动计划》；2009年12月，《重整美国制造业政策框架》；2010年3月，《连接美国：国家宽带计划》
	选择产业	高科技清洁能源行业、电动汽车、生物工程、航空业、纳米技术等
	主要措施	关键科研机构增加开发预算、研究及实验性税收抵免、以技术创新项目刺激制造业创新、发动清洁能源革命、支持先进的汽车技术等
	战略目标	确保未来发展更稳固、更广泛、更有力；创造高质量就业；共同繁荣
英国	出台方案	2009年4月，《建设英国未来》；2009年7月，《英国低碳转型计划：国家气候与能源战略》
	选择产业	新能源、信息通信技术、生物、先进制造等
	主要措施	设立战略性投资基金、支持低碳技术、提高能源和资源效率、改善公共设施、加强基础设施建设等
	战略目标	建设更干净、更绿色、更繁荣的英国
日本	出台方案	2009年4月，《未来开拓战略》；2010年4月，《下一代汽车战略》
	选择产业	环境与能源、医疗与护理、新能源汽车、信息技术
	主要措施	实现太阳能发电、节能，普及环保汽车，实现交通城市的低碳，发挥IT潜力，促进电池的第二次利用，构筑资源循环利用系统等
	战略目标	实现低碳革命、使日本走入低碳经济发展轨道、使日本成为全球下一代汽车研发和生产的中心
韩国	出台方案	2009年1月，《新增长动力规划及发展战略》；2009年7月，《绿色增长的国家战略》
	选择产业	新再生能源、高质量水处理、传播信息整合产业、IT融合系统、纳米新材料、生物制药与医疗设备
	主要措施	加强相关产业和产品核心技术的开发，对新的初期市场提供财政支持，建立国际标准化和早期认证体系等
	战略目标	建设绿色强国；未来实现外向型制造业和内需型服务业共同发展，创造就业的同时达到优质经济增长

资源来源：依据中国创新网（http://www.chinahightech.com）等相关网站和文献整理。

与发达国家相似，中国政府分别于2009年和2010年陆续出台了"十大产业振兴规划"和《国务院关于加快培育和发展战略性新兴产业的决定》。选择的战略性新兴产业是：节能环保产业、新一代信息技术、生物、高端装备制造、新能源、新材料、新能源汽车七大产业；主要措施是：加强产业关键核心技术和前沿技术研究，落实人才强国战略和知识产权战略，实施重大产业创新发展工程，实施重大应用示范工程，创新市场拓展和商业模式；战略目标为：协调推进战略性新兴产业健康发展，实现经济社会可持续发展。

近30年里，中国经济一直处于高速增长状态，工业化、城镇化加速发展，经济社会发展进入战略转型期，相伴而生的是人口、资源、环境面临巨大压力，发展方式、产业结构与资源环境的矛盾愈来愈突出。据统计，2009年中国一次能源消耗为31亿吨标准煤，是世界能源消费总量的17.5%，而同期中国的GDP只有约4.7万亿美元，占世界GDP的比重仅为8.7%；中国二氧化硫排放量、二氧化碳排放量均居世界前列，大气污染、工业点源污染、农业面源污染问题仍很严重，七大水系劣五类水质比例仍达18.4%；中国人均耕地面积仅为1.38亩，约为世界平均水平的40%；人均水资源占有量约2100立方米，仅为世界平均水平的28%；农业科技进步贡献率为48%，约为发达国家的20%，环境、资源以及经济结构已严重制约中国经济的发展。由此可见，转变经济发展方式，发展环保、新能源、新材料等战略性新兴产业有着深刻的现实背景。

对比中国与几个国家新近实施的产业发展战略，不难发现三点：第一，中国的战略性新兴产业发展战略并不领先于世界发达国家。从几个国家各类经济发展计划、行动方案看，中国的战略性新兴产业发展规划的推出并不在时间上占先。可以这样认为，发达国家的经济发展战略的陆续出台，引起了中国政府的高度重视和密切关注，作为应对策略，中国政府也开始了战略性新兴产业发展的实施计划。第二，中国的战略性新兴产业选择与发达国家的选择基本一致。中国与其他几个发达国家相比，所选战略性新兴产业主要都集中在高端制造、信息技术、生物制造、新能源、新材料等，表明这些行业将是中国和世界发达国家展开竞争和角逐的焦点领域。这些行业的选择都是各国基于对全球经济未来发展走势的研判，中国并没有独辟蹊径发展发达国家没有关注的领域和行业。这是否潜伏着一种隐忧：未来全球经济和行业发展方向真如人们所分析的一样，将向这些领域或行业发展？在这些领域或行业，中国目前的技术水平是否有优势？未来的竞争，中国是否能取得优势？这些问题值得深思。第三，不争的事实是，行业优势的竞争本质上是技术的竞争，谁拥有了行业关键产品的关键技术，谁就拥有了这个行业的定价权和话语权，而技术的竞争归根结底体现在人才的竞争上，谁拥有一流的人才，谁就会拥有一流的技术。中国要与发达国家竞争战略性新兴产业，必须把培育创新型人才和研发核心技术作为第一目标。

四 战略性新兴产业的带动与集聚效应

确定、比较了战略性新兴产业的内涵、特征以及国际战略性新兴产业的发展规划后，有必要对战略性新兴产业的重要功能——带动与集聚效应进行剖析。中国之所以要确定节能环保产业、新一代信息技术等7个行业为战略性新兴产业，是基于对这些产业带动效应的期望和认识。

（一）战略性新兴产业诠释

节能环保产业是国民经济活动中，以防治环境污染、改善生态环境、保护自然资源为目的而进行的技术产品开发、资源利用、信息服务、工程承包等活动的总称。狭义上理解，它是产品生产活动的终端控制，即在环境污染控制与减排、污染清理以及废物处理等方面提供的产品和服务；广义上理解，则包括生产中的清洁技术、节能技术以及产品的回收、安全处置与再利用等，是对产品从生产到消费整个过程的完整保护。显然，环保产业是一个跨行业、跨领域、跨地区，与其他行业相互交叉、相互渗透的综合性产业。美国称其为"环境产业"，日本称其为"生态产业"。有专家称其为继"知识产业"之后的"第五产业"。资料表明[1]，全球环保产业的市场规模，1992年约为2500亿美元，2010年则增至6000亿美元，年均增长率8%，远远超过全球经济增长率，被各国均视为"朝阳产业"。作为

---

① 中国制造业网，http：//www.zgzzy.cc。

中国战略性新兴产业的节能环保产业，主要是指新型高效节能、先进环保、资源循环利用技术和装备，以及节能环保服务业和再制造产业等。

新一代信息技术产业表现为"融合"和"快速"，即计算体系结构发生深刻变革，宽带、无线、智能、超高速、超大容量形成网络技术主体，软件技术网络化、体系化、服务化、高可信化，技术二次开发和深度应用，电信网、互联网、广电网三网融合。通过网络技术的融合，网络从各自独立的专业网络向综合性网络转变，网络性能得以大幅度提升。新一代信息技术是产业结构优化升级的最核心技术之一，其向纵深的发展将深刻改变人类的生产和生活方式。作为战略性新兴产业，中国新一代信息技术产业的发展方向是建设宽带、信息网络基础设施，"三网"融合，物联网、云计算的研发和示范应用，开展集成电路、新型显示、高端软件的研究，加速网络增值服务等。

高端装备制造业是装备制造业的前沿部分或顶端部分，具备技术密集、资本密集、产品附加值高、成长空间大、带动作用强，以及大幅提高相关产业生产效率等突出特点，对于加快中国工业现代化建设，实现制造强国战略目标具有重要意义。中国的高端装备制造主要集中在先进航空装备、高速铁路、先进运输装备、海洋工程装备、高端智能装备、精密数控机床、大型农业机械，以及以服务国家发展为目标的空间基础设施等领域。

新能源产业[①]，狭义上是指除常规性能源和大型水力发电之外的风能、太阳能、生物能、地热能、海洋能、小水电和核能等能源的总称；广义上泛指能够实现温室气体减排目标的可利用能源、高效利用能源、可再生能源、代替能源、核能以及能源综合利用等。现阶段对风能、海洋能、小水电、核能的利用主要集中在电能的转换上。新能源行业覆盖面广、技术关联度相对较低，但其资金和技术密集度高，对技术要求严，投资额度大，研发难度也大。目前，该行业总体上处于成长期，各子行业发展成熟度也参差不齐。对于战略性新兴产业的新能源产业，中国的目标是发展新一代核能、太阳能热利用技术、多元化的太阳能光伏光热发电、风电技术装备

---

① 本节内容的叙述，参考了网上资料（http://baike.baidu.com）。

以及生物质能等。

新材料包括新型材料及其相关产品和技术装备，指传统材料的革新和新型材料的推出，主要包括信息材料、生物材料、汽车材料、超导材料、纳米材料、稀土材料、新型钢铁材料、新型建筑材料、新型化工材料、军工新材料等。随着高新技术的发展，新材料与传统材料产业结合日益紧密，产业结构呈现横向扩散的特点，这些产业涵盖新材料本身形成的产业、新材料技术及其装备制造业和传统材料技术提升的产业等。与传统材料相比，新材料产业具有技术高度密集、研究与开发投入高、产品附加值高、生产与市场的国际性强，以及应用范围广、发展前景好等特点，其研发水平及产业化规模已成为衡量一个国家经济社会发展、科技进步和国防实力的重要标志。世界各国特别是发达国家都十分重视新材料产业的发展。新材料产业是国民经济各行业特别是战略性新兴产业发展的重要基础，也是长期以来制约中国制造业发展和节能减排目标实现的瓶颈。在这个领域，中国的发展方向是以纳米、超导、稀土等材料科学技术研究为基础，以满足国家重大工程建设和产业结构升级为目标，重点发展新材料制造技术和装备，推进新型材料产业化，推进大宗高端材料规模化的生产应用。

生物产业是影响21世纪人类发展的重要领域，生命科学和生物技术的应用将从根本上改变消耗自然资源的传统发展模式，对促进人类健康产生革命性影响。中国在生命科学和生物技术领域的发展目标是巩固基础研究，开发重大疾病防治新药，生产新型生物医学工程产品，生产绿色农用生物产品、海洋生物技术产品，推进生物制造技术和产品对传统生产工艺的技术替代和对化石资源的原料替代。

新能源汽车是全球汽车行业升级转型的方向。中国新能源汽车的发展方向是：新能源汽车的研发和产业化，动力电池、驱动电机和电子控制领域的核心技术，插电式混合动力汽车、纯电动汽车的生产和应用。

（二）战略性新兴产业的带动效应

分析战略性新兴产业的带动效应，经典的方法是利用投入产出表，计算影响力系数、直接消耗系数、完全消耗系数等测度指标。前文对中国7

个战略性新兴产业的具体诠释发现，如果比照中国国家统计局制定的《国民经济行业分类》（2002），7 个行业都无法精准划归于某一特定行业。如节能环保产业涉及高效节能装备的生产、先进环保装备的制造、环保材料与环保药剂的生产、大宗工业固体废物综合利用、再生资源回收利用等，这些行业都分属制造业大类的诸多中类、小类；而新材料产业则涉及非金属矿物制品、橡胶制品、石油加工及炼焦、化学原料及化学制品、化学纤维、塑料制品、黑色金属冶炼及压延加工、有色金属冶炼及压延加工、金属制品、医用材料及医疗制品、电工器材及电子元器件制造等。可见，战略性新兴产业散见于国民经济的某些部门，分属于其中的某一小类。我们称这些包含战略性新兴产业的部门为战略性新兴产业的依托部门。官方发布的投入产出表提供了这些依托部门的影响力体系数、消耗系数等指标，借此可从一个侧面分析中国战略性新兴产业的带动效应。

国家统计局最新编制的《中国投入产出表（2007）》包括 135 个部门的投入产出表（产品部门×产品部门），并计算了这些部门的影响力系数、感应度系数以及中间使用率。可利用这些指标进行带动效应分析。

影响力系数是最能反映产业带动能力的统计指标，它是反映国民经济某一部门增加一个单位最终使用时，对国民经济各部门所产生的生产需求波及程度，其计算公式为[1]：

$$\partial_j = \frac{\sum_{i=1}^{n} \bar{b}_{ij}}{\frac{1}{n} \sum_{i=1}^{n} \sum_{j=1}^{n} \bar{b}_{ij}} \qquad (j = 1, 2, \cdots n)$$

式中，$\bar{b}_{ij}$（$i, j = 1, 2, \cdots, n$）是列昂惕夫逆矩阵 $(I - A)^{-1} =$

$$\begin{pmatrix} \bar{b}_{11} & \bar{b}_{12} & \cdots & \bar{b}_{1n} \\ \bar{b}_{21} & \bar{b}_{22} & \cdots & \bar{b}_{2n} \\ \vdots & \vdots & \cdots & \vdots \\ \bar{b}_{n1} & \bar{b}_{n2} & \cdots & \bar{b}_{nn} \end{pmatrix}$$ 的各个对应元素，称为列昂惕夫逆系数，它表明第 j

---

[1] 引自国家统计局《中国投入产出表（2007）》，中国统计出版社，2009。

部门增加一个单位最终使用时，对第 i 产品部门的完全需要量；列昂惕夫逆矩阵中每一列的合计 $\sum_{i=1}^{n} \bar{b}_{ij}(j = 1, 2, \cdots, n)$，是当 j 部门的最终需求增加一个单位时，需要全社会增加生产的总量，也就是 j 部门最终产品的影响力。$\partial_j > 1$，表示 j 部门的生产对其他部门所产生影响的波及影响程度超过各部门所产生波及影响的平均水平；反之，$\partial_j < 1$，表示 j 部门的生产对其他部门所产生影响的波及影响程度小于各部门所产生波及影响的平均水平。可见，∂_j 越大，表示该部门生产对其他部门生产的拉动作用越大。

根据研究所需，整理《中国投入产出表（2007）》（3 位码行业）发现，在国民经济全行业部门影响力排序中，影响力较大的战略性新兴产业依托部门分别是：电子计算机制造业处于第 1 位，影响力系数为 1.368；通信设备制造业处于第 3 位，影响力系数为 1.338；雷达及广播设备制造业处于第 4 位，影响力系数为 1.330；汽车制造业处于第 6 位，影响力系数为 1.286；电子元器件制造业处于第 9 位，影响力系数为 1.271；电线、电缆、光缆及电工器材制造业处于第 10 位，影响力系数为 1.265；电机制造业处于第 12 位，影响力系数为 1.241；其他电气机械及器材制造业处于第 13 位，影响力系数为 1.240；其他交通运输设备制造业处于第 14 位，影响力系数为 1.238；起重运输设备制造业处于第 15 位，影响力系数为 1.238；铁路运输设备制造业处于第 16 位，影响力系数为 1.220；专用化学产品制造业处于第 17 位，影响力系数为 1.218；农林牧渔专用机械制造业处于第 18 位，影响力系数为 1.211。

更进一步，借助最新的《中国投入产出表（2007）》，可以整理得出中国战略性新兴产业依托部门与关联产业的完全消耗系数（见表 4 - 8）。

表 4 - 8　战略性新兴产业依托产业部门完全消耗系数

行　业	农业（001）	电力热力生产和供应（092）	燃气生产与供应（093）	水生产和供应（094）	建筑业（095）	电信和其他信息传输（105）	卫生（127）
合成材料	0.015132	0.014928	0.012420	0.018575	0.048171	0.014643	0.030715
医药制造	0.002212	0.002843	0.003460	0.002176	0.003536	0.001657	0.429910
有色金属	0.008955	0.03790	0.023748	0.021517	0.059010	0.047013	0.021735

行　业	农业（001）	电力热力生产和供应（092）	燃气生产与供应（093）	水生产和供应（094）	建筑业（095）	电信和其他信息传输（105）	卫生（127）
起重设备	0.000750	0.002341	0.003504	0.001433	0.006913	0.000671	0.001269
其他通用	0.014612	0.037254	0.036705	0.025613	0.054401	0.023355	0.031574
矿山冶金	0.003091	0.011288	0.017793	0.006214	0.022656	0.003310	0.004906
农林机械	0.009154	0.000168	0.000178	0.000163	0.00339	0.000118	0.000826
铁路设备	0.000771	0.001817	0.001876	0.001231	0.002501	0.000581	0.001127
汽车制造	0.012473	0.046540	0.028031	0.042087	0.037131	0.020050	0.022928
电线电缆	0.004752	0.029981	0.011182	0.011811	0.043596	0.074672	0.011857
通信设备	0.000711	0.001713	0.001599	0.001224	0.002211	0.046454	0.001744
电子计算机	0.002407	0.006146	0.004850	0.004924	0.006397	0.008666	0.009484
电子元器件	0.008922	0.042517	0.025365	0.022997	0.027932	0.054815	0.026737
废品废料	0.004637	0.013407	0.011653	0.009307	0.032426	0.012281	0.013363
环境管理	0.001012	0.001534	0.001183	0.001273	0.000954	0.000779	0.001142

注：表中主词栏各行业的全称分别为合成材料制造（043）、医药制造（046）、有色金属冶炼及合金制造（061）、起重运输设备制造（066）、其他通用设备制造（068）、矿山冶金建筑专用设备制造（069）、农林牧渔专用机械制造（071）、铁路运输设备制造（073）、汽车制造（074）、电线电缆光缆及电工器材制造（079）、通信设备制造（082）、电子计算机制造（084）、电子元器件制造（085）、废品废料（091）、环境管理（122）。行业名称后的数字为行业代码。

资料来源：国家统计局编《中国投入产出表（2007年）》，中国统计出版社，2009。

由表4-9可得出以下结论。

第一，中国7个战略性新兴产业的依托部门都有较大的影响力，对与之关联的产业部门都有较强带动效应。所有这些部门，特别是电子计算机制造业、通信设备制造业、汽车制造业的影响力系数都大于1，这表明这些行业的生产对其他部门生产的影响程度高于全行业生产部门的平均水平，具备作为战略性新兴产业的潜质。另外，电子元器件制造业、汽车制造业和专用化学产品制造业的感应度系数分别为[①] 3.371、2.109和1.978，在全行业产业部门的感应度系数排序中分别列第5位、第15位和第18位。可见，当国民经济各部门均增加一个最终使用时，这些行业都受到较高的

① 国家统计局：《中国投入产出表（2007年）》，中国统计出版社，2009。

需求影响。

投入产出表的数据进一步显示，中国出口产品主要集中于电子计算机设备、电子产品、纺织服装、钢铁和金属制品等。其中，电子计算机制造业出口率约为 65.8%，位居出口行业的第 2 位；通信设备制造业的出口率约为 59.0%，位居第 3 位。同时，除废品废料业、合成材料制造业的中间使用率①分别为 96.18% 和 96.05% 外，其他依托行业的中间使用率均低于 90%，这表明其他行业对前两个依托行业产出的依赖性较高。

第二，整体上看，几个依托性行业产出对与公众生活密切相关行业产品的消耗量都不太大。之所以选择农业、电力热力生产和供应业、燃气生产与供应业、水生产和供应业、建筑业、电信和其他信息传输业及卫生业，主要是因为这几个行业与老百姓的生活息息相关，可以考察战略性行业的发展对人民生活水平的影响。完全消耗系数显示，医药制造的产出用于卫生部门消耗的比重较大；合成材料、有色金属冶炼、通用设备制造、电线电缆制造的产出用于建筑业消耗的比重较大。此外，其他战略性新兴产业的依托部门的产出与所列 7 个行业部门之间的完全消耗量系数均没有特别之处，说明这些行业与农业部门、电力、水、燃气生产部门的技术经济联系相对较弱，对居民生活生产影响不大。

需要说明的是，在现有国民经济行业分类情况下，我们选用的仅是战略性新兴产业的依托性产业（当然也只能是选择），并不是完全意义上的战略性新兴产业，所有定量和定性分析只能建立在不完全、不精准的统计数据基础之上，故而只能是一种粗线条的分析和判断，更进一步、更深刻的分析只能期待国家对国民经济行业的修订与相应统计数据的调整和更新。

（三）战略性新兴产业的集聚效应

培育和发展战略性新兴产业，重要的目标之一是培育一批具有国际竞争力的企业，形成若干战略性新兴产业集聚区。按照前文的分析思路，我

---

① 中间使用率，是中间使用与总供给之比，总供给是总产出与进口之和。

们仍然选择战略性新兴产业的依托行业来分析中国战略性新兴产业的集聚状况。根据可获取的数据，选取专用设备制造、通用设备制造、汽车制造、生物生化制品制造、通信设备计算机及其他电子设备制造、医药制造及废弃资源和废旧材料加工7个行业，通过计算行业集中度指数来观测产业依托行业的集聚情况。

行业集中度指数是反映集聚状况的测度指标，指规模最大的几个企业或地区占整个市场或行业的份额，此处是占全国的份额。计算公式为

$$CR_k = \frac{\sum\limits_{i=1}^{k} x_i}{\sum\limits_{i=1}^{n} x_i}$$

式中，CR_k 是行业集中度指数，值越大表明行业集中度越高，反之，行业集中度低；$\sum\limits_{i=1}^{k} x_i$ 是规模最大的 k 个省市某行业总产值（或从业人数、资产总额）之和；$\sum\limits_{i=1}^{n} x_i$ 是全国同类某行业总产值（或从业人数、资产总额）的总和。

依上面的公式，我们选用 2009 年 7 个行业的工业生产总值来计算各行业集中度指数。所得结果为：专用设备制造业的行业集中度指数为45.3%，通用设备制造为 56.04%，汽车制造为 40.11%，生物生化为50.42%，通信设备计算机为 75.85%，医药制造为 39.86%，废弃资源加工为 66.15%，其中集中度较高的前 6 个省份的情况如表 4－9 所示。

表 4－9　战略性新兴产业依托行业集聚状态分析情况

单位:%

指数 名次 行业	行业集中度指数					
	第 1 位	第 2 位	第 3 位	第 4 位	第 5 位	第 6 位
专用设备	山东 15.25	江苏 14.41	河南 7.83	辽宁 7.81	广东 7.13	湖南 6.10
通用设备	山东 18.15	江苏 17.39	浙江 10.36	辽宁 10.14	上海 7.94	广东 5.69
汽车制造	广东 10.15	吉林 10.12	山东 9.92	上海 9.92	湖北 8.68	江苏 7.61
生物生化	山东 20.55	江苏 11.80	河南 10.60	广东 7.47	浙江 6.10	上海 5.85

指数 名次 行业	行业集中度指数					
	第1位	第2位	第3位	第4位	第5位	第6位
通信计算机	广东 35.28	江苏 23.47	上海 10.87	山东 6.23	北京 4.70	福建 3.84
医药制造	山东 14.55	江苏 11.72	浙江 7.05	广东 6.54	河南 6.08	四川 5.30
废弃资源	广东 31.18	浙江 15.00	江苏 10.24	天津 9.73	新疆 6.63	湖南 4.16

注：表中主词栏行业全称分别为专用设备制造、通用设备制造、汽车制造、生物生化制品制造、通信设备计算机及其他电子设备制造、医药制造、废弃资源和废旧材料加工。

资料来源：中国统计数据应用支持系统（http：//gov. acmr. cn）。作者计算整理。

更进一步，用聚类分析方法对这几个行业的从业人数进行聚类分析，以观测行业的空间分布状况。

聚类分析的基本思想是：设定各个体（省、市），让每一个体自成一类，n 个个体即成 n 类；再计算各类间的距离，将其中最近的两类进行合并，对于 p 个变量、n 个个体，以 d_{ij} 表示第 i 个个体与第 j 个个体间的距离，则其计算公式为[①]：$d_{ij} = \sum_{k=1}^{p} (x_{ki} - x_{kj})^2$。其中 d_{ij} 满足如下条件：

$d_{ij} = 0$，当第 i 个个体与第 j 个个体相等时；$d_{ij} \geq 0$，对一切 i，j；

$d_{ij} = d_{ji}$ 对一切 i，j；$d_{ij} \leq d_{ik} + d_{kj}$，对一切 i，j，k。

再次计算新类与其余各类的距离，将其中最近的两类进行合并；不断重复合并步骤，直至将所有个体归为一个大类为止。据此原理，我们计算出了 7 个行业 2009 年从业人数聚类分析的结果（见图 4 - 3、图 4 - 4）。

由图 4 - 3、图 4 - 4 可知，中国汽车制造业的空间分布状况是，第 1 类：湖北、浙江、山东、江苏；第 2 类：吉林、上海、广东；第 3 类：黑龙江、宁夏、青海、新疆、甘肃、海南、内蒙古、贵州、云南、山西；第 4 类：重庆、安徽、湖南、江西、辽宁、四川、河北、河南、天津、陕西、广西、福建、北京。

生物制造业的空间分布状况是，第 1 类：北京、上海、广东；第 2 类：天津、安徽、河北、甘肃、黑龙江；第 3 类：山西、内蒙古、江西、重庆、

───────────

① 此为欧氏距离（Squared Euclidean Distance）的计算公式，聚类时也可计算其他距离。

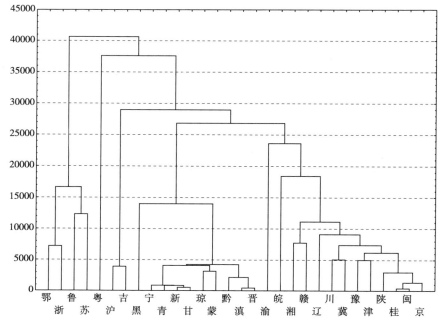

图 4 - 3 汽车制造业从业人数聚类情况（2009 年）

资料来源：中国统计数据应用支持系统（http：//gov. acmr. cn）。

广西、云南、陕西、湖南；第 4 类：新疆、贵州、青海；第 5 类：辽宁、四川、吉林、湖北、福建；第 6 类：江苏、河南、浙江、山东。

限于篇幅，下文省去聚类分析图，直接给出另 5 个依托行业的从业人数集聚情况。

专用设备制造业的空间分布是，第 1 类：黑龙江、江西、重庆、吉林、广西、内蒙古、湖北、安徽、福建、天津、陕西、北京；第 2 类：甘肃、云南、贵州、新疆、青海、宁夏、海南；第 3 类：四川、河北、山西、湖南；第 4 类：河南、浙江、上海、辽宁；第 5 类：广东、江苏、山东。

通用设备制造业的空间分布是，第 1 类：黑龙江、陕西、山西、重庆、北京；第 2 类：江西、吉林、广西、云南、青海、宁夏、贵州、新疆、海南、内蒙古、甘肃；第 3 类：天津、福建、湖南、安徽、湖北、四川、河北、河南；第 4 类：广东、上海、辽宁；第 5 类：山东、浙江、江苏。

医药制造业的空间分布是，第 1 类：上海、福建、贵州、云南、内蒙古、山西、陕西、重庆、广西、湖南、天津、辽宁、安徽、黑龙江、北

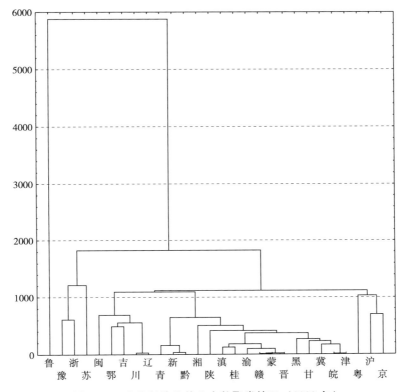

图 4－4 生物制造业从业人数聚类情况（2009 年）

资料来源：中国统计数据应用支持系统（http：//gov. acmr. cn）。

京；第 2 类：新疆、宁夏、西藏、甘肃、海南；第 3 类：河北、江西、吉林、四川；第 4 类：广东、浙江、河南；第 5 类：山东、江苏。

通信设备计算机及其他电子设备制造业的空间分布是，第 1 类：广东、江苏；第 2 类：福建、浙江、山东、上海；第 3 类：北京、天津、辽宁、湖北；第 4 类：贵州、云南、内蒙古、山西、陕西、重庆、广西、湖南、安徽、黑龙江、新疆、宁夏、甘肃、海南、河北、江西、吉林、四川、河南。

废弃资源和废旧材料加工业的空间分布是，第 1 类：新疆、广东；第 2 类：浙江、江苏、山东、上海、河南、辽宁、安徽、湖南、湖北、天津、四川；第 3 类：江西、福建、重庆、河北、陕西、贵州、云南、甘肃、黑龙江、广西、内蒙古、吉林、北京。

由前文的产业集中度指数和从业人数聚类分析结果可以看出，中国战略性新兴产业的 7 个依托产业 CR4 均大于 40%，按照美国经济学家贝恩（Joe S. Bain）的划定标准，这些行业属于高度集中的行业，易于形成战略性新兴产业集聚区。综合聚类分析的结果，我们认为，可以山东、江苏为依托建立高端装备制造业集聚区，可以广东、吉林、山东、上海、湖北为依托建立新能源汽车制造集聚区；可以山东、江苏、河南、广东为依托建立生物医药制造集聚区；可以广东、江苏、北京、上海为依托建立新一代计算机和通信技术制造集聚区；可以广东、江苏、浙江、天津为依托建立节能环保产业集聚区。

　　战略性新兴产业的培育需要依靠企业、建立基地，而其发展关键在于技术和人才。没有核心技术和一流专业人才，战略性新兴产业发展在国际竞争中终究难以取得领先地位。而这一切的前提是找准战略性新兴产业，甄别出具备培育战略性新兴产业条件的企业和地区。根据现阶段中国产业分布的格局，几个战略性新兴产业依托行业的集中地区基本集聚了这些行业的资本、人才和技术，同时也汇集了若干有国际竞争力的龙头企业，有发展战略性新兴产业的基础和优势，为战略性新兴产业的培育和发展提供了可靠保证。

参考文献

[1] 艾伯特·赫希曼：《经济发展战略》，经济科学出版社，1991。

[2] 迈克尔·波特：《国家竞争优势》，华夏出版社，2002。

[3] 保罗·克鲁格曼：《战略性贸易政策与新国际经济学》，中国人民大学出版社，2000。

[4] 冯春林：《国内战略性新兴产业研究综述》，《经济纵横》2011 年第 1 期，第 110 ~ 112 页。

[5] 肖兴志等：《发展战略、产业升级与战略性新兴产业选择》，《财经问题研究》2010 年第 8 期。

[6] 宋河发、万劲波、任中保：《中国战略性新兴产业内涵特征、产业选择与发展政策研究》，《科技促进发展》2011 年第 1 期。

[7] 王利政：《中国战略性新兴产业发展模式分析》，《中国科技论坛》2011 年第 1 期。

[8] 刘洪昌、武博：《战略性新兴产业的选择原则及培育政策取向》，《现代经济探讨》2010 年第 10 期。

第五章　中国通货膨胀动态调整的
实证研究

　　美国次贷金融危机以来，美联储及欧洲、日本等各国央行都实施了大规模的货币扩张计划，采取量化宽松货币政策，以达到刺激信贷供给、化解金融危机的目的。我国也实施了 4 万亿元财政刺激计划和宽松的货币政策。这些政策和计划虽然暂时缓解了经济危机的恶化和蔓延，但也为新一轮通货膨胀埋下了伏笔。本章尝试在传统菲利普斯曲线的基础上做出修正，解释隐藏在初始模型背后的那些导致菲利普斯曲线发生所谓"不稳定"移动的可能原因，刻画出影响因素的参数动态变化轨迹，以便更加准确理解通货膨胀变动调整的机理，为我国有效管理通货膨胀预期提供有价值的信息和依据，并提出有针对性的政策调整建议。

一　前言

　　通货膨胀问题既是经济理论研究的核心问题之一，也是各国中央银行宏观金融管理面临的现实问题。自改革开放以来，我国已经遭受了 4 次通货膨胀[①]，每次通货膨胀都给我国经济社会造成严重负面影响，不仅使得

---

　　① 我国已经遭受了 4 次通货膨胀：1980 年（CPI 涨幅达 7.5%）、1983～1985 年（其间 CPI 涨幅平均为 11.98%，其中 1983 年达到 18.8%）、1993～1996 年（CPI 年均增长率为 16.05%）以及 2007 年下半年至 2008 年上半年（2007 年 8 月 CPI 上涨为 6.5%，11 月达到 6.9%）。

物价飞速上涨、居民财产缩水、失业加剧、人心动荡不安等，而且也使得市场信号传递失真，造成资源配置失调，降低经济效率，并使经济社会陷入不稳定状态。2011 年 4 月，猛然迸发的通货膨胀[①]，尤其是食品与原材料价格急剧上涨，屡创新高，引发社会民众的强烈关注和担忧，再次让所有人重新认识到，在通胀压力下，管理通胀始终是政府经济工作的重中之重。通货膨胀问题不可避免会涉及菲利普斯曲线。菲利普斯曲线作为研究通货膨胀率与产出增长率、失业率之间关系的重要理论，一直是国内外学者研究的热点领域。

从传统的菲利普斯曲线到新凯恩斯主义菲利普斯曲线，菲利普斯曲线一直处在不断争论、修正和改进之中。这些争论说明想透彻了解看似简单的宏观变量间的关系是何其困难，但不应抹杀菲利普斯曲线的价值，因为它确实简洁而清晰地指明了失业与通胀、经济增长与物价上涨之间存在的典型交替关系[②]。关于菲利普斯曲线的形式问题和稳定性问题一直是宏观经济学中争论的焦点，这主要是由于经济运行态势和经济周期波动特征的变化，特别是在每次经济危机发生之后，经济结构、市场结构和宏观调控模式选择发生了改变，由此带来菲利普斯曲线的体现方式和作用机理也随之变化。尤其是发展中国家，其经济体制处于调整之中，各种宏观经济变量之间的结构、系数也处于变动之中，因此，在复杂变动的经济社会环境下，至少从经验实证的角度讲，问题不在于菲利普斯曲线是否成立，而在于如何修正菲利普斯曲线模型，以探析导致曲线变动的真正原因，进而在先前的基础上对通胀动态有更深刻的理解与更准确的把握。

本章尝试在传统菲利普斯曲线的基础上做出修正，解释隐藏在初始模型背后的那些导致菲利普斯曲线发生所谓"不稳定"移动的可能原因，刻画出影响因素的参数动态变化轨迹，以便更加准确地理解通货膨胀变动调整的机理，揭示我国通货膨胀的主要影响因素及其变化轨迹，为宏观政策调整提供可靠依据。

---

① 自 2011 年 4 月，CPI 不断快速上升，7 月涨至 6.5%，远高于同期存款利率。

② 范爱军等：《菲利普斯曲线与中国通货膨胀动态拟合》，《金融研究》2009 年第 9 期。

二　文献回顾：菲利普斯曲线的演进

1958 年，新西兰经济学家 A. W. 菲利普斯根据英国 1861～1957 年的统计数据，利用数理统计方法计算出货币工资变动率与失业率之间的相关关系，并刻画出两者之间相互依存的曲线，这就是最初的菲利普斯曲线。该曲线表明货币工资的变化率同失业率之间存在稳定的非线性负相关关系。即当失业率降低时，货币工资增长率会上升；反之，则下降。菲利普斯曲线的这一结论蕴含的经济意义是：货币工资变动率与失业率总是存在着此消彼长、互为替代的关系。这一关系后来被称为"失业－工资"菲利普斯曲线。

1960 年，新古典综合学派的代表美国经济学家萨缪尔森和索罗，根据美国的统计数据，论证了产品价格的形成遵循"成本加成法"的假设，从而将"失业－工资"菲利普斯曲线中的工资替换为价格，于是便有了"失业－物价"菲利普斯曲线。这两种菲利普斯曲线都是向下倾斜具有负斜率的曲线。

由于在许多国家，尤其是发展中国家，失业率往往很难准确统计，从而容易造成失业率数据缺乏或数据失真，但由于奥肯于 1962 年提出了产出缺口概念，并证明了产出缺口与失业率存在负相关关系，而产出缺口相对能够准确衡量，因此，"失业－物价"菲利普斯曲线便可以转化为"产出－物价"菲利普斯曲线。由于经济增长率与失业率呈反向变动，失业率与物价也呈反向变动，故"产出－物价"菲利普斯曲线不再向下倾斜，而是向上倾斜具有正斜率的曲线。这种形式的菲利普斯曲线最为经济学家所常用。这暗含着潜在产出不是不可以被超出，只是一旦实际产出超过了潜在水平，经济运行会绷得较紧，从而会带来通货膨胀的压力。当产出缺口为正值，即存在过度需求时，通胀压力会增大，这是菲利普斯曲线的基本内涵。

20 世纪 70 年代，美国经济出现了发展停滞，而通货膨胀和失业率同时升高的现象，人们把这种经济现象称之为"滞胀"。这种经济现象与传统的菲利普斯曲线所刻画的宏观经济变量之间此消彼长的规律恰好相反，即高失业率伴随着高通货膨胀率。因此，货币主义学派的代表人物弗里德曼于 1968 年对菲利普斯曲线提出异议。他从自然失业率角度出发，认为菲利普斯曲线混淆了名义工资和实际工资的区别，并且忽视了预期的存在性，并将适应性预期引入菲利普斯曲线理论中，即认为人们会根据以往的经验来形成对未来的预期，提出了附加预期的菲利普斯曲线（Expectations Augmented Philips Curve）。

$$\pi_t = \pi^e + \lambda (Y - Y^*) + \varepsilon_t \qquad (1)$$

其中，π^e 表示预期通货膨胀率，Y 为实际产出，Y^* 为潜在产出，ε_t 为随机误差项。

模型（1）说明通货膨胀不仅与失业率负相关，还与预期通货膨胀率正相关，预期通货膨胀率的变化会导致模型（1）的移动。

虽然在持续高通胀和持续低通胀时期，方程（1）附加预期的菲利普斯曲线对失业率和通货膨胀的关系具有较好的解释力，但是这种附加预期的菲利普斯曲线并不能完全解释经济转型时期的失业率和通胀的变化现象。另外，历史的经验表明，经济体制转型、国际政治经济环境变化、政府政策影响等因素都会对经济增长、通货膨胀、就业等变量产生重要影响。因此，在后来提出的理性预期菲利普斯曲线，到新凯恩斯主义菲利普斯曲线的发展过程中，越来越多的研究者意识到，在估计菲利普斯曲线时，应加入一些必要的能够很好拟合通胀走势的控制变量。例如，Ball 和 Moffitt（2001）将劳动生产率与期望的公平工资增长率之差加入菲利普斯曲线模型，并证明了生产率的变动快于工资变动是导致菲利普斯曲线移动的原因。这种做法可以解释美国 1995 年以后的绝大多数菲利普斯曲线之谜。Galf 和 Gertler（2003）将实际工资占产出的比重（Wage Share）加入菲利普斯曲线，实证结果表明可以有效改善菲利普斯曲线的拟合优度。Mehra（2004）将标高（Markup）与需求增长缺口（名义产出与潜在产出增长率之差）加入菲利普斯曲线，发现标高对通胀的解释能力有限，但需求增长缺口极大提高了对通胀拟合的精度。Huh 和 Jang（2007）在线性模型中引入了需求和供给冲击因素，以反映短期菲利普斯曲线参数的时变性。Zhang 等（2008）认为厂商的定价基础是以前各期通胀率的加权和，而不仅仅是上一期的通胀率，所以需要在模型中引入高阶滞后项以反映预期非完全理性的现实。耿强等（2009）将人民币名义汇率引入混合菲利普斯曲线，对我国的通胀进行实证分析。范爱军等（2009）将价格调整的生产率与名义增长缺口加入菲利普斯曲线模型，实证结果较好地拟合了中国通货膨胀的发展过程。

自1978年以来，我国的价格形成机制逐步从计划体制过渡到了市场体制，同时，我国经济运行既经历了4次较严重的通货膨胀阶段，也经历了短暂的通货紧缩时期（1998～1999年和2002年的CPI均为负数）。菲利普斯曲线作为研究通货膨胀率与产出增长率、失业率之间关系的重要理论模型，自然备受我国学者的关注。我国学者对菲利普斯曲线的研究大多是利用中国的数据，在中国的经济环境下，对改进的菲利普斯曲线进行实证检验。左大培（1996）通过分析理性预期学派和货币主义学派认为，通货膨胀对经济发展没有促进作用，反而会制约经济，因此不会降低失业率。栗树和（1988）利用我国1953～1985年的数据检验了我国的菲利普斯曲线，结果发现我国的菲利普斯曲线按斜率划分经历了三个阶段，即正斜率、正负斜率交替和负斜率。陈学彬（1996）利用我国改革开放以后的数据对菲利普斯曲线进行了验证，结果发现我国的菲利普斯曲线解释性较差。刘树成（1997）通过研究改革开放前后中国的"产出－物价"菲利普斯曲线发现，随着市场经济体制的完善，市场机制开始发挥作用，经济增长率与物价上涨率之间呈现基本菲利普斯曲线所表明的同向变动关系。范从来（2000）利用1953～1998年中国数据，研究中国的"产出－物价"菲利普斯曲线的形状，发现中国的经济增长率和价格水平之间存在着基本菲利普斯曲线所表明的同向变动关系，菲利普斯曲线机制是显著存在的。王少平（2001）等人利用我国的数据，检验了预期增广的菲利普斯曲线，结果表明，在我国，进口、需求、工资和通胀这4个变量之间存在长期稳定关系。黎德福（2002）利用我国1979～2000年的数据分析，提出了适合我国经济现状的菲利普斯曲线形式，并得到城镇失业率与通货膨胀率之间关系不显著的结果，但他强调通货膨胀率与核心剩余劳动力的相关性较高。张焕明（2003）认为传统的菲利普斯曲线及其理论无法解释我国转轨时期的经济现状，而将反映经济周期性因素的变量设为经济增长率时，模型的解释能力得到了显著的提高。他利用我国1979~2000年的数据进行检验，结果表明，在短期内，我国的菲利普斯曲线是一条直线，而在长期内，这条直线变成了一条向下倾斜的曲线。这是由我国特殊的经济体制和经济周期所导致的。石柱鲜等（2004）通过对中国产出缺口与通货膨胀率关系的分析，发现中国的产出缺口与通货膨胀率具有显著的正相关关系，并且这种相关关系比较稳定。赵博和雍家胜（2004）认为我国存在基本预期向下的菲利普斯曲线。他们利用我国1978~2003年的数据检验了我国的菲利普斯曲线，结果表明，在不同的经济阶段，我国的菲利普斯曲线呈现顺时针或逆时针转动的现象。他们比较全面地考察了"经济增长率－通货膨胀率"之间的统计关系，以及二者在我国若干次经济波动过程中呈现的不同形态。刘金全等（2006）以菲利普斯曲线和奥肯定律为理论依据，采用具有区制转移的状态空间模型，对经济增长率和通货膨胀率之间的关系进行经验分析。研究发现，中国的经济增长率与通货膨胀率之间并不存在短期菲利普斯曲线所描述的直接关系，但存在着长期菲利普斯曲线下经济增长波动性与通货膨胀波动性之间的紧密联系。曾利飞等（2006）基于我国1978~2002年的数据，运用广义矩方法估计开放经济下我国混合菲利普斯曲线，结果表明混合菲利普斯曲线在我国是适用的。孙海军（2006）利用我国1985~2004年的数据分别绘制了"失业－工资"菲利普斯曲线、"失业－通货膨胀"菲利普斯曲线及失业率与国内生产总值的替换曲线，发现短期内菲利普斯曲线一定发生了移动，且在绝大多数年份曲线斜率为负，说明在我国菲利普斯曲线的形状是大体向右下倾斜，即失业率和其他三大宏观变量之间的确存在着替换关系。赵伟等（2007）根据我国改革开放以来菲利普斯曲线的长期走向特点，对曲线进行拟合，并提出和建立相关模型，论证出菲利普斯曲线在我国存在，并总结其运行的特点，得出的结论是，我国存在菲利普斯曲线所体现的通货膨胀率与失业率之间的负相关关系，我国短期的菲利普斯曲线失灵具有时代特殊性。耿强等（2009）将人民币名义汇率引入混合菲利普斯曲线，对我国的通胀进行实证分析，结果表明通胀既受到通胀前向预期的影响而具有前瞻性，也受到前期通胀影响而具有后顾性，且前瞻性预期对通胀的影响处于主导地位。

虽然上述对在中国实际经济环境下菲利普斯曲线的实证和理论检验解

释说明不尽相同，但大多数研究结果支持了菲利普斯曲线（或修正的菲利普斯曲线）基本可以解释我国的通胀现象，并对我国经济增长、失业和通货膨胀之间的运行机制提出了更好的建议和见解。

本研究在前人研究基础上，以附加预期的菲利普斯曲线模型为基础，进一步探寻那些能够解释中国通胀现象的控制变量，并采用状态空间模型，刻画出各影响因素参数的动态变化轨迹，以便更好地解释和理解我国通货膨胀发展的动态机制。

三　实证方法与结果

（一）理论模型与方法

根据上述菲利普斯曲线的演化历程，以及国内外相关文献，对影响通货膨胀的因素进行总结，并提出本研究的模型方法。

1. 通货膨胀预期

通货膨胀预期是附加预期的菲利普斯曲线理论的核心观点。后来各种改进的菲利普斯曲线理论也都严格论证了通胀预期在通胀中的作用。现实分析中，常用三种方法获取通胀预期的测度：一是采用调查数据，如 Roberts（1995），这种方法的缺点是数据的可靠性受到普遍质疑；二是以通胀的过去值作为预期通胀的代理变量。虽然过去值与预期值有本质上的差别，但在货币政策没有突变性冲击的情况下，通胀的若干期滞后权且算是预期通胀的合适代理变量，故而也是最为常用的方法，如 Gordon（1985，1988），Stockton 和 Glassman（1987），Mehra（2004）等。三是不完美理性预期（Imperfect Rationality），常以金融市场债券名义利率与事前实际利率之差作为截止到债券到期日的预期通胀，如 Fasolo 和 Portugal（2004）。同样，这种方法仍暗含假设货币政策在到期日前没有变动，并且只是把对预期通胀的预测转移到对实际利率的预测上来，但没有证据表明对实际利率的预测比直接预测预期通胀来得更精确①。

---

① 范爱军等：《菲利普斯曲线与中国通货膨胀动态拟合》，《金融研究》2009 年第 9 期。

2. 产出缺口

自从奥肯（Okun，1962）提出潜在产出和产出缺口的概念以来，产出缺口已经在宏观经济领域中被广泛使用。所谓产出缺口，是指实际产出与潜在产出之差，有时也表示为实际产出与潜在产出的差值占实际产出或潜在产出的比率。在我国，由于缺乏真实有效的失业率统计数据，因此，可以用产出缺口来替代。按照奥肯定律，产出缺口与失业率呈负相关关系，因此只要证明了通货膨胀与产出缺口之间存在正相关关系，就可以间接说明通货膨胀率与失业率之间存在负相关关系。所以，我们建立了基于预期和产出缺口的菲利普斯曲线模型。

至于产出缺口的衡量，在已有的学术文献中，从理论上估算产出缺口的方法有结构性方法与非结构性方法两大类。结构性方法的代表是生产函数方法，但通过生产函数法估算潜在产出时必须使用企业开工率、固定资产使用率、资本存量等指标，而在中国没有企业开工率、固定资产使用率的正式统计，对资本存量的估计也是因人而异，因此在中国直接使用生产函数法计算出来的潜在产出结果可能具有较大的个人主观性和随机性。非结构性方法也称为统计方法，是直接根据实际产出估计潜在产出，不需要其他统计指标，其中最具代表性的是 HP 滤波方法。即如果 Y_t 是包含趋势成分和波动成分的经济时间序列，Y_t^T 是其中含有的趋势成分，Y_t^c 是其中含有的波动成分，则利用 HP 滤波可以将经济变量序列中长期增长趋势 Y_t^T 和短期经济波动成分 Y_t^c 分离出来。

本研究采用大多数文献的做法，即采用 HP 滤波方法计算产出缺口。由于本研究使用的是年度数据，因此，HP 滤波中的平滑参数 $\lambda = 100$。

3. 货币缺口

按照弗里德曼的经典观点，"通货膨胀永远是一个货币现象"[1]。虽然增加货币供给可以暂时刺激经济的发展，但同时又是通货膨胀的重要诱因。尽管目前学术界对货币到通胀之间的传导机制和程度等问题还有争议，但经济学家的普遍共识是，这两者是正相关的，货币存量及其增长速

---

[1]　Friedman, Milton, *A Monetary History of the United States, 1867 - 1960*, *Princeton University Press*, 1963.

度对物价水平和通胀率有着至关重要的影响。McCandless 和 Weber （1995）对世界上 110 个国家 1960～1990 年间的考察表明，长期来看，货币增长率和通胀率的相关性接近于 1。Kuijs（2002）证明，在转型国家中，货币供应量对通货膨胀的影响是直接而快速的。我国本轮通胀预期的形成，从理论上而言正是货币超额供应的一种结果。根据货币数量论观点，在假设货币流通速度为常数的条件下，超过 GDP 增长率的货币供给增长率应该完全反映在物价水平上。一旦超宽松货币政策作用下货币供需缺口持续扩张，M2/GDP 的动态增长路径与最优路径就会偏离，给通胀预期的形成造成潜在压力，还会导致我国金融体系的潜在风险。

因此，本研究在通胀预期和产出缺口基础上，加入货币缺口这一因素（用 M2/GDP 来衡量），同样应用 HP 滤波方法计算货币缺口。

4. 生产率快于价格的变动

我们借鉴 Ball 和 Moffitt（2001）与范爱军等（2009）做法，将价格调整的生产率纳入菲利普斯曲线模型。其中的经济含义在于：相对于工资增长，若生产率加速提高更多，实际上降低了单位劳动成本，从而可能导致"产出－通胀"关系发生改变，即会降低通货膨胀率。本研究使用实际的劳动生产率增长率（θ）作为这一因素的代表因素，即（$\theta - \pi^{cpi}$），其中，θ 为劳动生产率增长率，π^{cpi} 为居民消费价格指数的增长率（上年 = 100）。

5. 其他控制变量

如汇率、名义增长率缺口等，但在实证中，发现这些变量并不显著。

综上，我们建立修正的菲利普斯曲线理论方程如下：

$$\pi_t^{cpi} = \alpha + \beta \times \pi_{t-1}^{cpi} + \gamma \times (y_t - \bar{y}_t) + \delta \times (x_t - \bar{x}_t) + \eta \times (\theta_t - \pi_t^{cpi}) + \varepsilon_t \tag{2}$$

其中，π_t^{cpi} 为 t 期的通货膨胀率（用居民消费价格指数同比增长率减去 100 的序列代替，例如 2005 年，居民消费价格指数为 101.8，则通货膨胀率为 101.8 - 100 = 1.8）；θ_t 为实际劳动生产率［以人均国内生产总值指数（1978 年为 100）的增长率代替］；y_t 为 t 期的国内生产总值（1978 年不变价）；$\bar{y}_t$ 为对 y_t 序列应用 HP 滤波方法得到的潜在国内生产总值的第 t 期值；$x_t = M2_t/GDP_t$，$\bar{x}_t$ 为对 x_t 序列应用 HP 滤波方法得到的潜在货币缺口的第 t 期值，$M2_t$ 为 t 期的广义货币存量，GDP_t 为 t 期的名义国民生产总值；ε_t 为服从正态分布，均值为 0 的随机扰动项。

（二）数据与说明

本研究选取 1978 ～ 2010 年的年度数据，其中包括居民消费价格指数（CPI，上年 = 100）、国内生产总值、广义货币发行量（$M2$）、劳动生产率（θ），所有数据出自 2010 年《中国经济统计年鉴》、亚洲经济数据库（CE-IC）。

值得注意的是，本研究在模型中使用的是产出缺口比例（产出缺口占潜在产出的百分比）。这不同于国内其他文献（范爱军，2009），因为在模型试算中发现，产出缺口序列与产出缺口比例序列两者的相关系数为 0.75263，但模型（1）式中，相比产出缺口，产出缺口比例更加显著，而且其系数符合经济学解释。

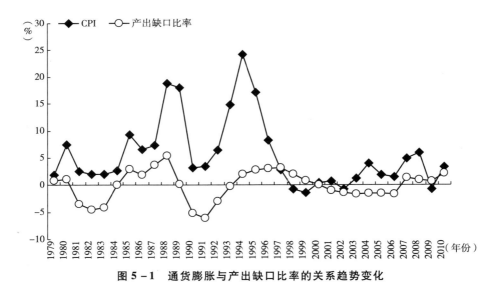

图 5 - 1 通货膨胀与产出缺口比率的关系趋势变化

从图 5 - 1 的产出缺口比率与 CPI 的关系可以发现，产出缺口比率与我国宏观经济的经验相当吻合。当实际产出高于潜在产出时，经济就面临过热的压力，通货膨胀往往具有上升的趋势；当实际产出低于潜在产出时，经济面临紧缩，通货膨胀趋于下降。20 世纪 90 年代后期以来，我国经济基本维持在潜在产出水平附近，其波动性相比 80 年代和 90 年代前半期明显减弱，这也从侧面反映了我国政府对宏观经济管理和调控手段日趋成熟。值得注意的是，我国的潜在产出缺口比率呈现明显的周期性特征。1984～1988 年、1993～1997 年、2007～2008 年，这三个时期我国经历了严重的经济扩张，这些时期的通货膨胀波动也较剧烈，而在 1982 年和1990 年前后，潜在产出明显为负值，经济趋冷，因此这一时期的通货膨胀也随之下降。2007 年以来，我国又进入新一轮的经济扩张时期，流动性过剩日益加重，产出缺口也由负转变为正，而通货膨胀也在 2007 年急剧上升，2007 年 8 月 CPI 同比上涨 6.5%，11 月达到 6.9%。美国次贷金融危机以来，美联储及欧洲、日本等各国央行都进行了大规模的货币扩张，采取量化宽松货币政策，以达到刺激信贷供给、化解金融危机的目的。我国也实施了 4 万亿元财政刺激计划和宽松的货币政策。这些政策和计划虽然暂时缓解了经济危机的恶化和蔓延，但也为新一轮的通货膨胀埋下了伏笔。2011 年 4 月，我国居民消费价格指数（CPI）上涨开始猛然迸发，尤其是食品与原材料价格急剧上涨，屡创新高。

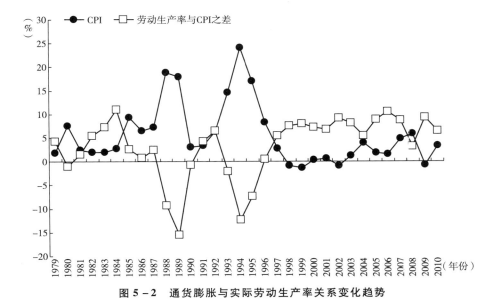

图 5－2 通货膨胀与实际劳动生产率关系变化趋势

从图 5-2 可以看出，劳动生产率与 CPI 之差序列及 CPI 序列的变化趋势几乎呈现"倒影"的形状，说明两者明显呈现负相关关系，实际劳动生产率确实会对通货膨胀的上升和下降起到反面的制约作用。经计算，两者的相关关系系数为 -0.9043。

为避免伪回归，在进行回归以前，采用 ADF 方法对序列 CPI、产出缺口比率、劳动生产率与 CPI 之差，以及货币缺口（$M2/GDP$）进行单位根检验。检验结果如表 5 - 1 所示。

表 5 - 1　CPI、产出缺口比率、劳动生产率与 CPI 之差以及货币缺口单位根检验结果

变　量	水平检验结果			结　论
	ADF - t 值	检验形式（C，T，N）	5% 显著水平	
π_t^{cpi}	- 3. 141086	（C，0，7）	- 2. 963972	平稳
（$y_t - \bar{y}_t$）	- 3. 189607	（C，0，7）	- 2. 971853	平稳
（$\theta_t - \pi_t^{cpi}$）	- 3. 209681	（C，0，7）	- 2. 963972	平稳
（$x_t - \bar{x}_t$）	4. 518811	（C，0，7）	2. 963972	平稳

注：$x_t = M_{2,t}/GDP_t$，$\bar{x}_t = \bar{M}_{2,t}/\overline{GDP}_t$。

表 5 - 2 显示，被解释变量（CPI）和各解释变量（产出缺口比率、劳动生产率与 CPI 之差、货币缺口）均是平稳序列，因此，模型不存在伪回归现象。

（三）实证证据与分析

根据计量方法估计理论模型（2）式，估计结果如下：

$$\pi_t^{cpi} = 7.9501 + 1.1336 \times \left(\frac{y_t - \bar{y}_t}{\bar{y}_t} \right) + 1.3834 \times （x_{t-1} - \bar{x}_{t-1}） - 0.7681 \times （\theta_t - \pi_t^{cpi}）$$

$$（10.9227）\qquad （8.3534）\qquad （2.1889）\qquad （-20.3813）+$$

$$（1.5534 \times AR(1)） - 0.8638 \times AR(2) \tag{3}$$

$$（15.2107）\qquad （-8.8064）$$

$$\bar{R}^2 = 0.9694 \qquad DW = 1.8742$$

Breusch - Godfrey Serial Correlation LM Test：Prob. Chi - Square （2） = 0.9428

Heteroskedasticity Test：Breusch - Pagan - Godfrey，Prob. Chi - Square （3） = 0.7631

以上检验结果显示，模型（2）通过异方差、自相关等检验，模型成立。

模型（3）式说明了四点。①产出缺口确实对通货膨胀有显著的影响，在其他因素不变的情况下，产出缺口比率每增加 1%，当年的通货膨胀就会上升 1.1336%。②实际劳动生产率与价格之差会对当年的通货膨胀有显著减缓之作用，即实际劳动生产率与价格之差每增加 1 个单位，当年的通货膨胀就会减少 0.7681 个单位。③当期货币缺口对通货膨胀没有显著的影响，但滞后一期货币缺口对通货膨胀具有显著的影响。这也说明了货币对通货膨胀的影响往往具有滞后效应，这与前人的研究观点一致。2008 年，为应对国际金融危机对中国的冲击，我国政府实施了 4 万亿元投资刺激方案。在财政政策放松的同时，我国货币政策也开始向宽松转变。据统计，2009 年全年新增贷款为 9.59 万亿元，远远高于 2008 年的 4.91 万亿元，增加了 95.3%。由于货币对通货膨胀影响具有滞后效应，虽然 2010 年我国通货膨胀不太严重，但是积极财政政策和宽松货币政策为通货膨胀埋下了伏笔，终于使得通货膨胀在 2011 年开始显现和爆发。④预期通货膨胀（以滞后一期 CPI 代表）对当期的通货膨胀影响不显著。其实滞后一期的货币缺口变量也暗含着通货膨胀预期因素，因为无论是从弗里德曼的经典观点——"通货膨胀永远是一个货币现象"，还是现实生活中居民对物价的预期，根据之一就是上一年的货币流动量。若上一年采取宽松货币政策，使得社会广义货币剧增，货币流动性增加，则居民对来年通货膨胀预期往往会增加。

图 5-3 显示，通货膨胀的实际值与其拟合值效果很好，几乎完全重合，这也从侧面反映了模型（2）中的解释变量选择是恰当的，可以有效地解释我国 1979~2010 年期间的通货膨胀发展及其变化趋势。

模型（2）式暗含着一个假设，即参数 α、β、γ、δ 和 η 在 1979~2010 年是固定不变的，为一常数。然而，由于我国处于经济体制转轨时期，许多宏观经济变量之间的关系、结构发生了显著的改变。同时，随着世界经济全球化、金融一体化的快速发展，我国经济与世界经济联系越来越密切，世界经济对我国经济的影响也逐渐加大，这也使得我国以前的一些宏观经济变量越来越受到国际经济的影响，因此，我国宏观经济变量之间的关系可能在这 30 多年期间已经发生了显著变化。为考察变量之间的这种动态变化轨迹，本研究在以上分析的基础上，进一步建立状态空间模型来探讨参数的变化轨迹。

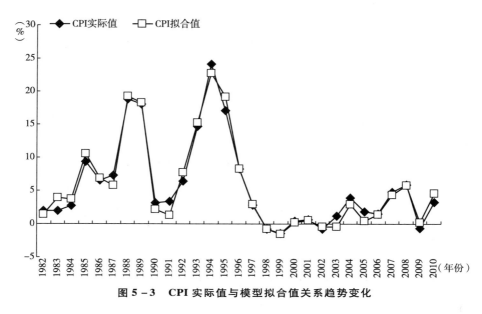

图 5 - 3　CPI 实际值与模型拟合值关系趋势变化

由于解释变量（$\theta_t - \pi_t^{cpi}$）、（$x_t - \bar{x}_t$）与被解释变量 π_t^{cpi} 呈现较为明显的线性关系，而解释变量 $\left(\dfrac{y_t - \bar{y}_t}{\bar{y}_t}\right)$ 与被解释变量 π_t^{cpi} 的线性关系不甚明显，因此，为简便起见，本研究的状态空间模型假定如下：

$$\pi_t^{cpi} = c（1）+ SV_{1t} \times \left(\frac{y_t - \bar{y}_t}{\bar{y}_t}\right) + c（2）\times（x_t - \bar{x}_t）+ c（3）\times（\theta_t - \pi_t^{cpi}）+ \varepsilon_t \quad （3）$$

$$SV_{1t} = c（4）+ c（5）\times SV_{1,t-1} + \upsilon_{1t} \qquad\qquad （4）$$

其中，各变量同模型（2），c（1）、c（2）、c（3）、c（4）和 c（5）为待定参数；（3）式为量测方程，（4）式为状态方程，$SV_{1,t}$ 为状态变量，反映各个时点上产出缺口率对通货膨胀影响的动态变化；$SV_{1,t-1}$ 为第 $t-1$ 期的状态变量，υ_{1t} 为服从正态分布、均值为 0、方差为常数的随机扰动项。另外，由于不确定随机扰动项 ε_t 和 υ_{1t} 是否相关，因此假定这两者之间彼此不独立，存在相关关系，两者相关关系系数为一常数 c（6）。这实际上放宽了理论假设，以便更加符合实际数据。然后利用卡尔曼滤波算法可以计算得到时变参数的估计值。估计结果如下：

$$\pi_t^{cpi} = 6.0376 + SV_{1t} \times \left(\frac{y_t - \bar{y}_t}{\bar{y}_t} \right) + 1.1956 \times (x_t - \bar{x}_t) - 0.7967 \times (\theta_t - \pi_t^{cpi}) \quad (5)$$

$$\qquad (23.3701) \qquad\qquad\qquad (1.8513) \qquad\qquad\qquad (-23.3542)$$

$$SV_{1t} = 0.0958 + 0.37114 \times SV_{1,t-1} \qquad (6)$$

$$\qquad\quad (2.0173) \qquad\qquad\qquad (1.9512)$$

利用 EVIEWS 软件，可以直接得到状态参数 $SV_{1,t}$ 的动态变化轨迹，如图 5 - 4 所示。

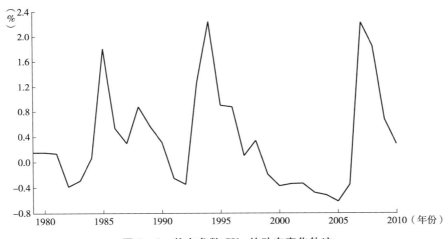

图 5 - 4　状态参数 $SV_{1,t}$ 的动态变化轨迹

从图 5 - 4 可以看出，状态参数 $SV_{1,t}$，也即产出缺口率的参数在 1979～2010 年明显发生着周期性波动的变化。在产出缺口较大时期（1984～1988 年、1993～1995 年、2007～2008 年），该参数对通货膨胀的影响急剧上升；在产出缺口较小的时期，该参数对通货膨胀的影响趋于缓和。这说明该参数对通货膨胀的影响会随着产出缺口的加剧而升高，随着产出缺口的减小而趋缓。这也是本章实证结果的新发现。

四　结论与政策建议

综上分析，产出缺口、实际劳动生产率与价格之差、滞后一期货币缺口是影响我国通货膨胀的显著因素。这些影响因素也说明了我国的通货膨胀受到财政政策和货币政策的双重综合影响。本轮通胀预期本质上是在产出缺口逐渐扩大和实际劳动生产率有所下降的背景下，超额货币供给引致实际货币购买力下降的结果，这也表明近年来中国持续高货币增长并非简单用"货币迷失"所能解释。尽管 2011 年央行对货币供应量和信贷规模的扩张有所控制，我国的通货膨胀压力自 8 月以来也开始逐渐减弱，但由于我国财政政策尚未转型，积极财政政策背后财政赤字与支出的增长对货币增发、需求扩张和成本提升的当期及未来潜在通货膨胀压力影响仍然较大。为有效实施通胀预期管理，控制宏观经济运行和金融体系风险，有必要进一步对我国的货币供给机制进行完善，稳定经济主体的通胀预期。为此，提出如下政策建议。

一是适度收缩信贷规模，推动货币信贷供给回归正常化。在实体经济规模一定的前提下，货币过量供给和超额信贷扩张有助于资产价格上涨，同时也隐含着产出缺口的上升和通胀预期信息。因此，在后金融危机时期，随着国际经济形势的不断好转，央行应适时启动宽松货币政策的退出机制，控制信贷规模，缩小货币缺口。

二是改善实体经济运营环境，适当减少实体企业的各种税收，出台有效措施鼓励和引导资金流向实体经济，增强我国实体经济的产出能力，缩小产出缺口，同时实施产业结构升级，切实提升我国产品质量和国际竞争力。

三是采取前瞻性货币政策导向，加强流动性调节和控制。针对全球金融危机所释放的超额货币和超额信贷所形成的"货币供应－银行信贷－资产泡沫"内在链条，央行应加大对国际跨境资本流入的监管力度，加强对国际热钱的流动性控制和资本管制能力，有效防范资产泡沫进一步加剧，同时调节好人民币升值节奏，使之与我国实体经济的发展相一致。

参考文献

[1] McCandless, George T. and Weber, Warren E. , "Some Monetary Facts", *Federal Reserve Bank of Minneapolis Quarterly Review*, Vol. 19, 1995.

[2] Kuijs, Louis, "Monetary Policy Transmission Mechanisms and Inflation in the Slovak

Republic"，IMF Working Paper，2002.

［3］McKinnon，Ronald I.，*The Order of Economic Liberalization*：*Financial Control in the Transition to a Market Economy*，Johns Hopkins University Press，1993.

［4］范爱军等：《菲利普斯曲线与中国通货膨胀动态拟合》，《金融研究》2009 年第9 期。

［5］范从来：《菲利普斯曲线与我国现阶段的货币政策目标》，《管理世界》2000 年第6 期。

［6］高铁梅：《计量经济分析方法与建模——EViews 应用及实例》，清华大学出版社，2009。

［7］李占风、陈好：《我国货币流动性与通货膨胀的定量研究》，《数量经济技术经济研究》2010 年第8 期。

［8］刘金全、姜梅华：《金融危机后期的新凯恩斯菲利普斯曲线估计与经济政策启示》，《吉林大学社会科学学报》2011 年第2 期。

［9］刘树成：《论中国的菲利普斯曲线》，《管理世界》1997 年第6 期。

［10］渠慎宁、江贤武：《中国的经济增长与通货膨胀：基于产出缺口的实证解释》，《经济学动态》2010 年第7 期。

［11］余力、陈红霞、李沂：《我国通货膨胀的严重性及生成机制研究》，《经济学动态》2010 年第11 期。

［12］左大培：《围绕着通货膨胀的替换作用的经济学争论》，《经济研究》1996 年第2 期。

第六章　基于 GVAR 模型的中国与世界经济互动影响分析

在经济全球化的背景下，国际商品市场和金融市场联系日益紧密，美国等发达经济大国的经济波动会对中国经济产生直接的影响，还将通过对其他国家的金融市场和实体经济的影响而对中国经济增长产生间接的影响。本章基于全球宏观经济计量模型（Global VAR Model，GVAR），从全球经济相互影响的角度量化分析中国应对金融危机的财政刺激计划的效果，包括对中国及世界经济的影响，美国需求和货币政策变动对中国经济增长和价格的影响及其程度、持续的时间、危机传导的途径，以及全球经济减速对中国经济造成的影响，以期把握中国与世界经济的互动影响，为中国积极财政政策和宽松货币政策的适时退出和稳健运行提供依据。

一　前言

中国改革开放 30 年来，经济取得了快速发展，年均 GDP 增长超过10%。到 2010 年，中国 GDP 和贸易总量占世界市场的份额都超过了 10%，其中贸易总量超过德国，按照购买力平价计算的 GDP 总量超过日本，都仅次于美国，排在世界第二位。中国与世界经济的相互影响日益加深。中国与外部经济的联系主要表现在以下几个方面：中国出口取决于国外市场需求，由于净出口占 GDP 的比重较大，国内就业和 GDP 的增长受到国外市场需求的制约；中国从国际市场大量进口能源和原材料，重要能源、原材料以及粮食等的价格很大程度上已经由国际市场来决定，因此，能源和原材料等国际大宗商品市场价格的上升会引起中国输入型通货膨胀；中国汇率的变动会引起国外直接投资、进出口产品价格以及总量的变化；随着中国金融市场逐步开放，其他国家金融市场的变动，如利率、债券价格的变化对中国金融市场乃至实体经济具有直接和间接的影响。在国际商品市场和金融市场紧密联系的背景下，一个国家特别是美国等发达经济大国的经济波动会对中国经济产生直接的影响，还将通过对其他国家的金融市场和实体经济的影响而对中国经济增长产生间接的影响。因此，在经济全球化的背景下，政府或企业部门在制定经济政策时，不仅要考虑国内因素，同时还需要考虑国外因素对本国经济的影响，不仅要考虑中国与各个国家之间的双边影响，还要在世界经济一体化的大背景下考虑世界各个国家的交互影响和反馈。

目前研究中国经济与世界经济相互影响具有特别重要的现实意义。2008 年，受到美国次贷危机的强烈冲击，美国、欧元区等主要国家和经济体的经济增长速度出现下降，全球对外直接投资出现大幅下滑，中国外贸进出口增长速度大幅下降，对中国经济增长和就业形成强烈的负面冲击。2008 年底中国政府及时出台 4 万亿元财政刺激计划，在 2009 年和 2010 年增加基础设施和社会保障等方面的公共投资，拉动经济增长。在全球特别是发达工业国家出现较深经济衰退的背景下，中国经济仍然取得 10% 的高速增长。经济刺激政策的目的是避免全球金融危机导致中国经济出现剧烈波动。随着 4 万亿元财政刺激计划的实施，投资增速和贷款增速大幅增加，从国内需求和货币供给方面增大了国内通货膨胀的压力。随着各国在经济危机过后出现探底反弹，2011 年国际原材料进口价格出现较大幅度的上涨，形成中国通货膨胀的国外压力。在国内外因素的共同作用下，2011 年上半年中国通货膨胀率达到 5%，超出了货币政策目标。通胀成为当前经济首要关注的问题之一。财政刺激政策是为应对国际金融危机对中国经济造成负面冲击而实施的，因此不可能持续使用，一旦国内外经济基本面出现好转并趋于平稳，就要考虑逐步退出。在目前中国和世界经济发展都面临许多不确定因素的背景下，分析财政刺激政策的退出是否会使中国经济增长产生剧烈的波动，需要审慎地对 4 万亿元财政刺激计划对经济增长和通胀的影响程度进行评价，以估计在财政刺激政策逐步退出的情况下，中国经济可能受到的影响。

在金融危机之后，世界各国相继出台了财政和金融刺激政策，以应对危机对经济的负面冲击。特别是美国实行的量化宽松的货币政策，共向市场投放货币 6 万亿美元，规模之大前所未有。美国遭受国债评级下降，而欧洲债务违约的风险和范围又有不断加大的趋势，引起美国以及全球股市和债券市场价格大幅下跌。这一事件对美国和世界经济复苏将产生何种影响？中国经济将受到怎样的冲击？世界经济复苏存在极大的不确定性，在这种情况下，有必要分析世界经济变动对中国可能产生的影响，以便及早做出应对措施。

目前有关 4 万亿元财政刺激计划对中国经济的影响，以及美国量化宽松货币政策对中国经济影响的文献大多采取定性分析，对此进行定量分析的文章还不多见。本研究将建立全球宏观经济计量模型（Global VAR Model，GVAR），在统一的计量经济模型分析框架下，从全球经济相互影响的角度量化分析中国财政刺激计划的效果，中国 4 万亿元刺激财政刺激计划对中国以及世界经济的影响，美国需求和货币政策变动对中国经济增长和价格的影响程度、持续的时间、危机传导的途径，以及全球经济减速对中国经济造成的影响，等等。

二　文献综述

已有一些文献探讨了中国财政刺激政策对中国国内经济增长和就业的影响。He 等（2009）通过投入产出分析得出结论，2009 年 2 万亿元的财政投入将使 GDP 增加 1.7 万亿元，即短期的财政乘数为 0.84，并且新增加 2000 万个非农业就业岗位，中期即两年乘数为 1.1。还有一些文献在凯恩斯框架下通过假设或者估计边际消费倾向得到财政乘数。Liu（2009）应用结构向量自回归模型量化分析全球金融危机对中国的影响，结论是美国、欧盟和日本经济共同下降 1 个百分点将导致中国 GDP 下降 0.73 个百分点。Cosa（2010）定性分析刺激政策的宏观效应，通过模拟多国动态一般均衡模型，分析刺激政策的国内影响和国际溢出效应，主要结论为，财政刺激政策对支持国内经济增长起到很大的作用。日本和世界其他国家从中国总需求中获益。中国 GDP 在 2009 年和 2010 年分别增长 2.6 个和 0.6 个百分点，其中私人消费分别增长 3.2 个和 1.1 个百分点，使中国进口增长 3.0 个百分点，出口两年平均减少 1.0 个百分点。总需求的提高推动了通货膨胀，2009 年和 2010 年通胀率增长 1.0 个和 0.3 个百分点，使得中国实际汇率升值。2009 年和 2010 年中国进口分别增长 2.6 个和 2.7 个百分点，国内需求带动进口增长，日本和世界其他国家从中受益较多，美国和欧元区受益相对较少，日本和世界其他国家的出口平均增长 0.6 个百分点，美国和欧元区增长 0.15 个百分点。N' Diaye 等（2009）基于结构宏观经济模型，估计出 G - 3 国家 GDP 每下降 1 个百分点，会引起亚洲新兴国家 GDP 超过 2 个百分点的下降。

本研究将基于包含 33 个国家的全球向量自回归模型，同时模拟各个国家的实体经济以及金融价格变动的相互影响。

三　全球向量自回归模型概述

尽管各种形式的 VAR 模型分析已经成为目前时间序列经济计量学的标准分析工具，但在 VAR 模型中的估计系数相对于样本长度来说过于庞大，因此，一般 VAR 模型用来分析只包含几个（通常不超过 6 个）变量的经济系统。

最近几年由 Garratt 等人（2006）提倡的 SCVARX* 以及全球 VAR 模型（Global VAR，GVAR）方法将 VAR 模型的方法加以扩展，使其能够用于分析各国或各地区之间的经济联系。具体说，首先，建立各个国家或地区的 VECMX* 模型。在各国的模型中，内生变量（X）包括能够刻画宏观经济运行的核心经济变量，通常包括 GDP、通货膨胀、利率、汇率、货币供给等主要经济变量。国外变量如国外产出、国外通货膨胀、国外利率、石油价格等作为弱外生变量（X^*）包含在国家模型中。在各国 VECMX* 模型中，识别和检验与经济学理论一致的变量之间的长期均衡关系（或称为协整关系）。长期均衡关系既可以是国内变量之间的，也可以是国内变量与国外变量之间的。其次，通过贸易矩阵或资本流量，将各个国家或地区的 VECMX* 模型连接成为 GVAR。在 GVAR 的模型框架下，利用最新的

SVECM 分析技术，如长期关系的识别、误差修正项的调整速度、结构冲击的识别、弱外生变量的检验、结构和一般冲击反应分析、误差分解分析和概率预测等，将全球经济作为一个整体，进行预测和政策分析。由于 GVAR 模型是将各国或地区的 VECMX* 模型在一个一致的框架下进行连接，因此各个变量之间的长期和短期的相互联系和依赖性能够清楚地体现出来，符合经济学理论的长期关系和符合数据生成过程的短期关系都可以在 GVAR 模型的框架下得到统计学检验。

GVAR 模型的另一个特点是，可以进行灵活的扩展，既可以用只包含核心变量的国家 SVECMX* 模型单独进行预测和政策分析，也可以将国家模型与主要贸易伙伴国和地区模型进行连接，直至扩大到与全球各国或地区模型相连接。此外，虽然国家核心模型中只包含 GDP、价格指数、货币供给、利率和汇率等核心经济变量，但是运用与 GVAR 模型类似的方法，能够按照我们分析具体问题的需要，在核心模型周围建立部门模型或者附属模型，进一步分析劳动力市场、进出口等更具体的问题。

与传统的以 SEM 为基础的全球宏观经济模型相比，GVAR 模型具有通透的经济学理论结构，模型结构紧凑，具有灵活性和可扩展性，易于维护，可操作性强，是一种崭新的全球宏观经济模型技术（Granger 和 Jeon，2007）。Pesaran 等人已经将 GVAR 模型用于分析欧元区经济与世界其他国家和地区之间经济的相互联系，并得到许多有意义的结论（Dees 等，200；Pesaran 等，2004；Pesaran 等，2006）。

GVAR 模型考虑三种各国之间相互联系的途径，它们既具有独立性，又具有内在的相互联系（Garratt 等，2006）。

途径 1：国内变量依赖于国外变量的当期和滞后值。

途径 2：各国的变量受全球外生变量如石油价格的共同影响，因此是相互联系的。

途径 3：第 i 个国家会受到第 j 个国家所受到的当期冲击的影响，这种依赖性反映在误差的协方差矩阵中。

由于全球模型系统过于庞大，所需估计的系数相对于样本长度来说太多，因此，必须采用一种变通的方法来进行分析。具体说，考虑全球 $N+1$ 个国家，第 0 个国家为参照国家，通常选择美国。这里设定一国的经济与国外加权的经济变量、趋势项，以及石油价格等外生变量有关。假设 X_i 表示第 i 个国家的国内变量向量，X_i^* 表示第 i 个国家的国外变量向量，X_i 和 X_i^* 分别为阶数 k_i 和 k_i^* 的向量。

将第 i 个国家的 VARX*（1，1）模型用以下形式设定（为表述方便，假设国内变量和国外变量的滞后阶数都为1）：

$$X_{it} = a_{i0} + a_{i1}t + \Phi_i X_{i,t-1} + \Lambda_{i0} X_{it}^* + \Lambda_{i1} X_{i,t-1}^* + \varepsilon_{it} \quad t = 1, 2, \cdots, T; \ i = 0, 1, 2, \cdots, N$$

(6)

这里 Φ_i 是一个 $k_i \times k_i$ 系数矩阵，Λ_{i0} 和 Λ_{i0}^* 分别是 $k_i \times k_i^*$ 的系数矩阵。ε_{it} 为 $k_i \times 1$ 的各国自主冲击的向量。假设各国的自发冲击是非序列相关的，均值为0，即 $\varepsilon_{it} \sim i.i.d.$（0，$\Sigma_{ii}$）。通常假设 Σ_{ii}，$i = 0, 1, \cdots, N$ 是不随时间变化而变化的，即具有时不变性。国外变量，如国外产出 y_i^* 构建为

$$y_{it}^* = \sum_{j=0}^N w_{ij}^y y_{jt}$$

权重 w_{ij}^y 通过第 j 个国家占第 i 个国家的贸易权重计算得到。所包含的其他国外变量也用类似的方法构建。

将国内变量和国外变量结合，形成一个 $(k_i + k_i^*) \times 1$ 的向量 Z_i：

$$Z_{it} = \begin{pmatrix} X_{it} \\ X_{it}^* \end{pmatrix}$$

（6）式可以重写为

$$A_i Z_{it} = a_{i0} + a_{i1}t + B_i Z_{i,t-1} + \varepsilon_{it}$$

(7)

这里 $A_i = (I_{ki}, -\Lambda_{i0})$，$B_i = (\Phi_i, \Lambda_{i1})$。

A_i 和 B_i 是 $k_i \times (k_i + k_i^*)$ 阶的矩阵，并且 A_i 是满秩矩阵，即 $rank(A_i) = k_i$。

将所有各国模型结合在一起，得到一个 $k \times 1$ 的向量 $X_t = (X_{0t}', X_{1t}', \cdots, X_{Nt}')'$，这里 $k = \sum_{i=0}^N k_i$ 为全球模型中所有内生变量的个数。各个国家的变量可以由 X_t 来表示，即

$$Z_{it} = W_i X_t, \quad i = 0, 1, 2, \cdots, N$$

(8)

W_i 是一个 $(k_i + k_i^*) \times k_i$ 矩阵，其中的元素都是已知的，即由贸易权重构成的系数。W_i 可以看作是将各国 VARX* 模型连接为 GVAR 模型的一个连接矩阵。

将 (7) 和 (8) 式结合，得到

$$A_i W_i X_t = a_{i0} + a_{i1} t + B_i W_i X_{t-1} + \varepsilon_{it}$$

这里 $A_i W_i$ 和 $B_i W_i$ 是 $k_i \times k$ 的矩阵。将这些方程写为上下叠加的形式，得到

$$GX_t = a_{i0} + a_{i1} t + H X_{t-1} + \varepsilon_t$$

这里 $a_0 = \begin{pmatrix} a_{00} \\ a_{10} \\ \vdots \\ a_{N0} \end{pmatrix}$, $a_1 = \begin{pmatrix} a_{01} \\ a_{11} \\ \vdots \\ a_{N1} \end{pmatrix}$, $\varepsilon_t = \begin{pmatrix} \varepsilon_{0t} \\ \varepsilon_{1t} \\ \vdots \\ \varepsilon_{Nt} \end{pmatrix}$, $G = \begin{pmatrix} A_0 W_0 \\ A_1 W_1 \\ \vdots \\ A_N W_N \end{pmatrix}$, $H = \begin{pmatrix} B_0 W_0 \\ B_1 W_1 \\ \vdots \\ B_N W_N \end{pmatrix}$

G 是 $k \times k$ 的满秩矩阵。GVAR 模型可以表达为以下的形式：

$$X_t = G^{-1} a_0 + G^{-1} H X_{t-1} + G^{-1} \varepsilon_t$$

通过估计单个方程的 VARX* 模型，以及通过计算贸易权重和资本流量等计算 W 中的系数，这样构造的矩阵 G 是已知的，不需要在 GVAR 模型中进行估计，因此大大减少了估计系数，使得在 GVAR 模型框架进行类似 VAR 模型的分析是可能的。

将上式进一步表示为类似 VECM 的误差修正形式：

$$G\Delta X_t = a_0 + a_1 t - (G - H) X_{t-1} + \varepsilon_t$$

$$G - H = \begin{pmatrix} (A_0 - B_0) W_0 \\ (A_1 - B_1) W_1 \\ \vdots \\ (A_N - B_N) W_N \end{pmatrix} = \begin{pmatrix} \alpha_0 \beta_0^{'} W_0 \\ \alpha_1 \beta_1^{'} W_1 \\ \vdots \\ \alpha_N \beta_N^{'} W_N \end{pmatrix}$$

也可以写成以下形式

$$G - H = \tilde{\alpha} \tilde{\beta}^{'}$$

这里 $\tilde{\alpha}$ 是 $k \times r$ 分块对角线矩阵，表示全球短期调整系数，$\tilde{\beta}$ 为 $k \times r$ 协

整空间矩阵。

$$\beta = (W_0{'}\beta_0, \ W_1{'}\beta_1, \ \cdots, \ W_N{'}\beta_N), \quad r = \sum_{i=0}^{N} r_i, \quad k = \sum_{i=0}^{N} k_i$$

进一步将 GVAR 模型一般化，使得 GVAR 模型不仅包含各国的主要核心经济变量，而且包含全球共同变量，如石油价格等。这样扩展的 VARX* 模型可以表示为

$$X_{it} = a_{i0} + a_{i1}t + \Phi_i X_{i,t-1} + \Lambda_{i0} X_{it}^* + \Lambda_{i1} X_{i,t-1}^* + \Psi_{i0} d_t + \Psi_{i1} d_{t-1} + \varepsilon_{it}$$
$$t = 1, \ 2, \ \cdots, \ T; \quad i = 0, \ 1, \ 2, \ \cdots, \ N$$

这里 d_t 是一个 $s \times 1$ 表示全球共同变量的向量，假设这些变量对于全球经济来说是弱外生变量。相应地，扩展的 GVAR 模型为

$$GX_t = a_{i0} + a_{i1}t + HX_{t-1} + \Psi_0 d_t + \Psi_1 d_{t-1} + \varepsilon_t$$

这里 a_0，a_1，G，H，ε_t 如前面所定义，而 Ψ_0，Ψ_1 为

$$\Psi_0 = \begin{pmatrix} \Psi_{00} \\ \Psi_{10} \\ \vdots \\ \Psi_{N0} \end{pmatrix}, \ \Psi_1 = \begin{pmatrix} \Psi_{01} \\ \Psi_{11} \\ \vdots \\ \Psi_{N1} \end{pmatrix}$$

可以进一步表示为约化形式的全球模型：

$$X_t = b_0 + b_1 t + \Gamma X_{t-1} + Y_0 d_t + Y_1 d_{t-1} + \varepsilon_t$$

利用此式，可以在系统的起始状态和外生全球变量的基础上对系统中的内生变量进行点预测。

由于假设国内变量可以受到当期国外变量的影响，因此各个国家的模型需要对各国的变量同时求解：X_{it}，$i = 0$，1，2，$\cdots$，N。在对系统求解的基础上，GVAR 模型可以用来进行预测，冲击反应分析、风险管理等政策分析。

运用 GVAR 的子系统估计方法来估计 GVAR 系统。各国的模型是分别估计的，而权重系数不是估计的，是通过贸易数据和资本流量数据直接计算得到的。各国 VARX* 中的系数也是在各国模型中估计出来的，而不是通过 GVAR 模型同时估计的，这样就巧妙地避免了对 GVAR 直奏估计而需

要估计太多系数的问题。Garratt 等人证明（Garratt 等，2006），如果在 GVAR 模型中包含国家的数目足够多，并且满足一些条件，那么这种通过估计子系统而间接得到 GVAR 估计的方法是合理的。

将国外变量当作国家模型中的弱外生变量。国际经济学通常假设国外利率、产出和价格等是外生给定的，因为大多数经济体对于世界经济总量来说都是很小的（也许美国经济是个例外）。变量的弱外生性可以在 VEC-MX* 模型框架下进行正式的统计检验。

由于假设国内变量与国际变量存在当期相关关系，因此在将各个国家 VECM* 模型连接起来之后，需要对连接起来的模型系统中的所有变量同时进行求解，然后进行预测、冲击反应分析和风险管理等。

四 中国和世界经济相互影响的实证分析

（一）中国 GVAR 模型的设定

本研究运用 GVAR Toolbox1.1 模型作为计量分析工具（Smith 和 Galesi，2011）。这一模型包含世界 25 个国家以及欧元区经济体，其中欧元区国家为德国、法国、意大利、西班牙、荷兰、比利时、奥地利和芬兰 8 个国家，因此共包含 33 个国家，其经济总量占世界 GDP 的比重超过 90%。表 6－1 给出了 GVAR 模型中所包含的国家、地区以及占世界 GDP 的比重。

表 6－1 模型中包含的国家和地区以及占世界 GDP 的比重

（2006～2008 年平均，按实际购买力评价计算）

主要国家（55%）	欧盟（18%）	亚洲其他国家（6%）	欧洲其他国家（2%）	拉丁美洲（8%）	世界其他国家（10%）
美国（26%）中国（13%）日本（8%）英国（4%）加拿大（2%）澳大利亚（2%）新西兰（0.2%）	德国、法国、意大利、西班牙、荷兰、比利时、奥地利、芬兰	韩国、印度尼西亚、泰国、菲律宾、新加坡	瑞典、瑞士、挪威	巴西、墨西哥、阿根廷、智利、秘鲁	印度、南非、土耳其、沙特阿拉伯

国家模型所包含的变量为国内实际 GDP、通胀率（CPI）、实际证券价

格、实际汇率、名义长期利率和短期利率等几个变量，全球变量为石油价格。变量定义如下：

$$y_{it} = \mathrm{Ln}\ (\mathrm{GDP}_{it}/\mathrm{CPI}_{it}),\ p_{it} = \mathrm{Ln}\ (\mathrm{CPI}_{it}),\ e_{it} = \mathrm{Ln}\ (E_{it})\ - p_{it}$$

$$q_{it} = \mathrm{Ln}\ (EQ_{it}/\mathrm{CPI}_{it}),\ \rho_{it}^{S} = 0.25 \times \mathrm{Ln}\ (1 + R_{it}^{S}/100),\ \rho_{it}^{L} = 0.25 \times \mathrm{Ln}\ (1 + R_{it}^{L}/100)$$

其中 GDP_{it}，CPI_{it}，E_{it}，EQ_{it}，R_{it}^{S}，R_{it}^{L} 分别为第 i 个国家的名义 GDP、CPI 指数、对美元的名义汇率、债券价格指数、年度名义短期利率和长期利率。相应地，y_{it}，p_{it}，e_{it}，q_{it}，ρ_{it}^{s}，ρ_{it}^{l} 分别为对数实际 GDP、对数 CPI 指数、对数实际汇率、对数实际债券价格指数，以及季度短期利率和长期利率。各个国家模型中还包括国内变量相应的国际变量，如国际实际 GDP、国际实际证券价格等。相应的国际变量表示为 ys_{it}，ps_{it}，es_{it}，qs_{it}，ρs_{it}^{s}，ρs_{it}^{l}。数据来源于 IMF 的 Financial Statistics 以及 Datastream。数据样本为 1979Q1 ~ 2009Q4 经过季节调整的季度数据。在计算国际变量时按照贸易流量计算权重，选择 2006 ~ 2008 年贸易流量的平均值计算权重。根据 AIC 和 SBC 信息标准选择模型中变量滞后阶数。在中国国家模型中，由于缺少证券价格和长期利率的数据，没有包含国内证券价格、长期利率，以及相应的国外证券价格和长期利率。

(二) 模型的统计检验

首先需要对 GVAR 模型进行必要的统计检验，以中国模型为例。应用 ADF 方法对模型中所有变量进行单位根检验。表 6 - 2 给出了对中国模型中变量的单位根检验，结果表明，所有变量的水平数据均为含有一个单位根的 I (1) 过程。然后对中国国家模型中可能存在的协整关系的阶数进行检验。表 6 - 3 给出了中国模型中协整关系的迹检验，结果显示，在中国模型中存在两个协整关系。表 6 - 4 显示了中国模型中未加限制的两个协整关系，以及相应的短期调整系数。接着对模型中的国外变量进行弱外生性检验。表 6 - 5 显示，中国模型中所有的国外变量都是弱外生变量，即它们对模型中其他变量会产生长期影响，但模型中其他变量对它们没有长期的反馈。为了进一步检验协整空间确实是 I (0) 空间，我们对协整关系进行了冲击反应检验。图 6 - 1 是对中国模型中两个协整关系施加系统冲击后的反应函数，表明两个协整关系以及系统是平稳的。对模型的结构稳定性进行的检验表明，模型中的大部分变量是结构稳定的（见表 6 - 6）。需要指出的是，GVAR模型对包含的所有国家或地区都进行以上各项统计检验。

表 6 - 2   中国国家模型中变量的 ADF 单位根检验

国内变量	统计值	国外变量	统计值	全球变量	统计值	临界值
y（t）	- 1.76	ys（t）	- 0.53	Poil（t）	- 1.46	- 3.45
y	1.08	ys	- 1.65	Poil	- 0.69	- 2.89
Dy	- 11.11	Ddys	- 7.66	Dpoil	- 8.70	- 2.89
Dp（t）	- 2.99	Dps（t）	- 3.05	—	—	- 3.45
Dp	- 2.85	Dps	- 2.37	—	—	- 2.89
DDp	- 8.53	DDps	- 8.96	—	—	- 2.89
Ep（t）	- 1.79	eqs（t）	- 2.31	—	—	- 3.45
Ep	- 1.57	Eqs	- 1.59	—	—	- 2.89
Dep	- 10.57	Ddeq	- 11.94	—	—	- 2.89
R（t）	- 1.78	eps（t）	- 1.89	—	—	- 3.45
r	- 1.04	Eps	- 0.65	—	—	- 2.89
Dr	- 7.66	Deps	- 7.35	—	—	- 2.89

注：1. ADF 表示 Augmented Dick Fuller 单位根检验。
    2. 变量后面括号中的 t 表示检验时带趋势项，没有括号表示不带趋势项。

表 6 - 3   中国模型中协整关系的迹检验

类　别	统计值	临界值（5%）
内生变量个数	4	—
外生变量个数	3	—
$r = 0$	164.08	119.03
$r = 1$	94.49	85.44
$r = 2$	50.82	55.5
$r = 3$	22.79	28.81
$r = 4$	—	—
$r = 5$	—	—

表 6 - 4 　中国模型中未经限制的协整关系和短期调整系数

BETA	CV1	CV2	ALPHA	a1	a2
y	- 0.02	0.24	y	- 0.0027	- 0.0050
Dp	1.00	0.00	Dp	0.0023	- 0.0032
ep	0.00	1.00	ep	0.0185	- 0.0010
r	- 1.41	- 15.77	r	- 0.0006	0.0001
ys	0.05	- 0.76	—	—	—
Dps	- 0.19	- 2.79	—	—	—
poil	0.01	0.35	—	—	—

表 6 - 5 　中国模型中外国变量的弱外生性检验（5% 显著性水平）

F 检验	临界值	ys	Dps	eqs	rs	lrs	poil
F（2106）	3.08	0.57	0.48	1.33	0.13	1.66	1.12

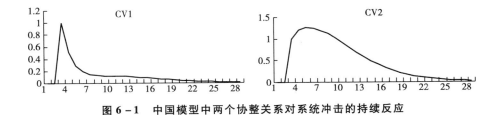

图 6 - 1 　中国模型中两个协整关系对系统冲击的持续反应

表 6 - 6 　中国模型结构稳定性检验（10% 显著性水平）

变　量	y	Dp	ep	r
检验值	0.70	1.04	1.18	0.53
临界值	1.04	0.97	1.05	0.78

五　中国与世界经济的相互影响分析

（一）中国与其他国家的贸易关系

GVAR 模型在构建国外变量时所使用的权重为贸易比重，因此了解中国与其他国家的贸易比重有助于理解和解释中国与世界经济之间的相互影响。

　　表 6 - 7 为主要国家的贸易矩阵情况。每一列，如中国这一列表示中国与相应行中国家的贸易总量占这个国家贸易总量的比重。从中可以看出，中国在许多国家特别是亚洲和拉丁美洲国家的贸易比重已经超过或者接近美国或者欧元区在这些国家和地区所占比重，中国经济的变动很可能会对亚洲和拉美地区经济产生较强的影响力。表中的每一行，如中国这一行的数字表示相应列中国家与中国的贸易占中国外贸的比重。对中国来说，主要贸易伙伴国依次为美国（21%）、欧元区（18%）、日本（16%）及韩国（11%），其贸易总量占中国贸易总量的 66% 左右。在以下部分将通过中国与其主要贸易伙伴国或地区之间的冲击反应函数来分析中国与世界之间的相互影响。

表 6 - 7　各个国家对外贸易占其他国家对外贸易总量的比重（2006~2008 年平均值）

国　家	中　国	美　国	欧元区	日　本	韩　国
中国	0.000	0.210	0.176	0.163	0.112
阿根廷	0.125	0.127	0.174	0.019	0.014
澳大利亚	0.170	0.113	0.119	0.168	0.063
巴西	0.125	0.206	0.236	0.047	0.028
加拿大	0.061	0.714	0.060	0.031	0.011
智利	0.148	0.176	0.199	0.093	0.053
欧元区	0.127	0.175	0.000	0.051	0.026
印度	0.163	0.159	0.218	0.044	0.044
印度尼西亚	0.113	0.094	0.092	0.181	0.068
日本	0.228	0.207	0.114	0.000	0.079
韩国	0.272	0.146	0.106	0.151	0.000
马来西亚	0.131	0.154	0.100	0.123	0.049
墨西哥	0.056	0.695	0.077	0.033	0.028
挪威	0.035	0.063	0.449	0.017	0.011
新西兰	0.112	0.127	0.117	0.107	0.037
秘鲁	0.142	0.254	0.158	0.063	0.035
菲律宾	0.153	0.179	0.110	0.169	0.054
南非	0.112	0.116	0.314	0.101	0.026
沙特阿拉伯	0.110	0.196	0.176	0.175	0.096

国　家	中　国	美　国	欧元区	日　本	韩　国
新加坡	0.133	0.133	0.097	0.084	0.054
瑞典	0.040	0.075	0.543	0.021	0.010
瑞士	0.029	0.105	0.669	0.031	0.007
泰国	0.134	0.130	0.100	0.207	0.039
土耳其	0.087	0.083	0.510	0.025	0.026
英国	0.060	0.141	0.532	0.027	0.012
美国	0.153	0.000	0.155	0.081	0.032

（二）冲击反应函数分析

1. 对中国 GDP 冲击的反应

对中国数据 GDP 一个标准差的正冲击相当于使 GDP 增长 0.9 个百分点，持续的时间大概为 12 个季度，对实际 GDP 累积的影响为 1.2 个百分点。对美国、欧元区、日本和亚洲其他国家实际 GDP 的影响是正向和基本显著的，第一年累积的影响为 0.2 个百分点左右，12 个季度之后累积的影响为 0.4 个百分点。除亚洲其他国家外，对其他国家的通货膨胀基本是显著的，对中国第 1 年通胀的影响不显著，在第 2 和第 3 年度通胀累积影响分别为 0.2 个和 0.3 个百分点，对日本第 1 年、第 2 年、第 3 年通胀率（年度）的影响分别为 0.16 个、0.20 个和 0.26 个百分点，对美国和欧元区 3 年累积的影响为 0.16 个百分点（年度通胀率）（见图 6 - 2）。

2. 对美国 GDP 冲击的反应

对美国一个正标准差的冲击相当于美国实际 GDP 增长 0.4 个百分点，第 1 年、第 2 年、第 3 年的影响分别为 0.5 个、0.55 个和 0.6 个百分点。中国对美国 GDP 冲击的反应在统计上不显著，在强度方面也较微弱，3 年累积影响只有 0.15 个百分点。欧元区经济受到美国需求的冲击较大，3 年累积的影响为 0.5 个百分点。各国通货膨胀对美国 GDP 的正向冲击的反应均不显著（见图 6 - 3）。

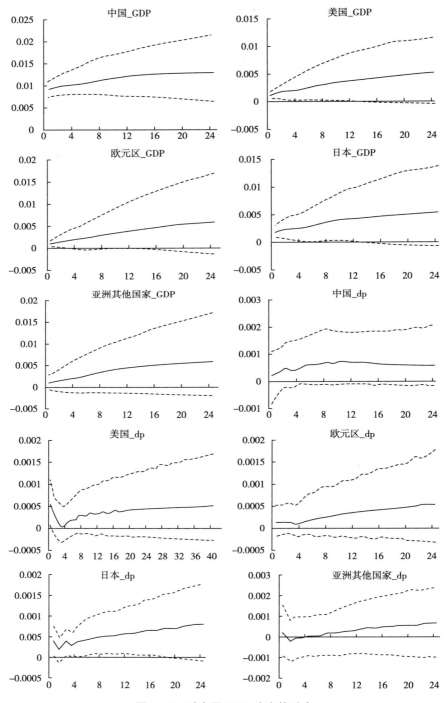

图 6－2　对中国 GDP 冲击的反应

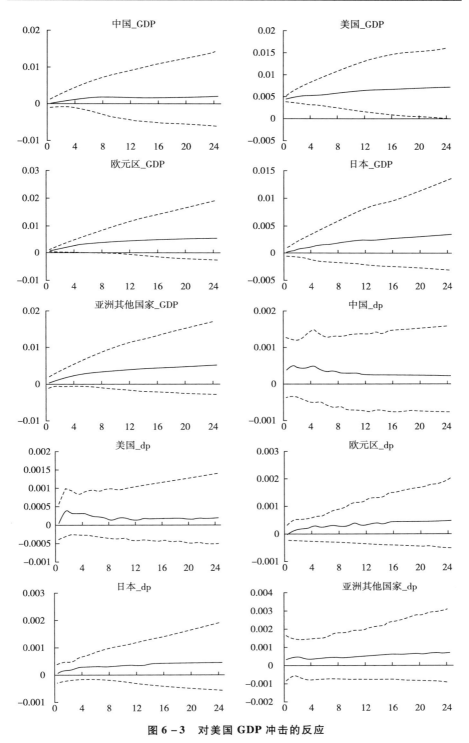

图 6 - 3　对美国 GDP 冲击的反应

3. 对美国证券价格冲击的反应

美国证券价格的一个负标准差冲击相当于美国证券价格下降 5 个百分点，其对美国和其他国家证券价格的影响是强烈和显著的。欧元区债券市场价格对冲击的反应强度高于美国本身对冲击的反应。美国和欧元区对一个标准差冲击的反应在第 1 年、第 2 年、第 3 年分别为 6.5 个、6.7 个和 6.6 个百分点，以及 8.2 个、11.2 个和 13.4 个百分点，说明欧洲债券市场与美国债券市场存在密切的联系，并且美国债券市场在很大程度上主导着欧洲的债券市场。当欧元区债券市场价格受到冲击时，美国债券市场价格变动并不显著。美国证券市场价格变动对日本和亚洲其他地区债券市场价格的影响也较大，第 1 年、第 2 年、第 3 年的累积平均影响分别为 6.0 个、8.0 个和 9.5 个以及 5.2 个、6.5 个和 8.2 个百分点，都超过了对美国自身的影响。

由于其他国家证券市场价格对美国证券市场价格下降的强烈及同方向的反应，使得各国的实际 GDP 受美国证券市场价格的影响也比较强烈和显著。中国实际 GDP 受到较大的负面冲击，第 1 年、第 2 年、第 3 年平均下降 0.4 个、0.7 个和 0.9 个百分点，美国、欧元区第 1 年、第 2 年、第 3 年实际 GDP 平均下降 0.5 个、0.9 个、1.2 个以及 0.4 个、0.9 个、1.3 个百分点，日本和亚洲其他国家实际 GDP 下降 0.4 个、0.8 个和 1.0 个以及 0.4 个、0.8 个和 1.2 个百分点（见图 6-4）。

（三）4 万亿元财政刺激政策效果估计

为抵御国际金融危机和世界经济衰退对中国经济的负面影响，2008 年 11 月，国务院宣布实行 4 万亿元的财政刺激计划，从 2008 年第 4 季度到 2010 年底大约两年时间内执行完毕。其规模相当于 2008 年 GDP 的 12.5%。相对于中国的经济规模来说，中国的刺激计划力度甚至超过美国（Cova，2010）。需要指出的是，由于其中很多投资是计划内投资，如四川地震后的重建，实际新增加的投资远远小于这一数字，只是将计划中的投资项目提前执行。中央政府承诺提供 1.18 万亿元，大约占 30% 的资金，其余投资来源为地方政府和企业。通常认为财政刺激计划在 2009 年和 2010 年使得 GDP 分别增长 3 个百分点左右（Cova，2010；Nicolas，2009）。

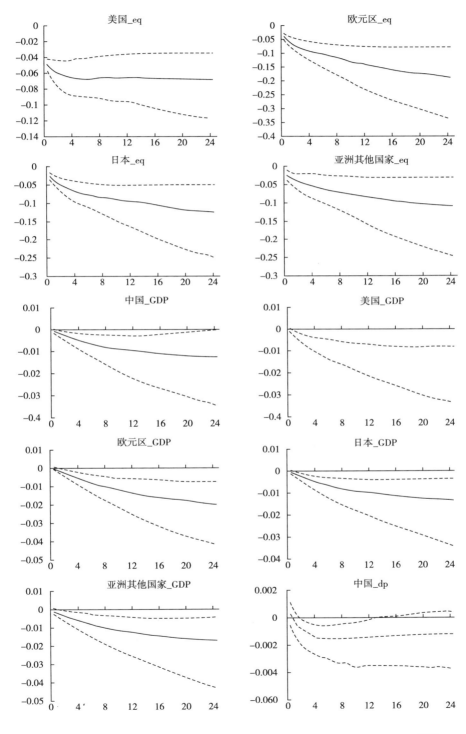

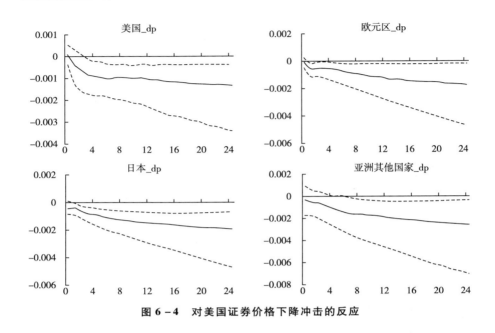

图 6 - 4　对美国证券价格下降冲击的反应

中国 4 万亿元财政刺激政策对扭转经济增长下滑是非常明显的。出口和采购经理信心指数（PMI）在刺激计划开始执行之后都出现了明显的回升。PMI 在 2009 年 3 月快速回到基准水平之上。为了配合财政刺激政策的实施，从 2008 年 9 月起，中国人民银行连续下调基准利率和存款准备金率，1 年期存款利率从 4.14% 下降到 2.25%。宽松的货币政策降低了企业从银行借贷的成本，也推动了银行贷款规模的扩大。在 2009 年上半年，银行贷款规模达到 1.1 万亿元，大多数贷款进入政府支持的基础设施建设项目中。贷款的快速增加推动了投资的快速增长，同时形成了通货膨胀的货币政策压力，特别是推动了房地产市场投机和增大了房价上升的压力。

按照上述冲击反应分析，对中国数据 GDP 一个标准差的正冲击相当于使中国 GDP 增长 0.9 个百分点，持续的时间大概为 12 个季度，对实际 GDP 累积的影响为 1.2 个百分点。如果假设 4 万亿元财政刺激计划使中国实际 GDP 在 2009 年和 2010 年分别增长 3 个百分点左右，即假设 2009 年和 2010 年每个季度 GDP 受到 3% 的冲击，则对中国 2009 年和 2010 年实际 GDP 的影响为 3.4 个和 3.7 个百分点。如果财政刺激计划在 2010 年底执行完毕，则对 2011 年经济增长还会产生一些滞后的影响，大约为 0.3 个百分点。财政刺激政策同时会提高通胀率，在 2009 年和 2010 年会使得中国通货膨胀率分别提高 0.5 个和 0.8 个百分点。对美国、欧元区、日本和亚洲其他国家的经济增长产生显著的影响。由于与亚洲国家较紧密的国际贸易，对日本和亚洲其他国家经济增长的影响强于对美国和欧元区的影响。除日本以外，从总体来说，对其他国家通胀率的影响不十分显著。需要指出的是，由于样本数据采用 1979～2009 年的季度数据，考虑到中国对外贸易占世界贸易总额的比重在近 10 年以来大幅上升，对世界经济的影响力也相应提高，中国内需增长对世界其他国家的影响程度应当大于模型的模拟结果。表 6-8 显示了中国此轮刺激政策对中国、美国、欧元区、日本和亚洲其他国家的影响。

表 6-8　4 万亿元财政刺激政策对中国以及其他国家影响的估计

单位：个百分点

项目 年份 国家或地区	GDP		通货膨胀	
	2009	2011	2009	2011
中　国	3.4	3.7	0.5	0.8
日　本	0.6	0.8	0.3	0.5
美　国	0.4	0.7	0.0	0.2
欧元区	0.3	0.5	0.0	0.1
亚洲其他国家	0.4	0.7	-0.4	-0.3

注：表中数据表示变化的百分点。

六　结论

本章在全球向量自回归模型（GVAR）的框架下分析了中国和世界经济的相互影响，分别对中国实际 GDP、美国实际 GDP、美国证券价格等冲击对中国、美国、欧元区、日本和亚洲其他国家的实际 GDP 和通货膨胀的影响进行了模拟。实证分析的结果显示，中国实际 GDP 的增长对其他国家的经济增长有显著的影响，但对通货膨胀的影响不显著，对中国自身的通胀影响较显著，累积的影响在第 2 年达到峰值，对日本和亚洲其他国家的影响相对于美国和欧元区较大。中国 4 万亿元财政刺激政策使得中国 2009 年和 2010 年经济增长分别提高 3.4 个和 3.7 个百分点，对美国、欧元区、日本等主要工业化国家的经济增长也有显著的正面影响，表明中国对世界经济增长的影响和贡献已不容忽视。同时，对美国和世界经济变动对中国经济的影响也进行了分析。相对于实体经济的变化，美国证券市场价格的变动会对中国以及欧元区和日本等主要经济体产生较快速和强烈的影响，因此，在分析外部经济对中国经济的影响时，不仅要考虑实体经济的变动，更要关注美国金融市场的剧烈波动所带来的负面影响。此外，随着财政刺激计划的逐步退出，其对 2011 年中国 GDP 增长的正面影响已经显著降低，这一点也值得我们关注。

参考文献

[1] Assenmacher – Wesche, K. and M. H. Pesaran (2008): "A VECX* Model of the Swiss Economy", *Cambridge Working Papers in Economics* 080, Faculty of Economics, University of Cambridge.

[2] Blanchard, O. J. and D. Quah (1989): "The dynamic effects of aggregate and supply disturbances", *American Economic Review*, Vol. 79 (4), 655 – 73.

[3] Dees, S., di Mauro, F., Pesaran, M. H. and Smith, L. V. (2007): "Exploring the international linkages of the euro area: a global VAR analysis", *Journal of applied Econometrics*, Vol. 22, 1 – 38.

[4] Dennis, J. G. (2006): *CATS in RATS, cointegration analysis of time series*, version 2, published by Estima, Evanston, Illinois, USA.

[5] Engle, R. F. and Granger, C. W. J. (1987): "Co – integration and error correction: representation, estimation, and testing", *Econometrica*, Vol 55 (2), 251 – 276.

[6] Garratt, A., K. Lee, M. H. Pesaran and Y. Shin (2003a): "A Long Run Structural Macroeconometric Model of the UK", *Economic Journal*, Vol. 113, 412 – 455.

[7] Garratt, A., K. Lee, M. H. Pesaran and Y. Shin (2003b): "Forecast Uncertainty in Macroeconometric Modelling: An Application to the UK Economy", *Journal of the American Statistical Association*, *Applications and Case Studies*, Vol. 98, 829 – 838.

[8] Garratt, A., Lee, K., M. H. Pesaran and Y. Shin (2006): *Global and National Macroecono-*

metric Modelling: *A Long – Run Structural Approach*, Oxford University Press.

[9] Granger C. W. J. and Yongil Jeon (2007), "Evaluation of Global Models", *Economic Modelling*, Vol. 24, 980 – 989.

[10] He D, Zhang Z, Zhang W (2009), "How large will be the effect of China's fiscal – stimulus package on output and employment?", *Pacific Economic Review*, 14, 730 – 744.

[11] Hendry, D. F. (1995): *Dynamic Econometrics*, Oxford University Press.

[12] Johansen, S. and K. Juselius (1994): "Identification of the long – run and short – run structure, an application to the ISLM model", *Journal of Econometrics*, Vol. 63 (1), 7 – 36.

[13] Johansen, S. (1995): *Likelihood – based inference in cointegrated vector autoregressive models*, Oxford University Press.

[14] Juselius, K. (2006): *The Cointegrated VAR Model: Methodology and Applications*, Oxford University Press。

[15] Liu, Ligang, 2009, "Impact of the global financial crisis onChina: Empirical evidence and policyimplications", *China & World Economy*, Vol. 17, No. 6, pp. 1 – 23.

[16] Liu, Ligang and Andrew Tsang (2008), "How much willChina be affected by a simultaneous G – 3 slowdown?", *China Economic Observatory*, BBVA Economic Research Department, Hong Kong, October, No. 9.

[17] Lütkepohl, H. (2005), *New introduction to multiple time series analysis*, Springer – Verlag。

[18] Naughton B. (2009), Understanding the Chinese stimulus package, China Leadership Monitor, 28.

[19] N'Diaye, Papa, Ping Zhang and Wenlang Zhang, 2010: "Structural reform, intra – regional trade, and medium – term growth prospects of East Asia and the Pacific – Perspectives from a new multiregion model," *Journal of Asian Economics*, 2010, Vol. 21, 20 – 36.

[20] Nicolas, F. (2009): "The Global Economic Crisis: a Golden Opportunity for China", IFRI working paper.

[21] Pesaran, M. H., T. Schuermann and S. M. Weiner (2004): "Modeling Regional Interdependencies using a Global Error – Correcting Macroeconometric Model", *Journal of Business & Economic Statistics*, Vol. 22, 129 – 162 and 175 – 181.

[22] Pesaran, M. H., T. Schuermann and B. J. Treutler (2006): "Macroeconomic Dynamics And Credit Risk: A Global Perspective", *Journal of Money Credit and Banking*, Vol. 38 (5), 1211 – 1262.

[23] Pesaran, M. H. and Y. Shin (2002): "Long – Run Structural Modelling", *Econometric Reviews*, Vol. 21, 49 – 87.

［24］ Pesaran，M. H. and Y. Shin（1998）："Generalized Impulse Response Analysis in Linear Multivariate Models"，*Economics Letters*，Vol. 58，17 – 29.

［25］ Pesaran，M. H. and R. P. Smith（1995）："Role of Theory in Econometrics"，*Journal of Econometrics*，Vol. 67，61 – 79.

［26］ Smith，L. V. and A. Galesi（2011），GVAR Toolbox 1. 1，www. cfap. jbs. cam. ac. uk/research/gvartoolbox.

［27］ 何新华：《多国（地区）宏观经济季度模型 MCM_QEM》，中国财政经济出版社，2010。

第七章 扩张性政策退出的时机、机制及其政策选择

扩张性政策是为应对金融危机而推出，显然具有很强的时效性，不宜长期实施，因而其退出问题也应适时引起关注。事实上，2009 年以来，我国已开始逐步退出经济刺激计划，由宽松货币政策和扩张性财政政策转向适度紧缩的经济政策。在货币政策方面，截至 2011 年 5 月底，已经连续 11 次上调存款准备金率；收缩流动性，并适度上调利率，在不引起大规模热钱流入的情况下，提高资金成本，抑制投机。在财政政策方面，除对房地产市场持续进行紧缩调控外，还采取了干预农产品价格、发改委"约谈"稳定日用产品价格的措施，稳定价格，抑制通胀，只是在 2009 年、2010 年两年内推出了增加政府投资 4 万亿元的计划。

本章基于前述研究，对我国为应对金融危机推出的扩张性政策退出的时机、机制及政策选择等有关问题加以研究，并提出相关对策建议。

一 文献综述

关于我国应对金融危机的扩张性政策退出的有关问题，国内一些学者对政策的实施和效应发挥进行了研究，就有关退出机制的含义、退出的时机、路径选择等提出了自己的看法。

黄卫平、丁凯（2009）较早提出了政策退出问题。他们对退出机制的含义作了界定，认为所谓退出机制是指对由政府主导的专门旨在挽救金融危机的特殊经济刺激政策的放弃。就中国而言，特殊的经济刺激政策是积

极财政政策和宽松货币政策的配合使用。未来如何动态调整，适时退出？触底反弹与自我修复是退出的充要条件。

卢锋（2010）提出了经济刺激政策的中国式退出，认为宏调政策虽保留"积极""宽松"方针表述，然而实际操作自 2009 年夏秋以来已逐步反向调整。货币政策方面，存贷款利率水平至今维持不变，然而法定存款准备金率已于 2010 年 1~5 月经历 3 次上调，从 15.5% 提升到 17%。央行公开市场操作从 2009 年夏季开始转而增加央行票据发行数量，2010 年回收流动性力度更为加大，2009 年 12 月到 2010 年 4 月间央行票据余额增加5000 多亿元。信贷收紧措施发挥更为活跃的作用。整治地方投融资平台是"中国式退出"的关键措施。房地产政策"U"形转变成为这次"中国式退出"又一显著特色。

孙文军、黄倩（2010）研究了我国货币政策的两难选择，并提出政策建议。他们通过对 1990~2009 年中国经济数据进行实证分析，考察了货币政策对通货膨胀的影响。针对实证分析的结果及目前我国经济实际运行的状况，认为货币当局在维持宽松货币政策的同时，应该主要依靠公开市场手段，防止流动性泛滥；应密切关注资产价格，侧重引导市场预期；进行窗口指导，调整产业结构；维持汇率稳定，增强产品出口竞争力。

陈华（2010）在《我国经济刺激计划退出时机、路径与政策着力点》中提出，金融危机过后，各国经济复苏势头不稳，经济刺激计划退出未成主流，但各国政府仍出台了相关政策预案为退出计划做准备。由于经济刺激计划本身带有一定的副作用，退出机制不当将导致经济再次下滑。为此，我国应积极调整经济结构，抓住政策退出的关键时机，逐步建立财政政策与货币政策相协调的中国式退出机制。首先，暗中紧缩银根，并配以温和的窗口指导。其次，对外暗示政策转向。最后，加大宏观调控力度。

潘再见（2010）对我国扩张性货币政策退出的策略进行了分析，认为扩张性货币政策无法解决经济增长方式调整滞后和收入分配失衡等深层次矛盾，并蕴含着财政风险、金融风险与政策信誉风险，这决定了其退出的必然性。从就业、消费和民间投资三个指标来看，扩张性货币政策已逼近安全边界；在时机选择上，我国应先于欧美发达国家实施退出策略；在力度控制上，不仅要考虑经济数据，也要考虑集团利益的制衡；在工具选择上，应结合国情，有计划、有步骤地实施退出策略。另外，应注重与转变经济增长方式、财政刺激计划的退出及国际协调的配合。

王铭利（2010）也对适度宽松的货币政策退出进行了分析，认为为应对金融危机，我国实施了积极的财政政策和适度宽松的货币政策，推动了我国经济在全球率先复苏。随着经济逐渐步入正轨，过量货币对经济发展的副作用开始显现。但进入 2010 年，随着希腊债务危机爆发，全球经济有二次探底的可能性，我国货币政策面临两难选择。该文运用基本经济理论对我国宽松货币政策退出的必要性、判断指标等进行了分析，认为宽松货币政策确实面临退出要求，但鉴于传统退出手段给市场带来压力过大，应当通过金融体制创新和金融产品创新吸收流动性，实现适度宽松货币政策的平稳退出。

马永波（2010）探讨了流动性新趋势与"超宽松"货币政策退出问题，指出，随着贷款结构的进一步优化，票据融资所虚增的流动性被逐步挤出，贷款仍然是流动性的最主要来源，而外汇占款大幅增长成为流动性发展的新趋势。过度泛滥的流动性虽然有效地推动了经济增长，但是其对经济增长的边际贡献不断下降，同时带来的通货膨胀风险却逐步上升。随着国内经济的强劲复苏、CPI 明显正增长以及美国经济缓慢复苏，预计国内"超宽松"货币政策可能在 2010 年第 1 季度退出。

杜飞轮（2011）从 2011 年的经济运行分析刺激政策的退出与转型问题，认为经济刺激政策退出的条件已经基本具备，即工业生产强劲回升，经济回归正常增长区间，三大需求持续回暖，内生增长动力逐步增强，民间投资稳定增长，市场驱动力量不断加强，失业率稳步下降，就业形势明显改善，世界主要经济体持续复苏，外部发展环境有所好转。刺激政策退出应当关注经济运行中的风险因素，刺激政策的退出与转型应致力于短期宏观调控目标与长期经济增长目标相结合。

一些学者对美国的刺激政策问题进行了探讨。伍戈（2010）指出，为应对自 1929 年大萧条以来最为严重的金融危机，美联储积极配合美国政府的救援计划，采取一系列应对金融危机的非常规措施。随着近期全球经济出现企稳回升迹象，国际社会对非常规政策何时退出问题的讨论日益增多。在回顾美联储主席伯克南在危机前有关应对通货紧缩和金融危机的重要学术观点的基础上，对美联储非常规货币政策退出的可能方式、时机、顺序等进行分析，并探讨退出政策的潜在影响及其启示。

文善恩（2010）对美联储退出经济刺激政策的时机、路径和工具选择进行了论述，指出，美国经济出现企稳回暖的趋势后，美联储此前为救市而投入的巨额流动性就成了随时可能引爆通货膨胀的"定时炸弹"。如何选择退出的时机、路径和工具才能在确保经济持续复苏的同时稳步退出经济刺激政策，是美联储目前面临的一个难题。研究认为，美联储启动退出经济刺激计划的时机应在 2009 年底和 2010 年初；在退出路径的选择上将是退出量化宽松政策与回收金融领域的特别流动性并举；在退出经济刺激政策的工具选择上，美联储将主要采用向金融机构支付较高的超额准备金利率和通过反向回购协议来回收金融体系的流动性。

二　扩张性政策退出的时机选择与机制设计

（一）扩张性政策的风险

从 2008 年底开始实施的经济刺激计划，为经济的逐步复苏奠定了基础，但也蕴含了诸多风险。

第一，经济刺激计划产生巨额财政赤字和不可估量的隐性负债，将给政府部门尤其是地方政府带来很大的财政压力。如果说经济刺激政策带来的财政赤字还处于安全边界之内，但由隐性负债和连带效应带来的隐性财政风险却无法估量，其蕴藏的财政风险不可忽视。

第二，大量的信贷扩张以及过多地集中在地方政府融资平台和"铁公基"项目，可能导致未来数年后不良贷款的大面积发生，冲击银行机构的稳健性，并降低投融资体系的运行效率，绑架中国人民银行的政策调整。

第三，在保增长、扩内需的环境下，巨额财政赤字、中国人民银行缺乏独立性和货币政策缺乏透明度，导致货币政策和货币发行总是屈服于政府偏好经济增长的压力。在"信贷增长 – 过度投资 – 资产价格泡沫 – 信用危机"逻辑的指引下，将导致社会公众强化通货膨胀预期。

2009 年末，广义货币供应量（$M2$）余额为 60.6 万亿元，同比增长

27.7%，增速比上年高 10 个百分点。狭义货币供应量（M1）余额为 22 万亿元，同比增长 32.4%，增速比上年高 23.3 个百分点。而 2010 年第 1 季度末 M2 同比增长 22.5%，M1 同比增长 29.9%，仍保持快速增长。2009 年末人民币贷款余额为 40 万亿元，同比增长 31.7%，增速比上年高 13 个百分点，比年初增加 9.6 万亿元，同比多增 4.7 万亿元。2010 年第 1 季度同比新增贷款 2.6 万亿元，同比增长 24.1%。过于宽松的货币供给引发社会公众对未来通货膨胀强烈预期，导致个人、企业甚至是国有企业将大量资金投入房地产、股票等资产市场，从而推高资产价格，导致"地王"频出，商品房价格居高不下，住房的保障功能和民生特性难以体现。大量资金进入资产市场不仅导致资产市场泡沫，而且蕴含巨大的潜在金融风险。一些炒家携带大量资金进入流通领域，对农副产品进行炒作，短短数月如绿豆等价格上涨 10 多倍，进一步加剧了通货膨胀预期。

第四，扩张性政策偏重于投资，特别是基础设施投资，将导致我国投资消费结构不均衡、不合理的状况更加严重，加剧经济结构失衡矛盾。按全社会固定资产投资占 GDP 比重衡量的投资率，2008 年由上年的 51.7% 提高到 55.0%，2009、2010 年进一步提高到 65.9% 和 69.3%；按固定资产形成占 GDP 比重衡量的投资率，2008 年由上年的 41.6% 提高到 43.8%，2009 年、2010 年进一步提高到 47.2% 和 49.9%。

第五，结构失衡，经济滞胀将会导致政策信誉下降，不但降低政策的有效性，也加大了未来财政政策和货币政策调整的难度。

扩张性政策下，财政风险、金融风险和政策信誉风险互相交织，经济结构失衡矛盾加剧，具有很强的负面效应，对此应有足够认识。应在经济系统稳固复苏的基础上，抓住有利时机，适时实施经济刺激政策退出策略，将短期刺激政策平稳纳入长期经济增长的轨道。

（二）扩张性政策退出的时机选择

扩张性政策退出的安全边界应该是经济企稳回升，市场和投资者信心增强，经济复苏的基础较为稳固。据此，可以建立相应的判断指标，根据指标的变化趋势确定适宜的退出时机。

根据前述分析，判断扩张性政策是否应该退出的经济指标可以考虑反映经济增长情况的 GDP 增速、反映物价变动趋势的通货膨胀率、反映就业状况的登记失业率、反映消费变化的社会消费品零售额增速和反映经济民间投资变化的非国有投资增速等。这些指标变化方向各异，如果不能抓住主要指标，并与其他指标兼顾，则容易判断不清、举棋不定，延误扩张性政策退出的有利时机。

首先，扩张性政策是为实体经济摆脱危机影响，实现恢复性增长而制定和实施的。修复受损的实体经济成为中国选择扩张性政策特别是宽松货币政策退出时机的首要考量因素。GDP 增速变化是反映实体经济增长趋势的综合性指标。如果 GDP 增速由下滑出现反转，并连续 3 个月以上表现恢复性增长趋势，则表明扩张性政策已发挥实际效应。一旦 GDP 增速接近或达到潜在经济增长水平，表明经济已进入良性增长轨道。相应地，扩张性政策有选择地逐步退出应成为决策者考虑的重要政策选择。

其次，反映物价变动趋势的通货膨胀率不仅是反映经济运行冷热的重要指标之一，也是关乎民生的重要指标之一。稳定物价水平还是货币政策的重要目标之一。通货膨胀一旦形成预期，不但造成价格信号紊乱，市场机制失灵，实体经济下滑，而且弱化货币政策效力，加大未来调控的难度。从我国改革开放后经济发展历程看，通货膨胀始终是经济发展的痼疾，需要花很大的力气治理整顿。既要保持物价稳定，又要确保实体经济稳定增长，给货币政策退出时机、退出力度的判断和控制提出更高要求。对于正在恢复和爬升过程中的中国经济，如果紧缩过度，则刚有起色的实体经济可能再次受到伤害；如果调整不力，则资产价格泡沫和通货膨胀可能在未来造成更大的伤害。总之，通货膨胀率连续 3 个月超过警戒水平，起码在提醒决策当局不宜再强化宽松货币政策，而一旦达到甚至超过 5% ~ 6% 的水平，则预示需要不失时机地调整宽松货币政策了。

最后，实体经济不再裁减雇员，甚至增加雇员，并因此而改善居民的收入预期，提振消费信心。同时，从中国投资结构考虑，只有民间投资真正启动，经济才能实现健康良性发展，金融系统的扩张窗口才会被真正打开。因此，登记失业率开始下降，消费增长率和非国有部门投资增速开始提高，表明实体经济恢复性增长的趋势已经形成。一旦这一趋势维持 3 ~ 6 个月并呈现企稳迹象，则应开始考虑实施扩张性政策的退出，调整积极财政政策取向，着手实施常态的经济政策。

我国经济增长历程表明，2009 年"保八"（实现 GDP 增长 8% 的目标）成功，2010 年第 1 季度经济增长达 11.7%，经济发展进一步向好。CPI 涨幅在 2010 年 5 月已达 3.1%，超过 3% 的通货膨胀警戒水平，表明我国经济存在过热趋势。外贸出口经历了一个下滑期，2009 年 12 月出口增速由负转正，2010 年第 1 季度出口同比增长 28.7%，增速同比提高 48.4 个百分点，并且在 4 月、5 月出口继续大幅增长。城镇登记失业率始终保持在 4.2% 左右，沿海地区企业一度出现招工难、用工荒等现象，表明我国就业状况有所好转。从消费领域看，2009 年全年社会消费品零售总额名义增长 15.5%，扣除价格因素，实际增长 16.9%，实际增速比上年提高 2.1 个百分点。2010 年第 1 季度继续保持高速增长。由此可见，2010 年第 1 季度后我国经济正步入较快发展轨道，甚至出现过热迹象，如果继续实施扩张性政策，不仅不会带来经济持续增长，还有可能造成经济系统出现"滞胀"的风险。

总之，应根据"正确处理好保持经济平稳较快发展、调整经济结构和管理好通胀预期的关系"的原则，做好宏观调控工作，把握扩张性政策退出的有利时机，防止经济出现大的起落。

（三）退出机制选择

第一，建立财政政策与货币政策相协调的中国式退出机制。

我国的财政刺激以政府投资为主，同时超配银行信贷，政府预算与银行贷款一起变成了中长期的项目投资。尽管财政资金不需要退出，但银行贷款最终需要全身而退。财政与信贷的捆绑运营，使得中国的财政刺激政策也需考虑财政与信贷政策退出的协同效应。中国政府充当了市场流动性的"主泵"，银行信贷变成了项目投资，货币政策的运行特点是创造货币的不是中央银行的短期操作，而是商业银行的长期投入。扩张性政策背景下，中长期贷款占比已超过 50%。长期贷款的大量投入带来了极大的难题，一旦货币政策退出过快，必然有一批项目的资金链会断掉，从而使一些项目成为"烂尾工程"或"半拉子工程"，银行不良贷款上升。而继续以较快的速度投放货币，就会带来通货膨胀压力。因此，我国货币政策的退出更应该从长计议。适度宽松货币政策的退出是一个渐进、可控的过程，尤其需要财政政策等其他手段的配合。宽松货币政策与积极财政政策退出应协调有序，防止两方面政策同时退出造成不利效果的叠加，导致经济再次陷入衰退泥淖。应通过建立财政政策与货币政策相协调的中国式退出机制，创新退出手段，实现我国经济健康、平稳发展。

第二，扩张性政策应渐进、有序退出。

中国刺激经济的扩张性政策的退出应该分三步走。第一步是渐进收紧，配以温和的主要针对银行风险控制的窗口指导。利用窗口指导和央票发行、正回购及调整准备金率等多种手段加大流动性吸收的力度。第二步是转变政策方向，通过加息、贷款额度限制等措施调节货币供求关系，使市场流动性逐步恢复常态。第三步，加大宏观调控力度，应对政策转向后面临的各种短期问题和长期问题。

第三，准备好应对不同经济形势的政策预案。

在后金融危机时代，世界政治经济走势、国内突发事件的发生、资产价格走势、政策是否滞后与"超调"等情况仍然存在很大不确定性，从而使得我国经济可能出现"低增长、高通胀"、"高增长、高通胀"及"高增长、低通胀"等问题。在此情况下，财政政策和货币政策需要针对正常情况与特殊情况，分别制订不同的应对预案。如果经济"二次探底"（如经济增速低于8%）而通胀压力不大，则继续实施积极财政政策，宽松货币政策应适当加大力度；如果经济面临"滞胀"风险，则财政政策继续着力于拉动内需促进经济增长，货币政策应转向"相对中性"；如果经济稳定复苏且物价平稳，则财政政策和货币政策应转向常规政策，货币政策应重点关注资产价格泡沫。

第四，建立政策退出的国际协调机制。

在经济一体化和金融全球化日益加深的今天，全球经济能在短时间内走出阴影，与各国依据共识而采取的共同行动是分不开的。一国（尤其是大国）收紧货币政策，则容易加剧国际金融市场的波动，破坏其他国家恢复本国金融市场的努力，削弱其他国家货币政策和财政政策的效力。因此，扩张性政策的退出当然应避免以邻为壑造成对其他经济体损害。同时，由于金融危机对各国造成的损失有所不同，各国经济刺激政策退出的步伐也不可能完全一致。基于为应对金融危机而达成的国际间经济政策合作共识，各国政府在调整本国货币政策时应与其他国家协商一致，以避免对其他经济体造成损害。我国刺激政策的退出还需要充分考虑世界经济发展状况，关注世界主要经济体的政策变化，加强与主要经济体沟通与协作，建立政策退出的国际协调机制，加强全球多边的协同合作和政策的协调，防范各国之间的政策博弈产生被扭曲的、负面的连锁式反应。

三　短期和中长期政策的搭配与相机抉择

作为一种临时性反危机政策，刺激政策必然面临着退出或转型。刺激政策的退出与转型应致力于短期宏观调控目标与长期经济增长目标相结合。从我国经济运行看，刺激政策应当按照循序渐进的原则，主动采取有步骤的退出策略，将政策根据不同产业、不同领域进行顺势调整和转型。短期内，刺激政策的退出要致力于保持经济平稳增长；中长期内，刺激政策的转型要着眼于经济结构调整和发展方式的转变，财政政策与货币政策应合理搭配，协同促进经济长期又好又快发展。同时，要把握相机抉择原则，提高政策应对的灵活性。未来中国经济发展要增强抵御金融危机的风险，实现平稳健康较快的合意增长，避免大起大落。宏观政策制定和调整要遵循相机抉择原则，需要更具科学性和前瞻性，根据经济形势的变化适时适当加以应对。

（一）加快转变经济发展方式

此次金融危机对中国的挑战不仅在金融层面，更主要的是在中国"两高一低"的粗放型经济增长方式。长期以来，我国一直处于工业化和城镇化加快发展的阶段，经济增长基本上属于以"两高一低"为特征的粗放型经济增长方式。高投资率在一定程度上造成盲目投资、低水平重复建设现象，从而导致投资效率低下。出口导向政策（高对外依存度）是粗放型经济增长方式的延续。旺盛的出口需求弥补了萎缩的国内需求，缓解了投资驱动增长模式导致的内需不足，保持了经济增长。加工贸易是我国最主要的贸易形式。出口企业依靠国外进口的设备和本地廉价的劳动力，缺乏自主创新和自己的核心技术，而且出口导向型贸易政策的成功实施造成了巨额的贸易盈余，使中国与贸易对象国家之间的贸易摩擦加剧，并形成本币升值的巨大压力，也降低了货币政策的独立性。过度依赖投资和出口，导致价格低廉的资金、劳动力、能源和资源流向相关行业，从而挤压了服务业的发展空间，使我国大量劳动力处于就业不足的状态。而收入分配差距逐渐扩大，消费自然难以启动。然而，此次经济刺激计划并没有对经济增长方式作出调整。例如，2009年上半年消费回暖主要是由政府消费拉动的，居民消费还缺乏动能，大量信贷过多集中于地方政府融资平台，加重了对投资的依赖；第2季度经济增长7.9%中有6.2%来源于投资，这加速了产能过剩的出现。上一轮高速增长中被认为已出现产能过剩的钢铁、水泥等行业在2009年的投资热潮中再次扩张，2009年1~7月，全国水泥制造业完成固定资产投资792亿元，同比增长65.8%，是同期城镇固定资产投资的2倍。

为了向经济的持续增长提供动能，在扩张性货币政策退出的同时，最重要的是转变经济发展方式，使转变经济发展方式成为经济发展和经济调控的主线。具体包括提高资本利用率，增加技术创新投资，提高自主创新能力；从根本上转变贸易增长方式，提升企业竞争力，促进对外贸易平稳发展；大力发展服务业特别是生产性服务业，增加大量就业岗位；完善社会保障制度，减轻居民对教育、医疗的支出压力；降低预期支出，提高居民消费水平从而扩大内需。

（二）调整优化财税政策，促进经济持续健康发展

随着宏观经济运行回归正常增长状态，进入内生增长轨道，与之相对应的宏观经济政策应当是中性的。货币政策要求只要保持正常经济增长所需的货币投放即可，而财政政策则应当以"调结构"为核心。首先，调整优化财政支出结构，保持投资规模合理适度增长。加大对中西部地区和农村地区基础设施、教育、医疗卫生、社会保障、保障性住房建设等民生领域的支出，促进落后地区加快经济发展；加大对新能源、新材料等战略性新兴产业的支出，减少和限制对产能过剩行业的投资，推动产业升级转型；加大对企业自主创新和研究与开发的投资，促进创新体系建设；加大

对节能减排的投资，加强生态环境建设和保护。其次，通过税收减免、财政贴息、政府采购、信用担保等政策扶持中小企业发展，减轻企业负担，引导和促进民间投资合理增长，增强经济增长内生动力和稳定性。最后，加快推进个人所得税等税收制度改革，提高中低收入群体的收入水平，提高居民消费能力和信心，增强居民消费意愿，实现消费需求的持续扩大。

（三）货币政策回归中性，防范通胀风险和资产泡沫

针对资产泡沫恶化和通胀预期风险增加的情况，财政政策可以不作大的调整，只需考虑财政支出结构和适度减税，主要应侧重调整货币政策。货币政策应以"管理通胀预期，控制资产泡沫"为核心，将宽松的货币政策进行适度收缩，使之回归到正常状态，发挥货币政策在管理通胀和控制资产泡沫中的作用。

首先，控制信贷规模，优化信贷结构。适当控制地方政府投资项目，尤其要控制银行对房地产领域的投机性贷款。引导银行加大对结构调整、技术创新、中小企业等的信贷支持，消除对中西部地区和农村的信贷歧视。提供便利快捷的政策性金融服务，发展专为中小企业服务的金融机构，解决中小企业融资难问题。其次，加强通胀预期管理。根据信贷增长的趋势变化，加大公开市场操作力度，分次小幅提高存款准备率，适当运用利率手段，调节商业银行信贷投放，回收货币流动性。最后，防范金融风险。预防房地产投机性贷款风险，防止资产价格泡沫的急剧产生和银行不良资产的快速反弹。改革汇率形成机制，完善资本项目管制，抵御国际游资和热钱流入。

（四）做好产业升级、结构调整大文章

我国刺激计划退出的着力点应是产业升级和经济结构调整。"国十条"指出，将加快自主创新和结构调整。财政部也实施了促进企业自主创新的财税优惠政策，落实支持中小企业发展的税收优惠政策，支持完善担保体系建设，帮助中小企业融资，促进中小企业科技进步和技术创新。同时支持重点节能减排工程建设，支持服务业发展。这实际上是释放产业结构升级的积极信号，将有力地推进我国众多劳动密集型企业进行产业调整和优

化，提高企业进行自主创新的积极性。企业尤其是民营企业进行自主创新和结构调整的最大障碍就是资金支持。为了扶持劳动密集型中小企业，支持产业优化升级，在 2008 年下半年两次调高出口退税率的基础上，我国自 2008 年 12 月 1 日起，进一步提高部分劳动密集型产品、机电产品和其他受影响较大产品的出口退税率。4 万亿元的积极财政政策无疑给民营企业的发展带来重要机遇。政府要筛选出具有发展潜力的企业提供资金支持，促进产业结构的升级。当然，不排除行业内部出现重组、兼并等大洗牌的趋势。一些缺乏活力、没有增长潜力的企业被淘汰也是正常的，这会让经济发展更加健康。产业结构升级能够使我国经济实现长期稳定和良性发展，使得我国民众的收入和财富能够在这个过程中得到很大提高而不是受到损害。企业也要抓住增值税转型改革的机遇，积极推动产业升级和结构调整。

（五）实施消费刺激政策，扩大消费需求

实施消费刺激政策，促进经济增长模式由投资、出口型转变为可持续的消费、投资型。近年来，中国最终消费率尤其是居民消费率持续下降。2008 年最终消费率（一定时期内用于居民个人消费和社会消费的总额占当年 GDP 的比率）为 48.6%，比 2000 年下降 13.7 个百分点，其中居民消费率降至 35.3%，均大大低于世界平均水平。因此，在促进消费方面，应加快收入分配改革，加快居民收入的增长速度以及提高居民收入在国民收入中的比重，逐步提高劳动报酬在初次分配中的比重，保护劳动者在劳动市场的合法权益，推动企业建立工资集体协商制度，提高劳动者的相对谈判能力，建立职工工资稳步增长的机制等。加快新一轮税制改革步伐，实施结构性减税政策，减轻企业和居民负担，缩小收入差距。将继续加大社会保障等民生投入，提高社会保障统筹的层次，扩大社会保障覆盖面；建立基本住房保障制度，提高居民消费能力。此外，消费刺激政策也应得到延续。应对金融危机期间，汽车购置税减半、汽车下乡、家电下乡等政策在提振需求、促进结构调整方面起到了明显的作用，可考虑延长实施期限和扩大实施范围，继续采取财政补贴与税收减免等措施，刺激节能、环保、绿色产品的消费需求，引导消费升级。

（六） 采取倾斜政策，启动民间投资

政府投资是不能替代民间投资对经济的推动作用的，市场的活跃与蓬勃发展离不开民间资本的参与。在政府支出增大的同时，只有民间投资的协调快速增长与其相配才能够使积极财政政策的作用得到充分的体现。因此，应注重启动民间投资，促进民营企业的发展与壮大。按照资本资源优化配置原则，除少数关系国家安全的领域外，完全放开私人资本进场的限制，打破垄断行业的进入门槛，发挥私人资本的优势，分散政府投资风险，拓宽资本的使用路径。同时，提高资金的使用效率，真正起到拉动投资需求的效果。这也是我国财政政策不同于其他国家的特殊退出路径。

（七） 优化出口结构，提高出口的附加值

金融危机对我国经济最大的影响在于出口受挫，但与此同时也为我国出口结构的调整提供了机遇。出口结构调整包括出口产品结构的调整以及出口市场的多元化。产品层面，从低附加值产品向高附加值、高科技含量产品靠拢；出口市场层面，出口份额更多由发达国家向新兴经济体转移。出口产品结构的调整需要积极推进产业升级，这是在国际经济环境恶化的条件下出口企业必须做出的决策，同时也有利于减少我国同有贸易联系国家的贸易摩擦。出口市场多元化要在保持发达国家原有市场的同时，努力开拓新的市场，提高对非洲、拉美和亚洲，特别是东南亚及周边邻国的贸易比重，以分散市场风险，增强应变能力。同时，在出口结构调整的同时，加快"出口转内销"的步伐。目前正处于消费升级阶段，我国消费者对物美价廉产品的需求增长是很迅速的，这也是转变我国经济增长模式的有利时机。

参考文献

［1］陈华：《我国经济刺激计划退出时机、路径与政策着力点》，《地方财政研究》2010 年第 1 期。

［2］杜飞轮：《从当前经济运行看刺激政策的退出与转型》，《中国经贸导刊》2011 年

第 6 期。

[3] 黄卫平、丁凯：《也谈经济刺激政策退出机制》，《当代世界》2009 年第 12 期。

[4] 卢锋：《经济刺激政策的中国式退出》，《南风窗》2010 年第 15 期。

[5] 马永波：《流动性新趋势与"超宽松"货币政策退出探讨》，《农村金融研究》2010 年第 2 期。

[6] 潘再见：《我国扩张性货币政策退出的策略分析》，《中国流通经济》2010 年第 2 期。

[7] 孙文军、黄倩：《当前我国货币政策的两难选择及政策建议》，《经济问题探索》2010 年第 12 期。

[8] 王铭利：《适度宽松货币政策退出分析》，《现代经济探讨》2010 年第 9 期。

[9] 文善恩：《美联储退出经济刺激政策的时机、路径和工具选择》，《南方金融》2010 年第 1 期。

[10] 伍戈：《金融危机期间非常规货币政策"退出"问题简析——美联储的案例及其启示》，《金融理论与实践》2010 年第 4 期。

附录 全球金融危机下世界主要国家采取的政策措施

附表 1 2008~2009 年中国应对国际金融危机采取的主要政策措施

政策类型	具体政策措施	政策细节及其说明
适度宽松的货币政策	（一）下调金融机构人民币存贷款基准利率	2008 年 9 月 16 日，中国人民银行下调金融机构人民币贷款基准利率由 7.47% 到 7.2%，下调了 0.27 个百分点，这是中国中央银行自 2002 年以来 6 年内首次降息。接下来的 3 个月时间内，中国人民银行连续 5 次下调金融机构人民币贷款基准利率，一年期存、贷款基准利率累计分别下调 1.89% 和 2.16 个百分点。其中 2008 年 11 月 27 日第 4 次下调金融机构一年期人民币存贷款基准利率各 1.08 个百分点，这次降息幅度相当于 2008 年前三次（每次 0.27 个百分点）的四倍，是亚洲金融危机以来幅度最大的一次，力度之大堪称近 11 年来之最
	（二）下调金融机构存款准备金率	中央银行在 2008 年下半年连续 4 次下调存款准备金率，其中，大型金融机构累计下调 2 个百分点，中小型金融机构累计下调 3 个百分点，将其从 17.5% 下调到 14.5%，这 4 次下调存款准备金率使得释放流动性共约 8000 亿元
	（三）加大对中小企业的信贷支持力度	2008 年 8 月初，央行规定对全国性商业银行在原有信贷规模基础上调增 5%，对地方性商业银行调增 10%。此举可增加大约 2000 亿元的信贷投放，进一步拓宽了中小企业的融资渠道。2008 年 11 月 6 日，经国务院批准，中央财政新增安排 10 亿元，专项用于对中小企业信用担保支持

政策类型	具体政策措施	政策细节及其说明
积极的财政政策	（一）扩大政府公共投资，增加政府支出，我国政府提出了新增4万亿元投资的经济刺激计划	2008年11月5日，国务院常务会议确定4万亿元投资计划，并初步明确投资方向。2009年5月22日，国家发改委进一步公布了4万亿元投资清单，对投资方向的表述作了微调，而对相应的投资金额做出较大的调整：①民生工程（包括廉租住房、棚户区改造、保障性住房）投资4000亿元，占总投资的10%；②农村水电气路民生工程和基础设施投资3700亿元，占总投资的9.25%；③铁路、公路、机场、水利等重大基础设施和城市电网改造投资15000亿元，占总投资的37.5%；④卫生、教育等社会事业发展投资1500亿元，占投资的3.75%。⑤节能减排和生态建设工程投资2100亿元，占总投资的5.25%；⑥自主创新和产业结构调整投资3700亿元，占总投资的9.25%；⑦汶川地震灾后重建投资10000亿元，占总投资的25%。在4万亿元投资中，新增中央投资共11800亿元，占总投资规模的29.5%，主要来自中央预算内投资、中央政府性基金、中央财政其他公共投资，以及中央财政灾后恢复重建基金；其他投资28200亿元，占总投资规模的70.5%，主要来自地方财政预算、中央财政代发地方政府债券、政策性贷款、企业（公司）债券和中期票据、银行贷款以及吸引民间投资等
	（二）实行结构性减税和推进税费改革	①证券交易印花税降低并单边征收。2008年4月，国家财政部和国家税务总局宣布证券交易印花税由3‰降至1‰；同年9月，财政部和国税总局宣布证券交易印花税征收方式调整为单边征收
		②调整出口退税率。经国务院批准，自2008年7月以来，共7次调整出口退税率，其中，服装纺织、机电、钢铁3个行业的产品获调整的比重较大。经过多次密集的退税率上调后，中国综合退税率已上升至13.5%，距"出口全额退税"仅一步之遥
		③暂免征收储蓄存款和证券交易结算资金利息所得税。经国务院批准，自2008年10月9日起，对证券市场个人投资者取得的证券交易结算资金利息所得，暂免征收个人所得税

政策类型	具体政策措施	政策细节及其说明
积极的财政政策	（二）实行结构性减税和推进税费改革	④降低住房交易税。经国务院批准，自 2008 年 11 月 1 日起，对个人首次购买 90 平方米及以下普通住房的，契税税率暂统一下调到 1%；对个人销售或购买住房暂免征收印花税；对个人销售住房暂免征收土地增值税
		⑤取消和降低出口关税。经国务院批准，2008 年 12 月，取消了包括钢材、化工及粮食等在内的共计 102 项产品关税，降低化肥、铝材及粮食等共计 23 项产品关税，降低化肥等 31 项产品的特别出口关税，调整部分化学产品淡季关税征收方式。2009 年 7 月 1 日再次下调相关产品出口关税
		⑥增值税转型改革。经国务院批准，自 2009 年 1 月 1 日起，在全国所有地区、所有行业推行增值税转型改革，允许企业抵扣新购入设备所含的增值税，取消进口设备免征增值税，将小规模纳税人的增值税征收率统一调低至 3%
		⑦车辆购置税调整。经国务院批准，对 2009 年 11 月 20 日至 12 月 31 日购置 1.6 升及以下排量乘用车，暂减按 5% 的税率征收车辆购置税
		⑧推进税费改革。2008 年 9 月 1 日起，在全国统一停征个体工商户管理费和集贸市场管理费，总减免额达 170 亿元。2008 年 11 月，财政部、国家发展改革委发出通知，自 2009 年 1 月 1 日起，在全国统一取消和停止征收 100 项行政事业性收费，包括行政管理类收费、证照类收费、鉴定类收费、教育类收费和考试类收费五大类项目，涉及教育、劳动就业、人才流动、农业生产、工程建设、执业资格、外贸出口等多个领域，总减免金额约 190 亿元。2008 年 12 月 18 日，国务院颁布文件实施成品油价格税费改革，由成品油消费税替代公路养路费、航道养护费、公路运输管理费、公路客货运附加费、水路运输管理费、水运客货运附加费六项收费。与此同时，逐步有序取消已审批的政府还贷二级公路收费
	（三）加大财政补贴和转移支付力度，扩内需、促消费、保民生	①企业退休人员基本养老金方面。2009 年 1 月 1 日起，企业退休人员基本养老金再次上调，这是自 2005 年以来连续第 5 年调整企业退休人员基本养老金水平

续表

政策类型	具体政策措施	政策细节及其说明
积极的财政政策	（三）加大财政补贴和转移支付力度，扩内需、促消费、保民生	②就业方面。2009 年中央财政投入 420 亿元资金，促进全国城镇新增就业 900 万人以上
		③社会保障体系方面。2009 年中央财政投入社会保障资金 2930 亿元，主要用于基本养老保险补助、城乡低保补助、优抚安置补助、临时生活救济补助等
		④医疗卫生方面。中央财政 2009 年安排医疗卫生支出 1181 亿元；"新医改方案"出台，拟向医药领域投资 8500 亿元
		⑤促进农业增收和拉动农村消费方面。2009 年国家财政安排 7161.4 亿元用于农村、农业和农民的发展支出，在金融危机国家财政收入紧张的情况下，比上年增加支出 20.2%。同时，通过各种农民消费补贴政策，包括实行家电下乡、汽车和摩托车下乡、家电以旧换新和汽车以旧换新政策，对农民购买家电、汽车、摩托车等进行财政补贴，拉动农村消费
		⑥其他方面。2009 年以来，中央财政出台了八个方面政策，包括发挥财政政策导向作用，促进中小企业转变发展方式；完善科技创新政策体系，支持中小企业创业和技术创新；促进信用担保体系建设，改善中小企业融资环境；实施中小企业税收优惠政策，促进中小企业发展；完善政府采购制度，拓宽中小企业市场空间；清理行政事业性收费，减轻中小企业负担；支持节能与新能源发展；实施节能产品惠民工程，加大高效照明产品推广力度，将节能与新能源汽车示范推广试点城市由 13 个增加到 20 个，选择 5 个城市进行对私人购买节能与新能源汽车给予补贴试点

附表 2　2008～2009 年美国应对国际金融危机采取的主要政策措施

政策类型	具体政策措施	政策细节及其说明
实行宽松的货币政策	（一）调整基准利率	2007 年 9 月 18 日，美联储将联邦基金利率下调 50 个基点，利率水平从 5.25% 下调至 4.75%，这是 2005 年以来美国首次降息。2007 年 10 月 31 日和 2007 年 12 月 11 日，美联储又分别两次下调联邦基金利率。美联储在 2008 年又先后 7 次继续下调联邦基金利率。到 2008 年 12 月 16 日，美联储在不到一年半的时间内，共下调联邦基金利率 10 次，下调 500 个基点，并且已降至 0%～0.25% 的历史最低位，美联储实际上启动了零利率政策
	（二）下调再贴现利率	2007 年 8 月 17 日，美联储首次宣布把再贴现率下调 50 个基点，再贴现率水平从 6.25% 降至 5.75%。随后，与联邦基金利率的下降同步，2007 年共 3 次下调再贴现率，2008 年又下调了 8 次，这样，在不到一年半的时间里，再贴现率共调整了 11 次，到 2008 年底，再贴现率已降至 0.50% 的水平
	（三）调整存款准备金政策	2008 年 10 月初，美国国会通过了《2008 紧急经济稳定法案》，将美联储向存款准备金支付利息的时间提前。2008 年 10 月 15 日，美联储首次宣布向法定和超额存款准备金支付利息。2008 年 10 月 22 日，进一步提高向超额存款准备金支付的利息。2008 年 11 月 5 日，再次提高向存款准备金支付的利息至与联邦基金利率持平。2008 年 12 月 16 日美联储基准利率下调至 0.25% 之后，美联储又将法定存款准备金利率调降至 0.79%，将超额存款准备金利率调降至 0.25%
推出多种创新流动性支持工具	（一）推出短期贷款拍卖（TAF）	2007 年 12 月 12 日，美联储推出了面向合格类存款金融机构的创新融资机制——短期贷款拍卖（Term Action Facility，TAF）。美联储通过拍卖提供为期 28 天的抵押贷款，每月两次，利率由竞标过程决定，每次的 TAF 有固定金额（最初为 200 亿美元），抵押品与贴现窗口借款相同，这被视为美联储 40 年来最伟大的金融创新。此后，又推出了 84 天的 TAF，固定金额也从最初的 200 亿美元，先后增加到 300 亿美元、500 亿美元、750 亿美元、1500 亿美元和 3000 亿美元

续表

政策类型	具体政策措施	政策细节及其说明
推出多种创新流动性支持工具	（二）推出短期证券借贷工具（TSLF）	美联储于 2008 年 3 月 11 日推出了另一项创新流动性支持工具——短期证券借贷工具（Term Securities Lending Facility，TSLF）。TSLF 的交易对象是以投资银行为主的一级证券交易商，也通过拍卖方式，但不是直接提供贷款，而是由美联储用国债置换一级证券交易商合格的抵押资产，到期（28 天）后换回，有效期为 6 个月。这个措施有效地缓解了以投资银行为主的一级证券交易商的流动性
	（三）启动一级交易商融资便利（PDCF）	2008 年 3 月 17 日，美联储决定启用一级交易商融资便利（Primary Dealer Credit Facility，PDCF），其实质是向符合条件的一级交易商开放传统上只向存款类金融机构开放的贴现窗口，提供隔夜贷款，这是自 1962 年以来，美国的贴现窗口首次向一级交易商开放。2008 年 9 月中旬次贷危机恶化升级之后，美联储于 9 月 14 日宣布扩大 PDCF 适用的抵押品范围。在 9 月 15 日之后，每周更新的美联储资产负债表上 PDCF 项数值由之前接近于零的低水平上升至 800 亿美元左右，表明 PDCF 力度有所加大，并且抵押品范围扩大为三方回购交易中可用的所有可用抵押品
	（四）推出货币市场共同基金流动性工具（AMLF）	2008 年 9 月 19 日，美联储宣布推出资产支持商业票据货币市场共同基金流动性工具（Asset - Backed Commercial Paper Money Market Mutual Fund Liquidity Facility，AMLF），以贴现率向储蓄机构和银行控股公司提供无追索权贷款，供其从货币市场共同基金购入资产抵押商业票据。这个创新工具不仅保证了货币市场共同资金的流动性需求，也间接保证了资产抵押商业票据市场的流动性。与此同时，美联储还直接从一级交易商手中购买房利美、房地美和联邦房屋贷款银行等发行的联邦机构贴现票据，这样，美联储为从货币市场基金中购买商业票据的金融机构提供最多 2300 亿美元的贷款支持
	（五）推出商业票据融资工具（CPFF）	2008 年 10 月 7 日，美联储针对商业票据市场又创新了一项流动性支持工具——商业票据融资工具（the Commercial Paper Funding Facility，CPFF）。CPFF 目的是吸引更多的投资者参与票据市场，从而降低商业票据的利率，促进长期商业票据的发行

政策类型	具体政策措施	政策细节及其说明
推出多种创新流动性支持工具	（六）推出货币市场投资者融资工具（MMIFF）	2008 年 10 月 21 日，美联储宣布创设"货币市场投资者融资工具"（Money Market Investor Funding Facility，MMIFF）。根据该机制，私营金融机构将设立一系列特殊基金，美联储通过货币市场投资者融资工具向这些特殊基金提供贷款，使这些特殊基金有能力从货币市场上买入货币市场共同基金出售的金融工具，为货币市场注入流动性
	（七）推出资产抵押证券贷款工具（TALF）	2008 年 11 月 25 日，美联储又宣布一项新的流动性工具——资产抵押证券贷款工具（Term Asset - Backed Securities Loan Facility，TALF）。TALF 实际上是为了鼓励金融机构对消费信贷和中小企业信贷加大投放力度，同时，为金融机构开展这些业务提供相应的担保。通过 TALF 这项工具，金融机构可以这些资产抵押债券为抵押品向美联储申请无追索权的贷款
实施定量宽松货币政策，增加金融机构流动性		①2008 年 3 月 14 日，为贝尔斯登提供为期 28 天的紧急资金援助；3 月 16 日，为摩根大通收购贝尔斯登提供信贷支持
		②2008 年 9 月 7 日，将房利美和房地美收归国有；9 月 19 日，宣布将向一级交易商购买机构债
		③2008 年 9 月 16 日，通过对 AIG 提供 850 亿美元贷款，获取其 79.9% 股份，随后再次向 AIG 提供 378 亿美元贷款
		④2008 年 9 月 16 日，批准高盛和摩根斯坦利成为银行控股公司，以便为两家公司提供更多的流动性支持
		⑤2008 年 9 月 23 日，放宽了长期以来对入股银行的一项限制性规定，允许私募股权和私人投资者对银行最高持股达 33% 而不被认定为银行控股股东
		⑥2008 年 10 月 30 日，准许通用金融公司和福特汽车信贷公司获准参与美联储的商业票据融资渠道
		⑦2008 年 11 月 24 日，增加流动性支持，包括增加花旗使用美联储 PDCF 计划和再贴现窗口的渠道，花旗利用商业票据融资计划和 FDIC 出台的临时流动性担保计划

续表

政策类型	具体政策措施	政策细节及其说明
实施定量宽松货币政策，增加金融机构流动性		⑧2008 年 10 月 22 日，美联储允许因持有"两房"优先股而受到损失的银行将税收减免的会计入账时间从第 4 季度提前至第 3 季度
		⑨2008 年 11 月 25 日，宣布将在未来几个季度内，分批购买房利美、房地美和联邦住房贷款银行系统（FHLB）发行的债券，最高达 1000 亿美元，并将在 2008 年底开始购买这些机构担保的住房抵押债券，最高达 5000 亿美元
积极的财政政策	（一）布什政府经济刺激方案	2008 年 2 月，美国国会通过，并通过布什政府签署了总额达 1680 亿美元的经济刺激计划。从 4 月底开始实施退税计划，该计划使 1.3 亿户美国家庭获得退税支持
	（二）问题资产救助计划（TARP）	①将以购买高级优先股的方式向自愿提出申请的银行、储贷机构等金融机构注资 2500 亿美元，同时财政部获得相当于高级优先股 15% 的普通股认购权证
		②将以 7000 亿美元的总额购买金融资产；延长几项总额达 1490 亿美元的免税政策
		③完成两批注资，第一批为 9 家全国性银行，注资规模为 1250 亿美元；第二批为 18 家地区性银行，注资规模为 348.7 亿美元
		④向美联储的 TALF 项目提供 200 亿美元的信用保护
	（三）接管两房	2008 年 9 月 7 日，采取三项补充措施：一是签订购买优先股提供追加证券协议，确保"两房"各自净资产为正；二是为"两房"和联邦住房贷款银行设立新的贷款平台；三是择机出台 MBS 购买计划，由财政部购买，在到期前一直由财政部持有。美国财政部同时承诺，"两房"在 2009 年底以前将适当增持 MBS（抵押支持证券），2010 年以后每年再以 10% 速度逐步减持这些 MBS
	（四）花旗救助计划	①2008 年 11 月 24 日，对花旗再次注资 200 亿美元（资金来源为 TARP），由其提供 8% 的股息
		②同 FDIC 一起担保花旗总规模为 3060 亿美元的资产，主要包括住房抵押贷款、商业房地产贷款和其他资产

政策类型	具体政策措施	政策细节及其说明
积极的财政政策	（四）花旗救助计划	③花旗将承担这部分资产造成的最初 290 亿美元损失，而其后的损失由政府承担 90%，花旗承担 10%
	（五）美国复苏与再投资法案（ARRA）	2009 年 2 月 17 日，美国总统奥巴马签署了《2009 美国复苏与再投资法案（ARRA）》。该经济刺激方案总额为 7870 亿美元，由减税和政府支出组成。一是减税总计 2880 亿美元，约占经济刺激方案总额的 37%。二是政府支出总额 4990 亿美元。包括以下项目：1440 亿美元用于州和地方政府财政救助；1110 亿美元用于基础设施和科学研究投资；810 亿美元用于直接针对弱势群体的救助；590 亿美元用于卫生；530 亿美元用于教育与培训领域的投资；430 亿美元投入在能源领域；80 亿美元用于其他支出
美国与其他国家的联合救助		①2007 年 12 月 12 日公告，美联储分别与欧洲央行和瑞士银行交换 200 亿及 40 亿额度的美元，此后经过 4 次增加额度及扩大国家范围
		②2008 年 9 月 18 日，美联储又增加了 1800 亿美元的临时货币互换安排，使注资总额达到 2470 亿美元。互换额度经过几次扩大，在 9 月 26 日大幅提高到 2900 亿美元后不到 3 天，于 9 月 29 日再进一步提高到 6200 亿美元，其中欧洲中央银行 2400 亿美元，瑞士国民银行 600 亿美元，日本 1200 亿美元，英国 800 亿美元，加拿大、澳大利亚和瑞典各 300 亿美元，丹麦和挪威各 150 亿美元
		③2008 年 10 月 13 日，美联储、英国中央银行、欧洲中央银行和瑞士中央银行联合宣布将按固定利率向市场提供任意数量的 7 天、25 天、84 天短期美元融资。据此，美联储与英国中央银行、欧洲中央银行和瑞士中央银行的互换额度实际上被无限扩大，已经上不封顶了
		④2008 年 10 月 28 日、29 日，美联储又与新西兰、巴西、墨西哥、韩国和新加坡中央银行建立货币互换机制

附表 3   2008～2009 年日本应对国际金融危机采取的主要政策措施

政策类型	具体政策措施	政策细节及其说明
采取扩张性货币政策措施	（一）下调贷款利率，即降低再贴现率	①2008 年 10 月 31 日，日本银行果断地将基本贷款利率下调 1/3，由原来的 0.75% 降到 0.5%
		②2008 年 12 月 19 日，为了给市场注入充足的流动性，日本银行又进一步下调利率，由 0.5% 下调到 0.3%。这个利率已经低于日本原定的目标利率水平
	（二）稳定金融市场，向金融市场注入流动性	2008 年 10 月 14 日，日本银行预计 40 万亿日元作为年度末基金，不久又加投 5 万亿日元，达到 45 万亿日元。同时，引进和增加了 9 亿美元以备基金供应操作，并且对增加日本政府回购市场的流动性方面也做了一系列调整
	（三）为企业融资提供诸多便利	①日本银行于 2008 年 10 月 14 日出资 2.8 万亿日元，用于增加和扩大企业回购操作的频率和规模，同时扩大和放宽企业申请贷款的规模和标准
		②为进一步便利企业融资，日本银行于 2008 年 12 月 2 日、12 月 19 日，2009 年 2 月 19 日和 10 月 30 日 4 次投入共计 6.7 万亿日元用于建立和扩大特殊基金供应操作
		③为便利企业融资，帮助企业走出困境，日本银行于 2009 年 1 月 22 日开始建立企业直接购买基金，并陆续投入 1 万亿日元用于这项基金
采取积极的财政政策	（一）减免税收，扶持企业恢复发展	①中小企业税收改革。2008 年和 2009 年政府暂时性地将企业所得税税率由原来的 22% 降到 18%，取消原来的中小企业有净亏损就终止其贷款的政策
		②降低资金收益和上市股份利息征收税率。2009～2011 年，资金收益和上市股份利息征收税率由原定的 20% 降到 10%
		③住房和土地方面的税收改革。延长住房贷款信用期限至 5 年，增加合格房屋建设最高免除税额至 500 万日元（长期优质建房最高免除额达 600 万日元）

政策类型	具体政策措施	政策细节及其说明
采取积极的财政政策	（二）加强社会保障措施，保证居民生活	①2008～2009 年，日本政府建立约 8922 亿日元劳动保险特殊账户，用于减少失业人员缴纳的保险费金额，增加失业人员的保险收益，支持失业人员的住房和生活以及支持中小企业不裁员，其中主要用于减少失业人员缴纳的保险费金额和增加失业人员的保险收益两项，约占此特殊账户金额的 90.79%
		②支持非正规工人。2008 年，政府增加临时性工人补助 94 亿日元，比上年同期增加 121%
		③保障医疗服务措施。日本政府宣布，2008～2009 年，将确保医生到位和救济药品的供应（约 428 亿日元，比上年同期增加 79%）以及支持新生儿（79 亿日元）医疗
		④2008 年，增加预防自然灾害可能对人们造成的损失（约 2910 亿日元，比 2007 年同期增加 13%）和促进人们消费的政策（93.3 亿日元）
		⑤为劣势地区安装光纤宽带入网，2008 年共计投入 78.7 亿日元，比上年同期增长 27%
	（三）积极促进就业	2008～2009 年，日本政府制定用于促进就业的措施约 1.1 万亿日元，当地政府给予提供就业岗位的企业补贴约 1 万亿日元，紧急应对经济 1 万亿日元，税收制度修订约 1.1 万亿日元，以及增加支持人们日常生活措施约 6 万亿日元
	（四）加强科技研发投入	①增加基础科学研究补贴。2009 年共计 2187 亿日元，比上年同期增长 2%
		②增加大学的教育和研究资金，支持大学国际化发展和国际化合作。2009 年政府投入 705 亿日元，比上年同期增长 4%
		③充分利用退休老师和社会人员等人力资源，发展日本的数学和科学教育。2009 年政府投入 58 亿日元，同比增长 100%
		④加强农、商、企之间的合作，支持日本设备制造企业使用本国合格原材料，支持日本企业利用本国产品制造发明新产品。此项目中，2009 年，政府投入 789 亿日元，同比增长 25%
		⑤支持能源创新技术的发展，比如发展太阳能电池和蓄电池，带动能源科技的发展。2009 年，政府投入 789 亿日元，同比增长 25%
		⑥2008 年，政府预备支出 634 亿日元用于粮食作物的种植补贴和新科技作物的种植补贴

附表 4　2008～2009 年欧洲国家应对国际金融危机采取的主要政策措施

政策类型	国　家	政策细节及其说明
大幅度降低利率	英国	2007 年 12 月 5 日，英国央行降息 25 个基点
	匈牙利	2008 年 10 月 22 日，匈牙利央行宣布上调基准利率 300 个基点至 11.50%
	瑞典	2008 年 10 月 23 日，瑞典央行降低基准利率 50 个基点到 3.75%
	丹麦	2008 年 10 月 24 日，为防止丹麦克朗对欧元进一步贬值，丹麦央行意外升息 0.5 个百分点，将基准利率从 5.0% 调高到 5.5%
	英格兰	2008 年 11 月 6 日，英格兰央行下调基准利率 150 个基点至 3%
	欧洲央行	2008 年 11 月 6 日，欧洲央行下调基准利率 50 个基点至 3.25%
	瑞士	2008 年 11 月 6 日，瑞士央行下调基准利率 50 个基点至 3.0%
	捷克	2008 年 11 月 6 日，捷克央行下调基准利率 75 个基点至 2.75%
	瑞士	2008 年 11 月 20 日，瑞士央行将 3 个月期伦敦银行同业拆借目标利率区间下调 1 个百分点至 0.5%～1.5%，并立即生效
	匈牙利	2008 年 11 月 24 日，匈牙利央行调降基准利率 0.5 个百分点至 11%，并将存款准备金率从 5% 调降至 2%
直接向市场提供流动性	英国	2007 年 9 月 14 日，英国央行向北岩银行提供紧急资金；2008 年 3 月 13 日，英国央行向市场提供 100 亿美元的 3 个月贷款，欧洲央行以及瑞士央行跟进。2008 年 10 月 8 日，英国央行宣布为银行至少提供 2000 亿英镑的"特别流动性计划"
	欧洲央行、英国、瑞士	2008 年 9 月 26 日，欧洲央行、英国央行和瑞士央行向市场注入 740 亿美元的流动性，期限一周
	欧洲央行	2008 年 9 月 29 日，欧洲央行向市场增加投放 1200 亿欧元的流动性
	意大利	2008 年 10 月 13 日，意大利注入短期流动性 400 亿欧元
	匈牙利	2008 年 11 月 6 日，匈牙利政府推出 6000 亿福林（合 29.6 亿美元）的金融援助计划，为受全球信贷危机严重打击的本国银行业提供支持。匈牙利央行行长称，援助计划由两部分构成，其中 3000 亿福林主要用于改善银行的资本充足状况，而另外 3000 亿福林则用来帮助银行以低于市场利率的成本获得资金

政策类型	国　　家	政策细节及其说明
直接向市场提供流动性	芬兰	2008 年 11 月 18 日，芬兰政府宣布将向国内负责出口信贷的 SV 银行提供 12 亿欧元的贷款，用以支持面临信贷压力的出口商
对金融机构直接注资	比利时、荷兰、卢森堡	2008 年 9 月 28 日，比利时、荷兰和卢森堡政府出资 112 亿欧元救助比利时富通银行。三国政府分别出资 47 亿欧元、40 亿欧元和 25 亿欧元持有各自国内富通分支机构 49% 股份
	英国	2008 年 9 月 29 日，英国布宾银行被部分国有化，其所有股权、贷款和国债资产均被政府收购。2008 年 10 月 8 日，英国推出 500 亿英镑的 "政府支持增资计划"。2008 年 10 月 13 日，英国财政部宣布动用 500 亿英镑的 "政府支持增资计划" 中的 370 亿英镑建立银行重构基金，入股苏格兰皇家银行、劳埃德银行和苏格兰哈里法斯特银行
	比利时、法国、卢森堡	2008 年 9 月 30 日，比利时、法国和卢森堡政府为比利时德夏银行注资 64 亿欧元
	荷兰	2008 年 10 月 3 日，荷兰政府宣布出资 168 亿欧元收购富通集团在荷兰的全部业务
	德国	2008 年 10 月 5 日，德国政府宣布和私人部门共同出资 500 亿欧元救助德国房地产抵押贷款集团
	意大利	2008 年 10 月 8 日，意大利政府宣布将建立 200 亿欧元的紧急救助基金，必要时向银行注资。2008 年 11 月 16 日，意大利政府宣布将向意大利联合商业银行等银行提供 150 亿欧元（合 189 亿美元）的资金以增强其财务实力
	法国	2008 年 10 月 8 日，法国政府宣布将以国家参股公司的形式来救援法国金融机构。2008 年 10 月 20 日，法国财政部宣布动用 400 亿欧元中的 105 亿欧元为六大银行注资，其中，农业信贷银行、巴黎银行和兴业银行将分别获得 30 亿欧元、25.5 亿欧元和 17 亿欧元，工商互助信贷银行、储蓄银行和人民银行将分别获得 12 亿欧元、11 亿欧元和 9.5 亿欧元。2008 年 11 月 20 日，法国总统萨科奇表示法国将投资 200 亿欧元设立一只基金，以资助中小企业和战略性企业，防止它们为外资收购

续表

政策类型	国 家	政策细节及其说明
对金融机构直接注资	西班牙	2008 年 10 月 8 日，西班牙宣布建立一只 500 亿欧元的特设基金购买银行资产
	冰岛	2008 年 10 月 9 日，冰岛政府接管其第一大银行 KAUPTHING，至此，冰岛三大银行都被接管
	七国集团	2008 年 10 月 10 日，七国集团财长和央行行长发表联合申明，提出五项原则，但是没有制订统一的救市方案
	欧元区 15 国	2008 年 10 月 12 日，欧元区 15 国召开峰会。德国将动用 1000 亿欧元用于注资金融机构，其中建立 800 亿欧元特别基金直接注资银行；法国将动用 400 亿欧元用于购买银行股份
	瑞士	2008 年 10 月 17 日，瑞士财政部宣布政府将动用 60 亿瑞士法郎购买 UBS 发行的强制可转换债券
	荷兰	2008 年 10 月 10 日，荷兰成立规模达 200 亿欧元的基金用于专门向银行和保险公司注资。10 月 20 日，荷兰政府动用该基金中的 100 亿欧元购买荷兰国际集团无投票权的证券。10 月 28 日，荷兰最大的寿险公司全球保险集团获得政府 30 亿欧元的注资
	瑞典	2008 年 10 月 20 日，瑞典政府宣布将成立一只稳定基金用于购买问题银行的优先股，政府将向该基金投入 150 亿瑞典克朗，所有信贷机构也必须向该基金缴纳一定的资金
	比利时	2008 年 10 月 27 日，比利时政府向比利时联合银行（KBC）注资 35 亿欧元。注资采取优先股形式，股息 8.5%
	葡萄牙	2008 年 11 月 1 日，葡萄牙准备投资 40 亿欧元补充银行资本，并国有化亏损严重的 BPN 银行。11 月 5 日，该计划获国会批准
对金融机构提供债务担保	爱尔兰	2008 年 9 月 30 日，爱尔兰政府宣布为该国银行债务提供担保
	丹麦	2008 年 10 月 6 日，丹麦政府宣布对银行的优先无抵押债务以及至多 2000 亿欧元银行间贷款提供担保
	英国	2008 年 10 月 8 日，英国宣布将成立一个特别公司，对符合条件的公司在 36 个月内到期的债务再融资提供 2500 亿英镑的担保

续表

政策类型	国　家	政策细节及其说明
对金融机构提供债务担保	比利时、法国和卢森堡	2008 年 10 月 9 日，比利时、法国和卢森堡三国宣布将为德克夏银行提供财政担保，使其能够从资本市场募集到总额达 45 亿欧元的资金
	荷兰	2008 年 10 月 10 日，荷兰政府宣布为银行间贷款提供 200 亿欧元担保
	欧元区 15 国	2008 年 10 月 12 日，欧元区 15 国召开峰会。德国政府宣布将拿出 4000 亿欧元用来为银行同业拆借提供担保。法国宣布将拿出 3200 亿欧元用来担保银行借贷。西班牙宣布将拿出最高 1000 亿欧元用于在 2008 年年底前为西班牙金融机构提供信贷担保。荷兰政府宣布将出资 2000 亿欧元用于为银行同业拆借提供担保。葡萄牙政府宣布将出资 200 亿欧元为银行同业拆借提供担保。奥地利政府宣布将出资 850 亿欧元为银行同业拆借提供担保
	意大利	2008 年 10 月 13 日，意大利宣布为银行新发债券提供担保
	德国	2008 年 10 月 17 日，德国政府通过 5000 亿欧元救助计划，将为德国银行间贷款提供高达 4000 亿欧元的担保，并提供 800 亿欧元、200 亿欧元资金分别用于向银行注资和购买银行资产。2008 年 10 月 28 日，欧盟委员会批准该计划
	瑞典	2008 年 10 月 20 日，瑞典推出救市计划，拟用 1.5 万亿克朗（约 2050 亿美元）为银行中期信贷提供担保，同时成立 330 亿瑞典克朗的稳定基金
	法国、比利时、卢森堡	2008 年 11 月 20 日，欧盟委员会批准比利时政府为富通银行的担保计划和法国、比利时及卢森堡政府对法国、比利时合资的德夏银行的联合担保计划，以帮助银行获得融资

参考文献

[1] Gordon，Gary B，"The Subprime Panic"，NBER Working Paper Series，October 2008 Issue Guide，Japan and the Global Financial Crisis，May 2009，http：//www.cfr.org/

publication/19519/issue_guide. html.

［2］巴曙松：《次贷危机中的中国宏观金融政策选择》，《武汉金融》2009 年第 1 期。

［3］财政部财政科学研究所：《化解金融危机的制度安排与财政政策研究》，《经济研究参考》2009 年第 7 期。

［4］童展鹏：《美国次贷危机爆发以来的救助措施及评论》，《武汉金融》2008 年第 12 期。

［5］封北麟：《金融危机中的政府注资行为分析及其政策启示》，《经济研究参考》2009 年第 7 期。

［6］黄小军、陆晓明、吴晓晖：《对美国次贷危机的深层思考》，《国际金融研究》2008 年第 5 期。

［7］李健旋、裴平：《"次贷危机" 诱因及美国应对措施分析》，《江苏社会科学》2009 年第 1 期。

［8］宋娜娜：《中外应对金融危机政策措施比较研究》，河北大学硕士学位论文，2010。

［9］孙颖：《金融危机政府救助：理论与实践》，辽宁大学博士学位论文，2010。

［10］赵臣：《金融危机的比较研究与启示》，西南财经大学硕士学位论文，2008。

［11］赵飞：《全球金融危机对日本实体经济的影响和对策分析》，吉林大学硕士学位论文，2010。

图书在版编目（CIP）数据

应对金融危机的宏观政策:效应计量与退出机制／李文军等著.
—北京:社会科学文献出版社，2014.10
ISBN 978 - 7 - 5097 - 6044 - 4

Ⅰ.①应…　Ⅱ.①李…　Ⅲ.①金融宏观调控 - 研究 - 中国
Ⅳ.①F832.0

中国版本图书馆 CIP 数据核字（2014）第 106550 号

应对金融危机的宏观政策：效应计量与退出机制

著　　者／李文军 等

出 版 人／谢寿光
项目统筹／姚冬梅
责任编辑／姚冬梅　李春艳

出　　版／社会科学文献出版社·皮书出版分社（010）59367127
　　　　　　地址：北京市北三环中路甲 29 号院华龙大厦　邮编：100029
　　　　　　网址：www. ssap. com. cn
发　　行／市场营销中心（010）59367081　59367090
　　　　　　读者服务中心（010）59367028
印　　装／北京鹏润伟业印刷有限公司

规　　格／开　本：787mm×1092mm　1/16
　　　　　　印　张：17.5　字　数：275 千字
版　　次／2014 年 10 月第 1 版　2014 年 10 月第 1 次印刷
书　　号／ISBN 978 - 7 - 5097 - 6044 - 4
定　　价／69.00 元